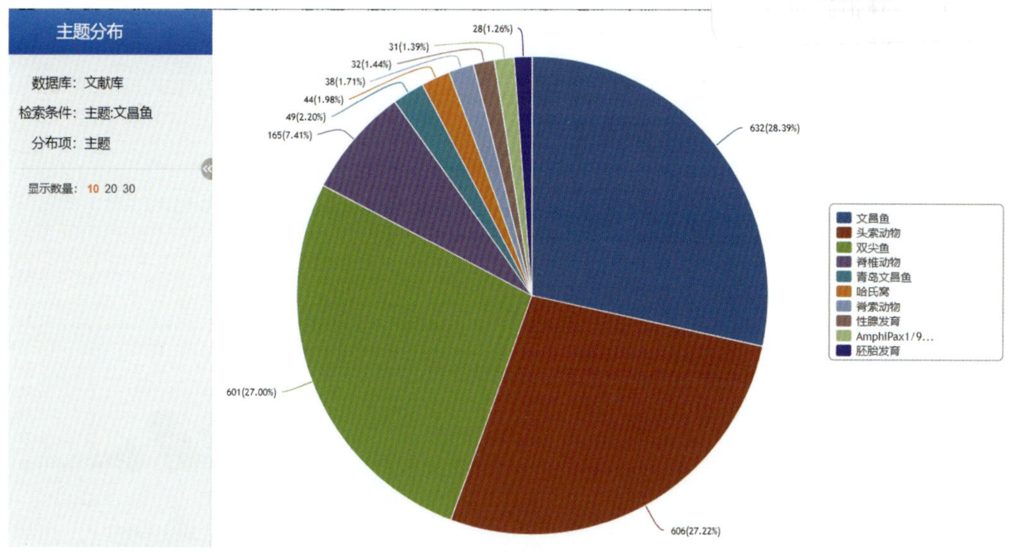

图 8-2 “文昌鱼”检索结果主题分布扇形图

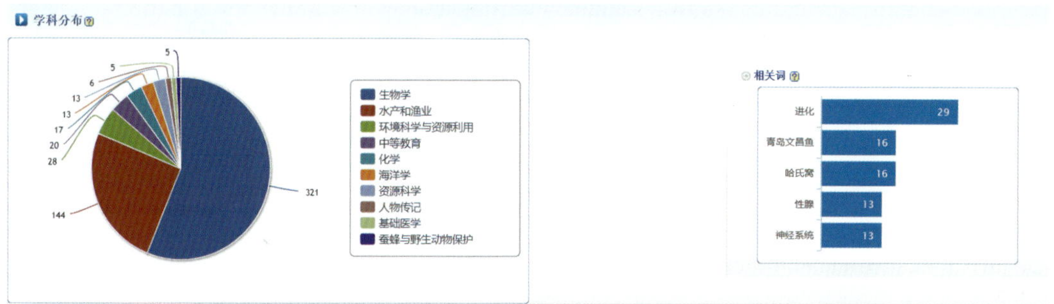

图 8-7 “文昌鱼”的学科分布扇形图和相关词柱形图

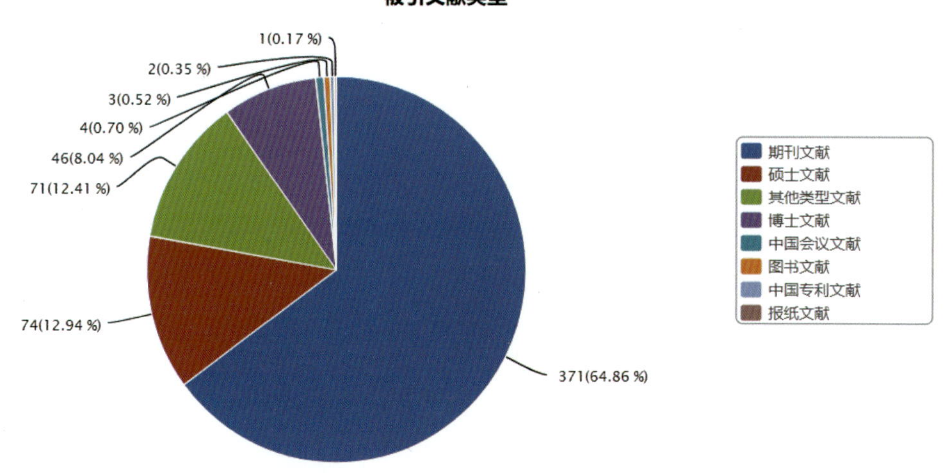

图 8-11 “文昌鱼”引文文献类型分布

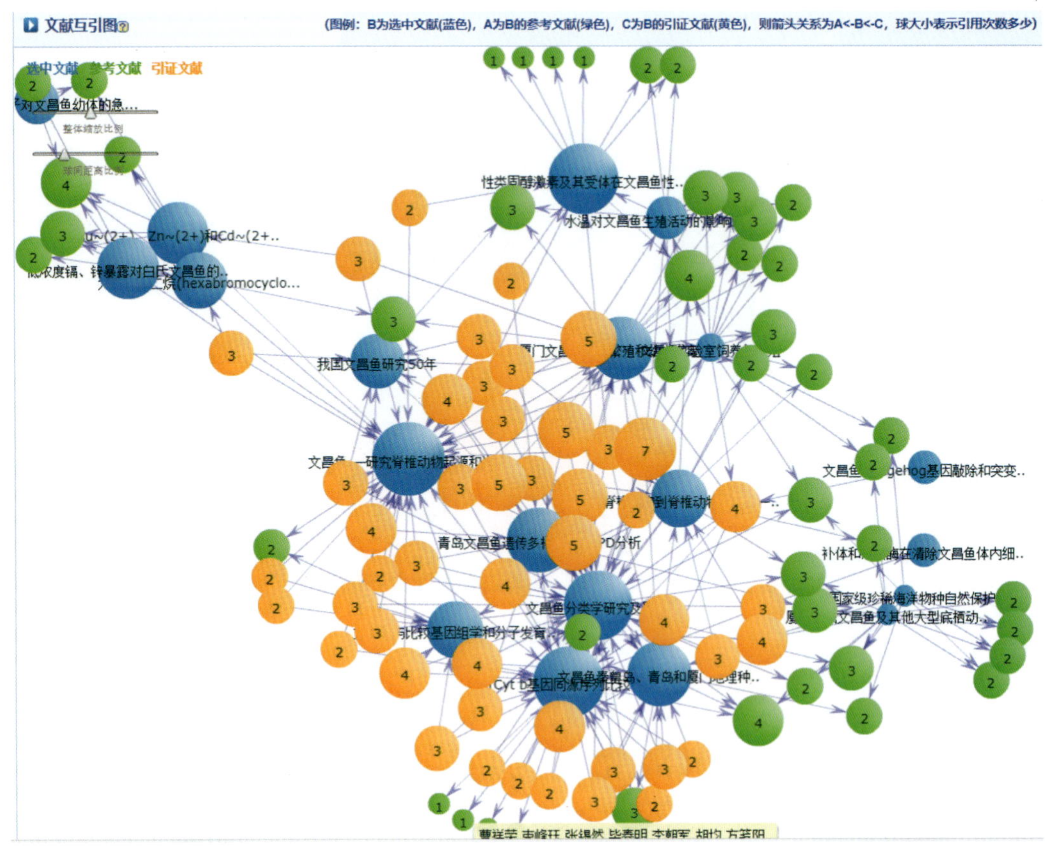

图 8-14　文献互引图

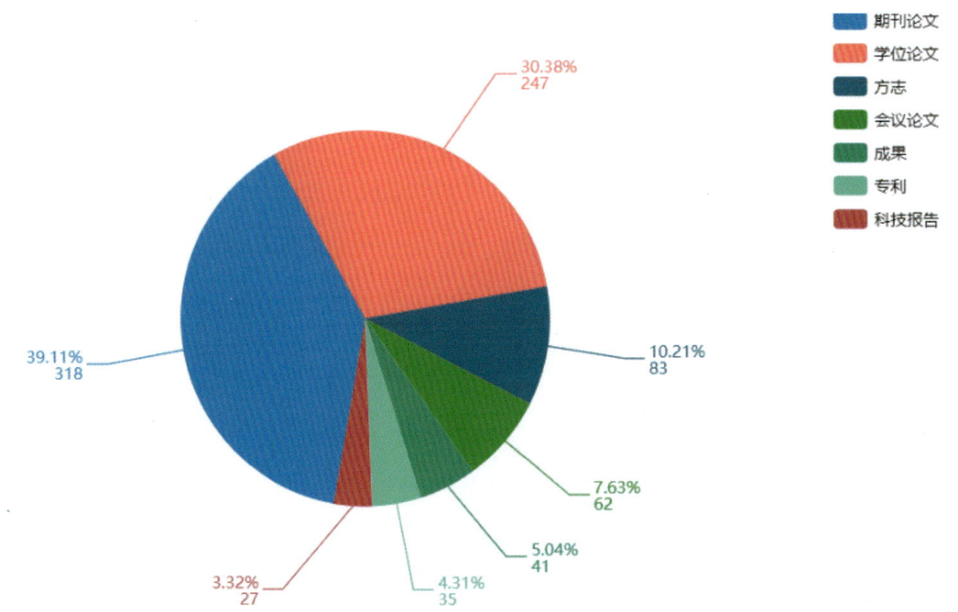

图 8-20　“文昌鱼”检索结果的资源类型扇形图

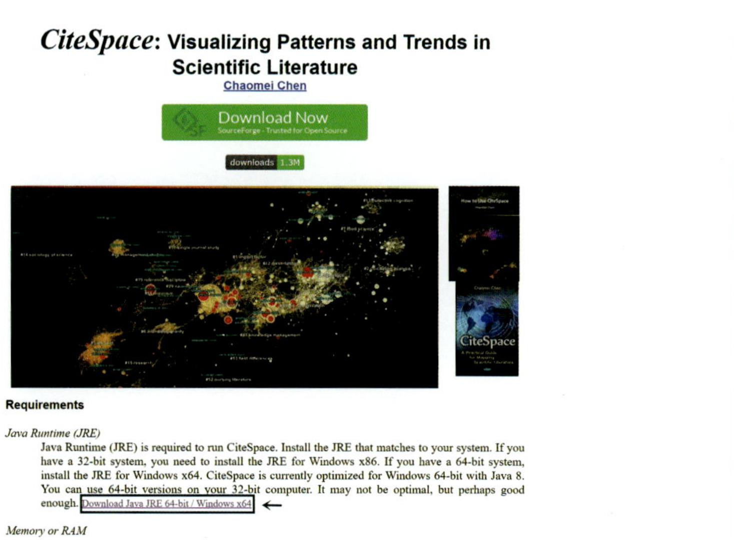

图 8-33　CiteSpace 下载主页面

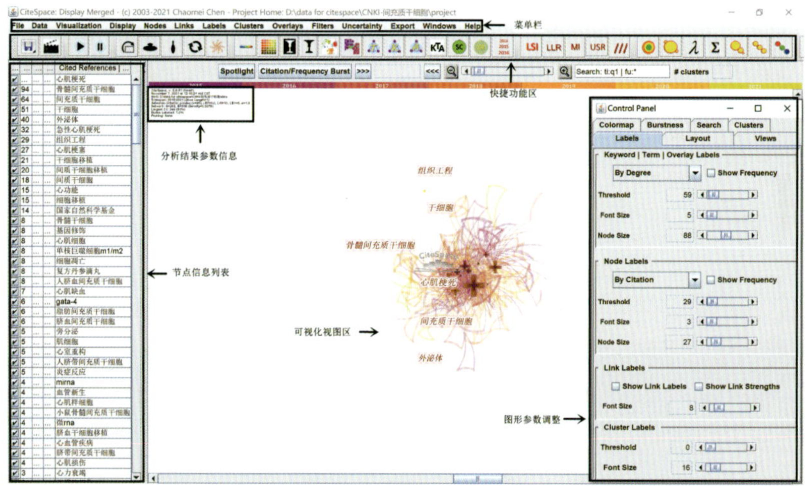

图 8-59　可视化界面

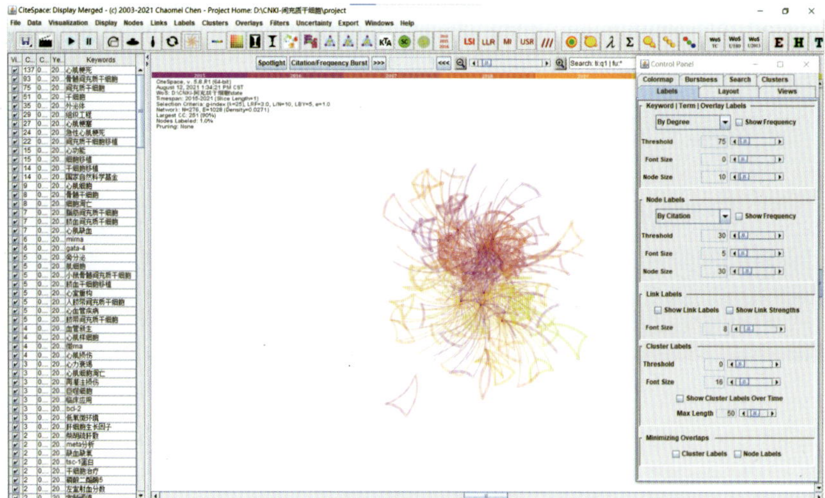

图 8-60　还未进行调整的可视化界面

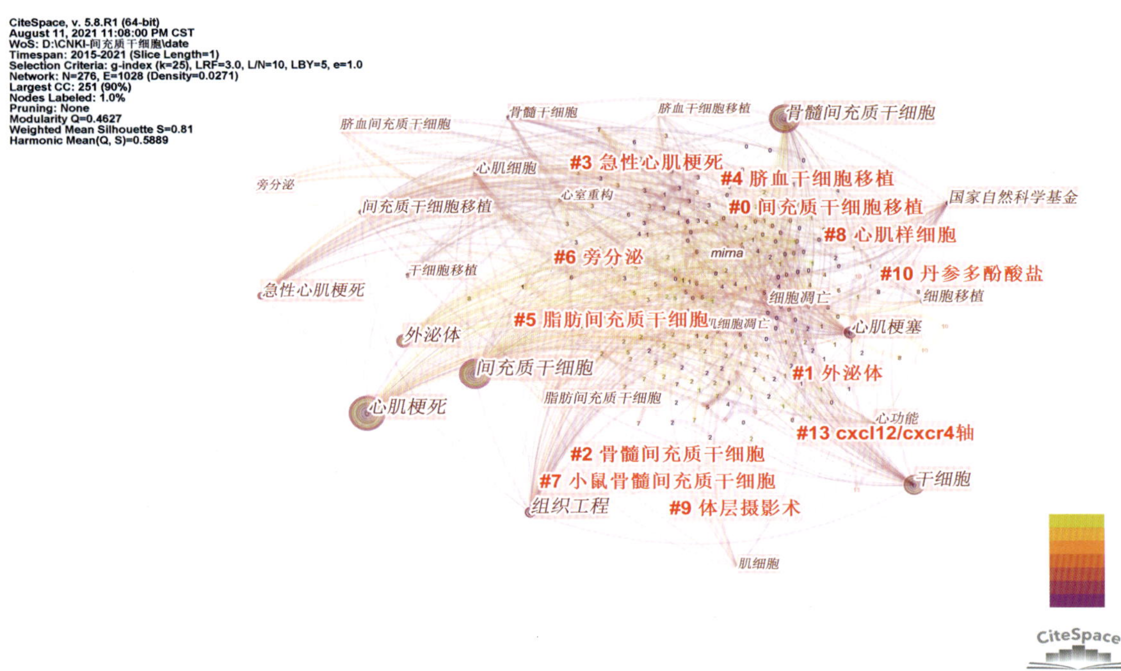

图 8-61　关键词共现的聚类视图

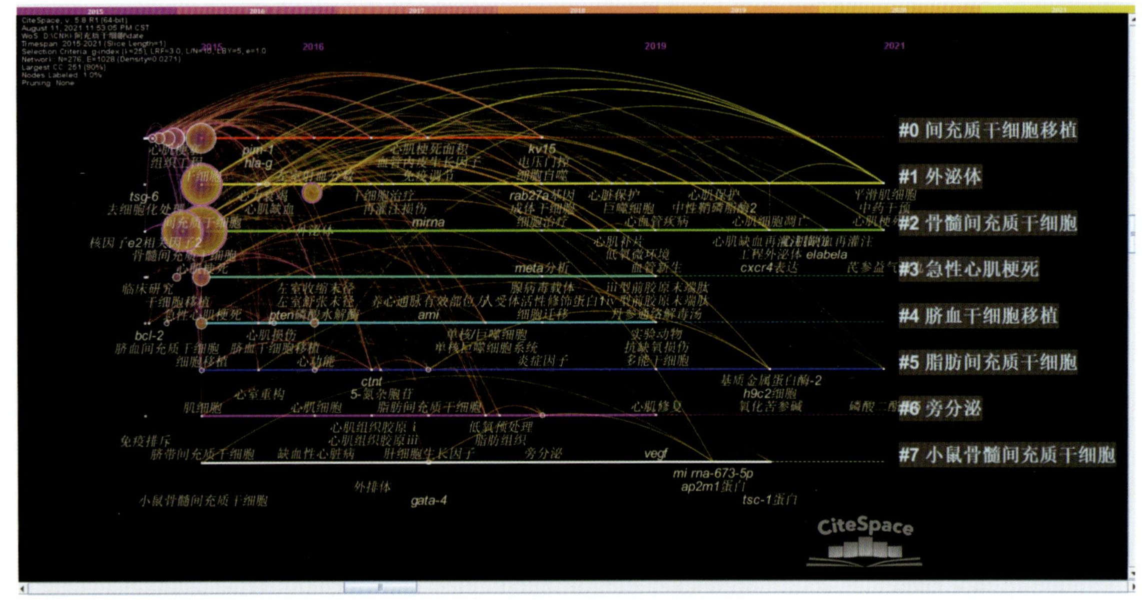

图 8-64　关键词共现的时间线图

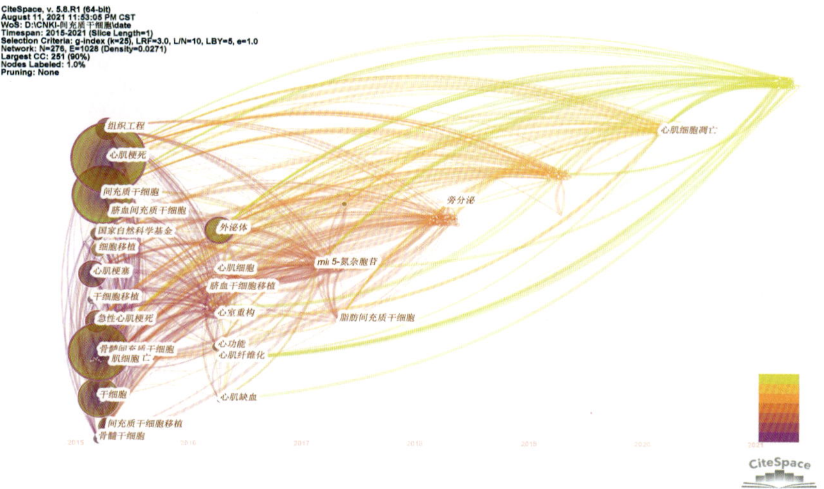

图 8-65　关键词共现的时区图

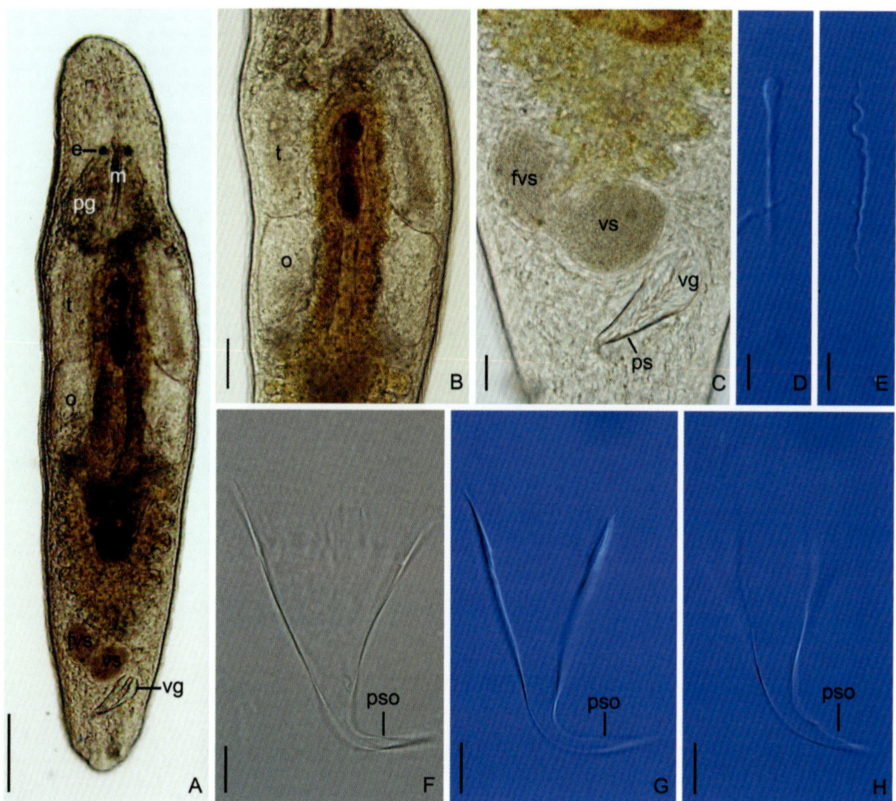

Figure 3. *Macrostomum littorale* Wang & Shi, sp. nov. **A** whole animal, ventral view **B** testes and ovaries **C** male copulatory apparatus, ventral view **D** immature sperm **E** mature sperm **F–H** penis stylet. Abbreviations: e: eye; fvs: false vesicula seminalis; m: mouth; o: ovary; pg: pharyngeal glands; ps: penis stylet; pso: penis stylet opening; t: testis; vg: vesicula granulorum; vs: vesicula seminalis. Scale bars: 100 μm (**A**); 50 μm (**B**); 20 μm (**C**); 5 μm (**D, E**); 10 μm (**F–H**).

图 9-8　大口涡虫属新种

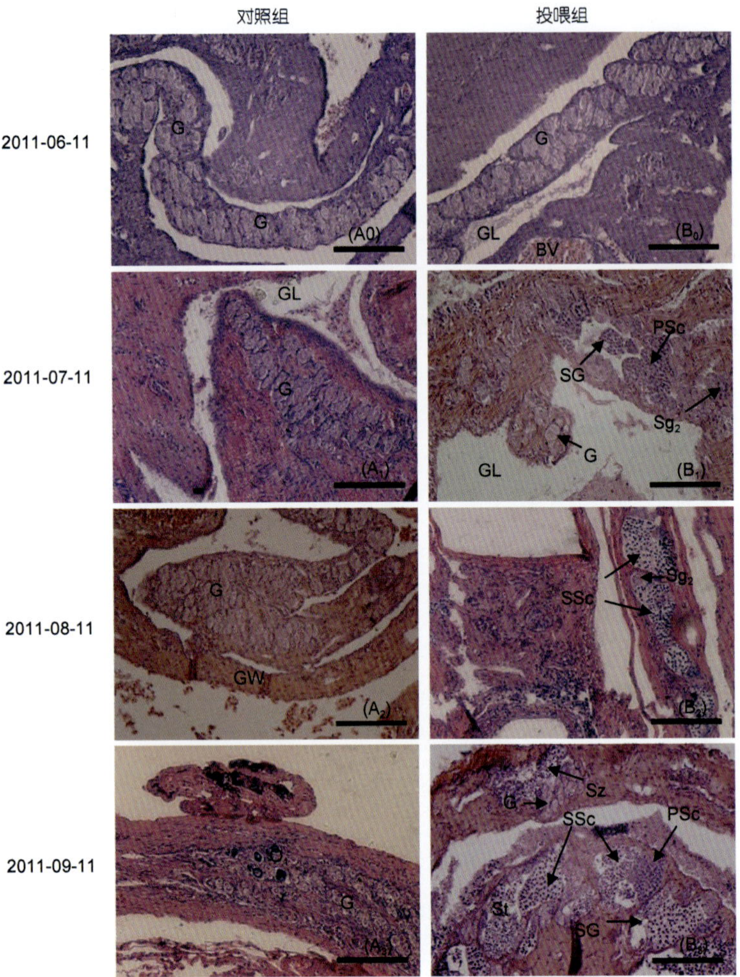

图 2　投喂 MT 激素诱导斜带石斑鱼幼鱼转雄性腺切片图

Fig.2　Gonad sections of juvenile *E. coioides* sex-change to male by MT food

A_0—A_3: 对照组斜带石斑鱼幼鱼性腺切片, B_0—B_3: 投喂组斜带石斑鱼幼鱼性腺切片。G: 性原细胞; GW: 性腺壁; GL: 性腺腔; BV: 血管; SG: 育精囊; PSc: 初级精母细胞; SSc: 次级精母细胞; Sg: 精原细胞; St: 精细胞; Sz: 精子; O_1: 初级卵母细胞。标尺=100μm

图 9-10　投喂 MT 激素诱导斜带石斑鱼幼鱼转雄性腺切片图

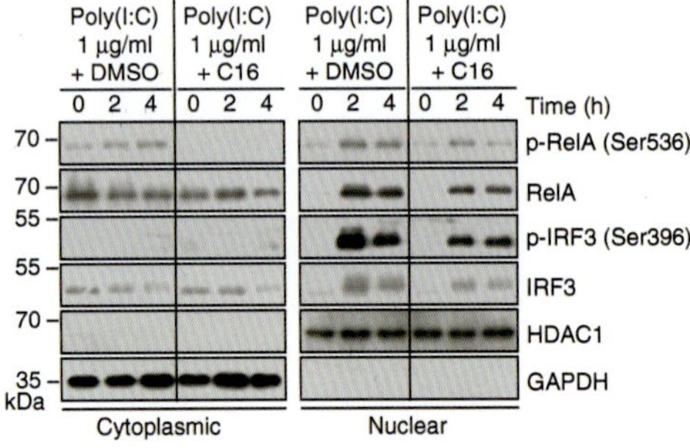

Fig. 5 Inhibition of translation stabilises translocation of RelA and IRF3.

Nuclear and cytoplasmic fractions were analysed using antibodies against total RelA and IRF3, as well as against their phosphorylated (active) forms, p-RelA (Ser536) and p-IRF3 (Ser396).

图 9-11　对翻译的抑制可稳定 RelA 和 IRF3 的转位

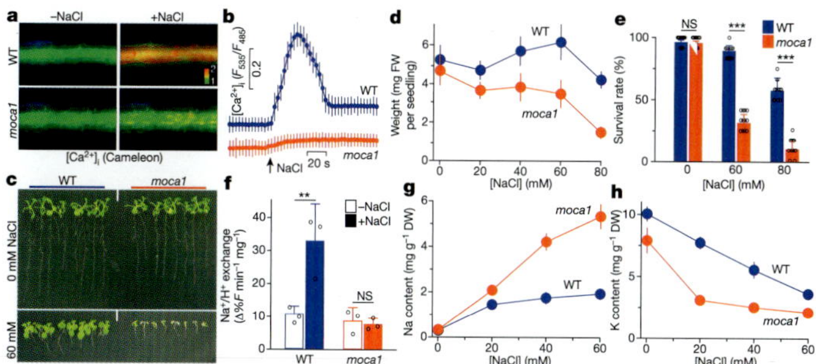

Fig. 2 | The *moca1* mutant is defective in the SOS pathway and hypersensitive to salt stress. a, b, Increases in $[Ca^{2+}]_i$ induced by NaCl in roots. YC3.6 emission images were taken every 3 s, and 200 mM NaCl was added at the time indicated (**a**). Emission ratios are shown using a pseudo-colour scale and quantified from experiments similar to these in **a** (**b**; mean ± s.d.; $n = 10$ seedlings). Similar results were seen in more than ten independent experiments. **c,** Plants were grown on half-strength Murashige and Skoog (½ MS) medium containing 0.2 mM $CaCl_2$ with or without 60 mM NaCl for 12 days. Similar results were seen in more than ten independent experiments. **d, e,** Fresh weight (FW; **d**) and survival rate (**e**) from experiments similar to those in **c** were quantified. Data are from five independent experiments (mean ± s.d.; $n = 12$ pools (8–12 seedlings per pool); two-way ANOVA, $P < 0.001$; NS, not significant; $***P < 0.001$). **f,** Na^+/H^+ exchange activity from plants treated with water or 100 mM NaCl for 24 h (mean ± s.d.; $n = 3$; $**P < 0.01$). **g, h,** The content of Na (**g**) and K (**h**) of plants from experiments similar to those in **c**. Data are presented as mean ± s.e.m. ($n = 6$; two-way ANOVA, $P < 0.001$).

图 9-12 *moca1* 基因突变体 SOS 通路存在缺陷而对盐胁迫极为敏感

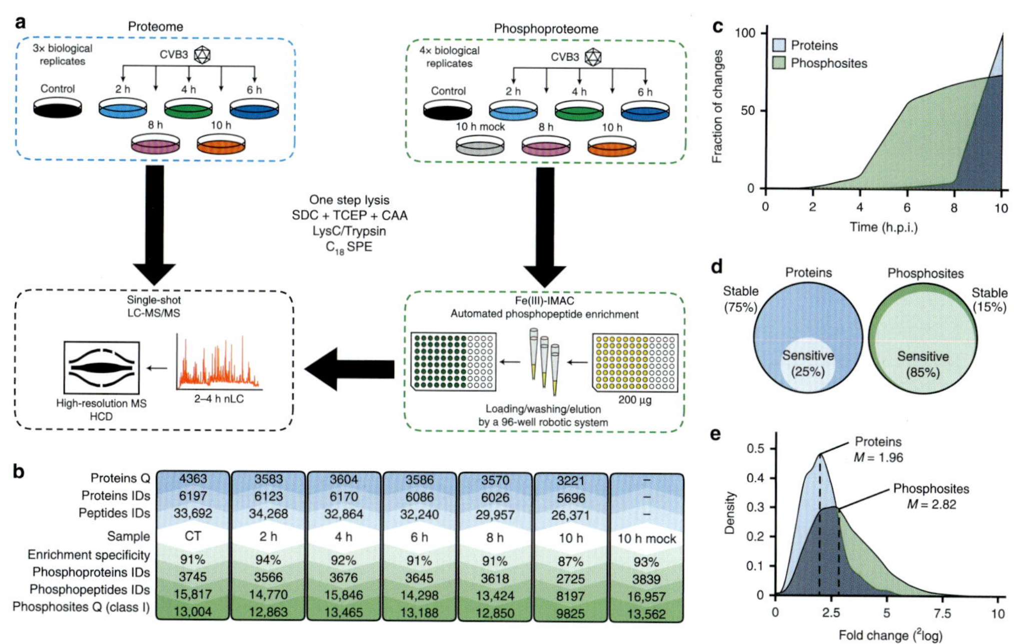

Fig. 1 Experimental design and overview of the (phospho)proteome data. a Experimental design for (phospho)proteome analysis of CVB3-infected HeLa cells. Cells were infected with CVB3 for 30 min (MOI 10), medium was replaced and cells were incubated for the indicated amount of time (2–10 h). Control samples were mock infected and incubated for 0 h or 10 h. The colour scheme representing the data of each individual time point is kept consistent throughout the paper. **b** Summary of the identified (IDs) and quantified (Q) peptides, phosphopeptides, proteins, and phosphorylation sites, including enrichment specificity, defined as the fraction of detected phosphopeptides in each sample. **c** Temporal dynamics of global changes in the proteome and phosphoproteome during CVB3 infection, showing that changes in phosphorylation occur much earlier than changes in protein levels. **d** Fraction of proteins and phosphosites dynamically regulated during the infection, as assessed using ANOVA test. **e** Density plot showing the distribution of magnitude of changes of significantly regulated proteins and phosphosites, showing that the differences in phosphorylation are generally more extensive than those at protein levels. Dashed lines indicate the median fold change for each dataset. Source data are provided as a Source Data file for (**c**), (**d**), and (**e**).

图 9-13 实验设计及磷酸化蛋白质组学数据概况

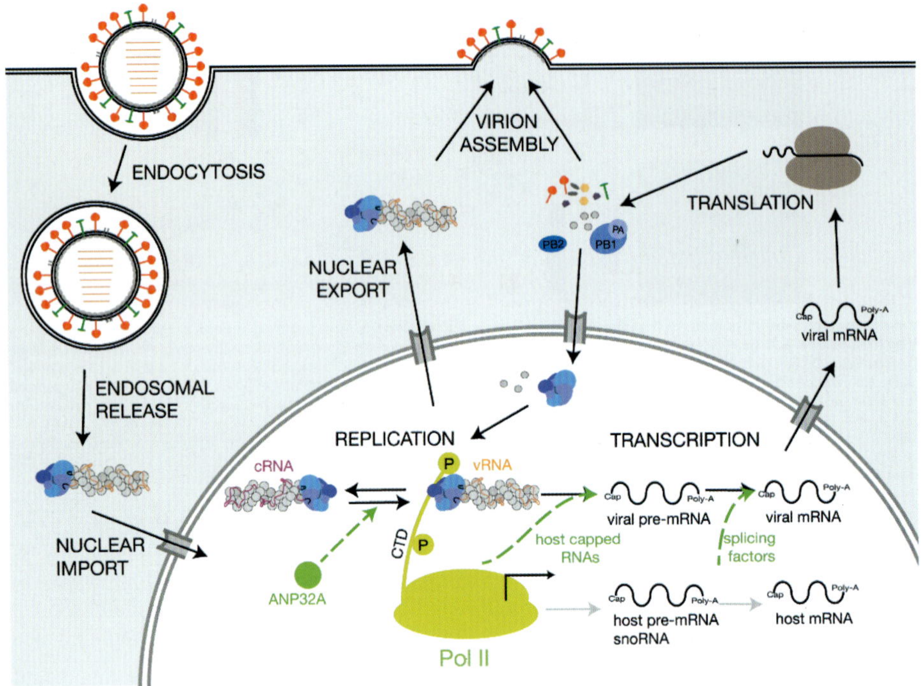

Figure 2. Influenza A virus replication and host factors involved in influenza A virus RNA synthesis. Schematic of IAV replication cycle. Key host factors that play a role in viral RNA synthesis are indicated in green. The green arrows point to the step of the replication cycle that is promoted by the corresponding host factor. The viral proteins PB1, PB2 and polymerase acidic PA are coloured bright blue, dark blue and grey blue, respectively.

图 9-14　甲型流感病毒复制及其病毒 RNA 合成相关的宿主因子

生物学文献检索与论文写作

主编 刘昀 邓利

清華大學出版社
北京

图书在版编目（CIP）数据

生物学文献检索与论文写作 / 刘昀，邓利主编 . — 北京：清华大学出版社，2022.8（2024.1 重印）
ISBN 978-7-302-61082-3

Ⅰ. ①生… Ⅱ. ①刘… ②邓… Ⅲ. ①生物学—信息检索—高等学校—教材 ②生物学—论文—写作—高等学校—教材 Ⅳ. ① G252.7 ② Q-3

中国版本图书馆 CIP 数据核字（2022）第 098180 号

责任编辑：孙　宇
封面设计：吴　晋
责任校对：李建庄
责任印制：杨　艳

出版发行：清华大学出版社
网　　址：https://www.tup.com.cn, https://www.wqxuetang.com
地　　址：北京清华大学学研大厦 A 座　　邮　　编：100084
社 总 机：010-83470000　　邮　　购：010-62786544
投稿与读者服务：010-62776969，c-service@tup.tsinghua.edu.cn
质量反馈：010-62772015，zhiliang@tup.tsinghua.edu.cn
印 刷 者：三河市龙大印装有限公司
经　　销：全国新华书店
开　　本：185mm × 260mm　　印　张：16.5　　彩　插：4　　字　数：329 千字
版　　次：2022 年 8 月第 1 版　　印　次：2024 年 1 月第 4 次印刷
定　　价：58.80 元

产品编号：094635-02

编 委 会

主　编：刘　昀　邓　利

副主编：易晓娥　李　荔

编　委：（按姓氏笔画排序）

万凡舒　石哲一　卢煜斌

田清清　邬　婧　刘飞宏

李冰冰　李燕玲　杨如会

张　华　陈金连　周　洁

秦佳溦　彭　晨

序　言

牛顿认为科学工作的许多成就在于总结前人的经验及成果，在此基础上加上自己的创新，从而得出一系列具有独创性的成果。他曾经说：如果说我比别人看得更远些，那是因为我站在巨人的肩膀上。

怎样才能站在巨人的肩膀上？方法很多，阅读前人的文献资料是主要方法。文献是记录知识的一切载体的统称，经过长期积累信息量极大，这就需要借助于检索工具。20世纪，人们查阅文献主要依靠各国出版的文摘，通过手工检索完成。自从互联网出现后，电子刊物迅速发展，并出现了各种依赖计算机和电子网络的检索工具及数据库。但这些中外文的检索工具及数据库的使用方法、检索语言和检索策略各不相同，故急需一本能全面、系统论述文献检索的专著，本书完全能满足上述要求。

本书第一部分内容系统、完整，对文献的基本概念、文献检索方法、文献管理、中外文数据库和特种文献数据库检索、网络资源获取和其他文献资源服务平台等内容作了系统论述。特别是对文献可视化分析作了介绍。文献可视化分析的基础是文献计量学，其内涵为按文献的各种特征，采用数学、统计学和信息学等方法对文献不同类型特征进行定量分析，并用直观的图像表示出不同特征之间的联系。作者通过具体举例和操作界面截图演示，详细讲解了文献可视化分析软件的操作方法。

本书的第二部分是论述科学论文的撰写，这也是形成文献的基础。书中结合实际范例，介绍了从选题到投稿全过程的技巧和文字、图表的规范化要求等；对撰写科学论文中普遍存在的问题加以论述，并提出了改进的建议。

鉴于上述情况，我认为该书可作为生物学、农学、林学和医学等领域的本科生或研究生学习文献检索和科学论文写作等课程的主要教材，并对广大科学工作者甚至从事图书馆、档案馆和情报等工作的人员都具有一定的参考意义。

本人不是文献检索方面的专家，只是略知一二。因三位作者都是我在深圳大学任职期间的同事，对他们长期从事教学及科研工作有所了解，主编刘昀老师嘱余为本书作序，特书此以志之。

倪嘉缵

深圳大学生命与海洋科学学院教授

中国科学院院士

2021年8月15日

前 言

早在 1984 年，我国就颁布《关于在高等学校开设〈文献检索与利用〉课的意见》，要求各高等学校应当积极创造条件，开设《文献检索与利用》课。强调为了跟上科学技术发展日新月异的步伐，适应“四化”建设的需要，高等学校在给学生传授基本知识的同时，必须注重培养学生的自学能力和独立研究的能力。让学生具有掌握知识情报的意识，具有获取与利用文献的技能，是培养学生能力的一个重要环节。党的十八大以来，习近平总书记高度重视创新、着力推进创新，把创新摆在了国家发展全局的核心位置。科技创新能力是新时代对人才培养的要求。大学生科技创新能力的培养关系到一个国家的发展和前途。科学研究与科技创新的过程离不开文献检索与论文写作。

生物学作为自然科学六大基础学科之一，是农学、医学、环境科学等学科的基础，与人们的生活密切相关。当今是后基因组时代，也是信息化与大数据时代，生物学与计算机科学、人工智能等的交叉融合，使其成为当今发展最迅速、研究最活跃的学科之一。由于生物学具有学科分支多、学科交叉性强、知识更新速度快等特点，更加需要学生具备良好的信息获取和利用能力。

我国文献检索类教材在培养本科生的文献检索能力和论文撰写能力中发挥了重要作用，但针对生物学的文献检索与论文写作教材甚为缺乏。近年来 EndNote 等文献管理软件、文献可视化分析等功能已经得到普遍发展与应用，但是目前教材多以文献检索为主，对文献管理软件、文献分析和论文写作涉及较少，亟须一本涵盖文献检索、文献管理与分析和学术论文写作的教材，以适应目前科技发展趋势和人才培养需求。

深圳大学生物学相关专业建设初期即开设《生物学文献检索与论文写作》课程。主讲教师李荔老师与刘昀老师在多年教学积累的基础上，于 2009 年编著出版《生物学文献检索与论文写作》教材。随着近年来文献检索数据库内容的更新、文献管理软件和文献可视化分析的普及，该课程的教学亟须与时俱进的新教材。本着内容新颖实用、契合生物学相关专业本科生和研究生需求的原则，编者历时 2 年完成了新版《生物学文献检索与论文写作》教材的编写。该教材内容涵盖文献检索概述、文献管理、中外文数据库和特种文献数据库检索、网络资源获取、其他文献资源服务平台、文献可视化分析和学术论文写作等内容，通过具体举例和操作界面截图演示，详细讲解了软件操作和学术论文撰写方法。该教材可作为生物学、农学、林学和医学等领域的本科和研究生的工具用书。

本教材获深圳大学教材出版基金资助。倪嘉缵院士对本书出版一直非常关心，提出了很多宝贵的建议并为本书作序。谢小军教授为“第九章 学术论文写作”提出很多宝贵修改建议。李燕玲协助完成了“外文数据库检索”“文献管理与论文写作软件”内容，石哲一和杨如会协助完成了 Citespace 部分内容，并对全文进行校正。万凡舒、李冰冰和陈金连同学协助对全文进行校对。彭晨和周洁同学协助进行了资料更新。张华和秦佳澂协助完成数字资源的制作。在此向各位提供帮助的老师和同学表示衷心的感谢！本书编写过程中，直接和间接参考和引用了国内外的文献和资料，由于篇幅所限，未能全部列于文后参考文献，在此对所有责任者表示深深的感谢！由于编者水平所限，加之时间仓促，对本书出现的错误和疏漏，敬请各位专家和读者批评指正。

刘 昀 邓 利

2022 年 8 月

目 录

第1章　文献检索概述

1.1　文献的基本概念

1.1.1　信息

1.1.1.1　信息的定义

信息是物质的一种普遍属性。信息的定义并不统一，不同领域的学者从各自的专业角度定义信息。在信息检索的概念中，信息主要是指物质的本质，即世界上一切事物的运动状态、规律的表现或者反映。现行国家标准 GB/T 4894—2009《信息与文献术语》中将信息定义为被交流的知识，涉及事实、概念、对象、事件、观念、过程等，信息也指在通信过程中为了增加知识用以代表“被交流的知识”的一般消息。任何可标识的对象，包括媒介和记录信息的组合、以物质或数字形态表达的知识成果等均可称为信息资源。信息资源是有组织的有序信息，没有经过组织信息，即使达到一定的丰度也不能称为信息资源。

信息存在于自然界、人类社会和思维领域中，它与客观事物共存，是人们认识世界、改造世界中取之不尽、用之不竭的宝贵资源。随着信息社会的发展，信息已经成为重要的战略性资源，是衡量社会科技进步、经济发展、文化和教育水平的标准之一。

1.1.1.2　信息的特性

虽然信息的定义繁杂，但是各类型信息具有一些共同的特性。①客观性与可扩充性:事物存在或运动即会产生信息，因此信息是客观存在的，不以人的意志为转移。随着客观事物的状态和特征的不断变化，可以不断地产生新信息，具有可扩充性。②传递性:信息可以从信息源通过一定载体传递到接收器，因此信息是可传递性的。信息不仅可在人与人、人与计算机之间传递，也可在生物界的植物或动物之间传递。信息通过文献、光盘等载体存储，随时间而传递，称为时间传递；如果通过通信传输系统不断地传递，称为空间传递。③多态性与可转化性：信息可以以声音、文字、图像等多种形式存在，也可以从一种状态转换为另一种状态。④共享性：同一个信息可以同时被许多人在不同的空间共同使用，在共享的过程中还有可能会产生新的信息。⑤可加工性：通过加工整理（包括分类、归纳、精简等），信息可以成为便于识别、效用更高的信息，因此，信息是具有可加工性的。

在新媒体和新技术环境下，信息资源不仅种类丰富、数量庞大，而且其载体形态和传播方式发生了很大变化，数字化、网络化、移动化、碎片化已成为常态，导致的结果是人们对信息资源的检索和获取已变得前所未有的容易，通过轻点鼠标或轻触手机屏幕即可获取大量所需的数据，各种数据库系统还会根据检索结果自动生成各种统计图表。此时，对信息资源的探索、发现与研究远比单纯的信息检索和获取更加重要。信息的探索、发现能力得靠平时的积累，搜索行为多了，自然对各种资源的产生、传播、会出现在什么地方以及各种检索工具和检索方法有所了解。而思考和了解得越多，就越能高效地搜索和挖掘信息内容。

1.1.1.3 信息素养

1974 年，美国信息产业协会主席 Paul Zurkowski 提出信息素养的概念：信息素养是一种通过各种信息检索工具获取信息和解决问题的能力。随着信息化时代的发展，信息素养的概念也在改变，但其核心仍是如何理解信息、选择信息、评估信息和交流信息。信息素养是大学生的必备技能，也是信息社会所需人才的重要能力。

信息素养包括信息意识、信息能力和信息道德，其中，信息意识是信息素养的基础，信息能力是信息素养的核心，信息道德是信息素养的规范性原则。人们尤其是大学生应了解信息的重要性，遵循法治观念和信息道德规范，快速、有效地运用各种工具以及信息资源获取有价值的信息，并对其加工产生新的信息。

高信息素养不仅体现在“检索能力”上，而且体现在思维方式、思维水平和思维层次上。信息素养教育不单纯是传授信息检索知识、提高信息能力和信息道德，更应该着眼于培养知识的融会贯通和开放灵活的思维方式，学习者可将信息素养的相关知识与自身的知识结构进行融合，在知识、能力、综合素质三个方面同时提高。

1.1.2 知识

《辞海》2020 年版对知识的解释为：人类认识的成果或结晶。知识是在社会实践过程中形成的，是对现实的反映。根据反映层次的系统性，可以分为经验知识和理论知识。经验知识是知识的初级形态，系统的科学理论知识是知识的高级形态；社会实践是检验知识的标准，知识是人类共同的精神财富。知识借助于一定的形式，如语言、劳动产品等进行传递和交流。国家标准 GB/T 4894—2009《信息与文献 术语》中将知识定义为基于推理并经过证实的认识。

知识来源于信息，属于信息的一部分。信息被有选择地收入人们的思维系统，经过大脑的储存、挖掘、甄别、提炼、加工、处理、转换而形成知识。知识随社会实践、科学技术的发展而发展，是人们对客观世界物质形态和运动规律的认识的总结。知识按照内容一般可以分为自然科学知识、社会科学知识和思维科学知识。知识可以共享、传递和再生，也可以反复使用而不损耗，其价值并不会因为使用而减少。

当前人类科学知识每 3 ~ 5 年增加一倍，生命科学的发展和知识更新速度较其他学科更为迅速。创新是时代发展的必然要求，但也只有在新的起点或者说处在知识的前沿才能谈得上开拓、创新，所以说信息检索是科研的基本功，是科研的第一步，同时也贯穿了科研的全过程。

1.1.3 情报

情报是以各种方式进行传递或者交流的有用的知识，具有明显的目的性和时效性。情报是激活的知识，最开始情报多与战争中敌情的报告有关，后来随着战争的减少，社会经济活动越来越占据主导，情报的概念逐渐泛化，向经济和社会方向延伸，内涵扩大到获得的他方有关情况以及对其分析研究的结果。目前情报的概念仍具有一定的针对性，常用来表示机密的针对性信息。情报是活化的知识，信息要成为情报，一般要经过选择、综合、分析和研究加工过程，即经过知识的阶段才能成为情报。知识只有在被需要的情况下才能成为情报。因此，情报具有传递性、知识性、时效性、针对性和非公开性等特征。

情报已经渗透到人们的经济生活和社会活动中，有目的地收集情报有助于正确决策。按服务对象不同，情报可分为军事情报、科技情报、战略情报、经济情报、体育情报等；按传递媒介或传播方式不同，情报分为口头情报、文字情报、实物情报、声像情报；按传递范围不同，情报可分为大众情报和专门情报；按传递内容不同，情报可分为科技情报、经济情报、体育情报、市场情报和政治情报。按照公开程度不同，情报可分为公开情报、内部情报、秘密情报、机要情报等。

信息、知识和情报三者的关系密切。信息包含知识，知识属于信息的一部分，情报是对交流对象来讲具有重要功能的知识，其逻辑关系是“情报包含于知识，知识包含于信息”，而信息、知识和情报是文献的实质性内容。

1.1.4 文献

1.1.4.1 文献的定义

文献原指典籍与贤者，朱熹注：“文，典籍也；献，贤也。”后专指具有价值或与某些学科相关的图书文物资料，如历史文献、医学文献等。《辞海》2020 年版对文献的解释为：记录知识的一切载体的统称，如历史文献、医学文献等。如今，文献的定义为利用文字、图像、符号、声频、视频、网络等手段将人类知识记录在各种载体（如甲骨、金石、竹帛、纸张、胶片、磁带、光盘、网络等）上。

国际标准化组织《文献情报术语国际标准》（ISO/DIS 5127）对文献的解释是：在存储、检索、利用或传递记录信息的过程中，可作为一个单元处理的，在载体内、载体上或依附载体而存储有信息或数据的载体。现行中华人民共和国国家标准《文献著录总则》GB/T 3792.1—1983 定义文献为：记录有知识的一切载体。

从文献的定义可知，构成文献必须具备4个要素，分别为文献的内容，即知识或信息；记录知识的物质载体，如竹帛、纸张、胶卷、光盘等；记录知识的符号，如文字、公式、图表、声音、图像、编码、电磁信息等；一定的记录方式和手段，如书写、印刷、复制、刻录、录音、录像等。由此可见，文献应具备知识性、物质性和记录性这 3 个基本属性。

在收集、整理、交流和利用文献的过程中，对文献的特点、功能、类型、生产方式和整理方法进行研究，总结文献发展规律，逐渐形成文献学这一学科。文献学是一门识别和描述文献的理论、活动和技术的科学。

1.1.4.2　文献的功能

（1）存贮知识的功能

自古以来，人类认识世界、改造世界所取得的各种知识，主要是靠文献来存贮的。虽然文献不能把人类的知识全部都存贮起来，但是它却能记录保存人类知识的精华。因此，文献一直是人类了解过去、认识现在和预测未来的重要工具。正因如此，文献早已成为存贮人类知识的重要的形式。在漫长的历史长河中，人类积累了大量的文化知识，这是人类的宝贵财富。随着社会的发展和科学的进步，这笔财富正在不断地剧增。怎样保存它，虽然不能全部借助文献，但是长期的实践证明历史上许许多多珍贵的文化遗产，大多数是依赖文献才保存流传至今的。因此，文献是具有保存文化遗产的功能。

（2）传递和交流信息的功能

文献能记录人类一切精神文明、物质文明的历史和现状，是传递人类社会知识的最佳工具。如果说，古代文献以“藏”为主，那么，当代文献则是以广泛交流为主，因此，传递和交流文献信息是当前图书馆的一项重要使命。

知识是信息的一部分。情报是为解决特定问题而进行交流的知识。文献记录了部分知识。人们通常讲的技术信息、市场信息等信息，已不是自然信息，而是经过人脑加工后进行传递并发生效用的信息（即情报）。

信息、知识、情报、文献之间的关系如下：事物存在即发出信息；信息经人脑加工变为知识；知识被记录形成文献；文献经传递应用变为情报；情报应用与实践产生新的信息；知识经传递应用为情报；情报经过一定时效后，又可还原为知识，情报经提炼，升华还可成为新的知识。

科技工作者在科研工作之前，在制订科研计划时必须查阅文献，并贯穿于科研工作的始终，以便证实工作中所发生的各种问题是否正确，有无错误，特别是实验方法、理论数据、历史事例与前人的研究事例是否相符，这样可以随时改进工作方法，改进仪器设备，使科研工作减少差错，少走弯路，提高成功的可能性，因此文献在促进科研和教学中起着非常重要的作用，推动着科研不断向前发展。

1.2　文献的分类

正是因为有了文献，知识才能得到较好的保存和传播。文献的范围非常广泛，古代的甲骨文、碑刻、竹简、帛书，现在的图书、报纸、期刊、机读资料、缩微制品、电子出版物等都是文献。殷墟甲骨文的重大发现在中华文明乃至人类文明发展史上具有划时代的意义。甲骨文是迄今为止中国发现的年代最早的成熟文字系统，是汉字的源头和中华优秀传统文化的根脉。

根据不同的分类标准，文献可分为多种不同类型。

1.2.1　按文献载体的形式分类

1.2.1.1　纸质型文献

以纸张为知识的存贮载体，通过书写、油印、铅印、胶印、静电复印等手段，将文字固化在纸张上所形成的文献。自印刷术发明至今，印刷型文献一直是最重要的文献类型。印刷型文献是指以传统纸张为载体，通过各种印刷技术制作出来的文献。它一直是文献最主要的存在方式，在图书情报机构的馆藏中占有较大的比例。其优点是便于传递和阅读，缺点是文献体积大，存贮密度低，需要很大的存贮空间，很难实现自动化管理和提供自动化服务。各种图书、期刊、报纸、自传、信件、会议记录、备忘录、笔记等纸质文献都属于此类型。

据史料记载，现今公认的人类最早的印刷术是中国古代的雕版印刷术，产生于隋末唐初，距今已有 1400 多年历史。此后，毕昇在此基础上发明了泥活字印刷术。毕昇发明的活字印刷术是对趋于鼎盛时期的雕版印刷术的质的突破，大大推进了中国和世界印刷术的近现代化进程，是世界印刷技术史上一项伟大的创举。

1.2.1.2　视听型文献

视听型文献又称声像型文献，它是以磁性材料或光学材料为载体，借助特定的机械设备通过录音、录像、摄影、摄像等手段，记录声音、视频图像等信息而形成的文献，如录音带、录像带、电影胶片、唱片、幻灯片、网络视频、激光视盘等。视听型文献的优点是形象直观，人闻其声，物观其形，存储密度高。缺点是制作成本较高，且使用时需要借助一定的设备。

1.2.1.3　缩微型文献

缩微型文献是以感光材料为载体，通过缩微摄影技术将文献的体积浓缩而形成的文献，如缩微卡片、缩微平片、缩微胶卷等。缩微型文献的优点是体积小、存储密度高，不易损坏和变质，保存期较长。但缩微型文献需借助缩微阅读器才能阅读，使用不方便。

1.2.1.4 电子型文献

电子型文献又称机读型文献、数字文献。它以磁、光、电为载体，通过数字代码方式记录图像、文字、声音、影像等信息。电子图书、电子期刊、电子报纸、网络数据库、联机数据库、网络新闻、光盘数据库等都属于电子型文献。电子型文献的优点是一次加工，多次使用，出版周期短，更新快，存贮容量大且存取速度快，节省存放空间，易于复制和分享，是一种很容易应用的文献类型。电子型文献也需要借助计算机阅读，使用费用略高。随着电子计算机和网络技术的发展，电子型文献的主导地位逐渐凸显，各省市、高校图书馆越来越重视电子型文献的收藏，网络数据库的购买数量和质量也成为衡量图书馆水平的标准之一。

数字对象标识符（digital object identifier，DOI）是在数字环境中内容对象的永久性标识号。2007 年 3 月，中国科技信息研究所和万方数据得到授权成立中文 DOI 注册机构。在已知的 DOI 号前面添加“http://dx.doi.org/”即可检索到原始文献。例如，已知一篇文献的 DOI 号为 10.2108/zs200121，在网页的地址栏输入 http://dx.doi.org/10.2108/zs200121，即可检索到文献“Two New Brackish-Water Species of *Macrostomum*（Platyhelminthes: Macrostomorpha）from China and Their Phylogenetic Positions”。

1.2.2 按文献的出版形式分类

1.2.2.1 图书

图书通常是分页并形成一个物理单元的，以书写、印刷或电子形式出版的知识作品。图书是一类历史悠久的文献类型，反映了某一时期某一学科的水平。图书是对知识系统全面的概括和论述，内容成熟，适用于系统学习知识或对某个问题进行一般性了解。图书包括专著、教科书、工具书、小册子、单卷书、多卷书、丛书等。图书的优点是内容系统、完整、可靠；缺点是出版周期较长，内容更新慢。图书是用于传播知识的一类出版物，有完整定型的装帧形式，具有特定的书名和编者，公开出版的图书有国际标准书号（international standard book number，ISBN）。联合国教科文组织提出图书的页数不包括封面和封底须达到 49 页以上。国际标准书号是国际通用的图书或者出版物的代码，具有唯一性和特指性，一个国际标准书号仅对应一个或者一份出版物。2017 年，ISBN 书号从 10 位升级为 13 位。《信息检索技术》的 ISBN 为 978-7-302-37465-7，其中包含 978 为 EAN · UCC 前缀，表示图书。7 为组号，代表国家代码。302 是出版者号，37465 是出版序号或书序号，最后一个 7 为校验码或校验号，其作用是检验 ISBN 后面的数字是否正确。

1.2.2.2 期刊

期刊又称杂志，指采用统一名称，定期或不定期发行的连续出版物，每期内容含有多篇文章，由多个作者分别完成。期刊与图书类似，每个达到国际标准的期刊均具有专属的国际标准期刊号（international standard serial number，ISSN）。ISSN 是由国际标准 ISO3297 制定的，由八位数字组成，分为两组，每组四位数，两组之间用“-”相连，最末一个数字为检查号。例如，*Nature* 的 ISSN 号为 0028–0836，《中国科学：生命科学（英文版）》的 ISSN 号为 1674–7305。经我国国家新闻出版署批准在中国大陆发行的期刊，具有国内连续出版物刊号，国内刊号以中国国别代码“CN”作为前缀。国内刊号由两组数字组成，中间以“–”连接，第一组两位数字代表省份或者直辖市，采用《全国行政区划代码》的前两位表示，第二组数字为序号，而最后一个字母代表学科范畴，根据中图分类号，字母 Q 代表的就是生物科学。例如，《中国科学：生命科学（英文版）》在国内的刊号为 CN11-5841/Q，《中国细胞生物学学报》的刊号为 CN31-2035/Q，其中 CN 为中国大陆代码，11 或者 31 为地区代码，分别代表北京和上海。

按照出版规律，期刊可分为定期和不定期，定期又包括周刊、半月刊、月刊、双月刊、季刊、半年刊等。与图书相比，期刊因为出版周期短，所以内容新颖，报道速度快。此外，期刊报道的内容涵盖学科范围广、文章种类多且数量巨大，据统计，期刊信息占总信息量的 70% 左右。由于上述特点，期刊已经成为当前科研人员学习和交流学术思想的重要信息来源，适用于追踪学术前沿、了解新技术或新方法、掌握某一专业领域研究动态等。

1.2.2.3　报纸

报纸与期刊都属于连续出版物，报纸每期版式基本相同。例如，《人民日报》包括要闻、评论、理论、国际、综合、专题等栏目。报纸内容多为新闻与评述。报纸定期出版，周期更短，很多都是日报，少数为双日报、周报或者旬报，因此报纸传递信息更及时。国内报纸也有统一刊号，比如《人民日报》的刊号为 CN11-0065。报纸信息量繁杂，也是十分重要的情报信息来源之一。

1.2.2.4　会议文献

会议文献是指在国内外各种会议上宣读或者发表的论文或报告。会议论文经过整理后编辑成会议文献集出版，属于公开发表的论文。会议文献的优点是内容新颖可靠、专业领域比较集中、信息数量大、学术水平高。会议文献适用于了解与自己专业领域相关的学术进展和动态等情况。会议文献是重要的信息源之一。

1.2.2.5　学位论文

学位论文是高等院校或科研院所的本科生和研究生为取得学位资格，在导师的指导下完成科研设计或实验的学术性较强的研究论文。学位论文分为学士学位论文、硕士学位论文和博士学位论文。根据涉密程度，学位论文一般可分为公开、内部、秘密和机密四个等级，保密的学位论文会根据保密等级，在一定的年限后公开。学位论文主题专一、内容系统而深入，理论性强，具有一定的独创性，所以也是一种重要的信息源。

近年来，有关大学生学术不端的社会事件屡屡见诸于媒体。2017 年，教育部公布的《普通高等学校学生管理规定》规定“抄袭伪造、代写、买卖论文将被开除学籍”；2019 年，清华大学新修规定“论文抄袭将被开除学籍”。这些举措反映了当前高校大学生的学术不端行为的普遍性和严重性，亟须严肃处理。学术研究是为了追求真理，不可以有半点虚假，然而，近几年科研学术不端行为时有发生，为学术共同体、国家财力和科研人员学术生涯带来极大的负面影响。只有研究者自身提高学术诚信的自觉性，树立正确的学术道德观，从内心杜绝学术失信的想法，才能从根本上解决问题。研究者平时要努力提高自己的学术科研实力和学术修养，强化自律意识，端正学习动机，认真学习学术诚信的相关规范和正确的学术科研方法，养成实事求是的学术习惯。

1.2.2.6 科技报告

科技报告是由研究单位或国家政府部门完成的描述研究技术、研究内容、研究进展或成果的特种文献。科技报告独立成册，报告内容专业具体、完整可靠，多具有保密性，报道速度比期刊快。科技报告对科技创新具有举足轻重的作用。美国政府最具代表的科技报告分别是美国国防部的 AD（armed services technical information agency documents）报告、行政系统的 PB（publication board）报告、国家航空航天局的 NASA（national aeronautics and space administration）报告和国际能源部的 DOE（Department of Energy）报告，被称为美国政府四大科技报告。由于四大科技报告含有较多生物、医学和环境科学的内容，是生物学文献检索不可忽视的来源之一。我国科技报告多由国家或地方财政资金支持的科技计划项目产生，中国国防科技部出版的 GF 报告（国防科技报告）是我国科技报告的重要组成部分，科技报告可为落实科技成果、驱动社会和科技发展提供重要参考资料。

1.2.2.7 专利文献

《信息与文献·术语》指出，专利是对发明、实用新型专利或设计给以一个指定时间段保护的工业产权所有权。发明人或专利权人向专利局申请保护时须呈交一份详细的技术说明书，经专利局审查，公开出版并授权。在这一过程中形成的专利说明书、专利公报、专利分类资料、专利检索工具等统称为专利文献，但多数情况下特指专利说明书。只有具有创新性的技术、方法、设计才可能获得专利保护，因此专利新颖性强。通过专利文献可了解某领域的技术发展水平和最新动态，科研项目开题或开发新产品之前，应多了解专利情况，以防重复研究或侵权。专利申请后，国家知识产权局颁发专利申请受理通知，其中包含专利申请号。在专利申请人获得专利授权之后，国家知识产权局颁发专利证书，同时在申请号前面加上 ZL。因此，ZL+ 申请号表明是授权专利。根据保护内容不同，专利可分为发明专利、实用新型专利和外观设计专利。

1.2.2.8 政府出版物

政府出版物又称“官方出版物”，是指各国政府部门及其所属机构出版的信息资料，是基于政府信息的一种有形化和公开化的产物。政府信息或者政府文件经过适当的编辑整理，制作成图书、期刊或者电子出版物等形式传播给公众即可称为政府出版物。政府出版物一般有出版物编号。政府出版物具有权威性、公开性、公益性、及时性和指令性的特点。政府公报、政报政刊、政府白皮书、法规单行本等均属于政府出版物。按照学科来分，政府出版物可以分为社会科学和自然科学两大类。借助于政府出版物，可以了解国家的科技和经济政策，可以帮助企业和科研人员选择适当的项目和课题。

1.2.2.9　标准文献

标准文献是由某一权威机构或者主管机关批准并颁发的对工农业新产品、工程建设的质量、规格、技术参数及其检验方法所作的各种规范性文件，并具有一定的法律效力，简称标准。标准文献规范了从事产品设计和生产的技术指标，具有计划性、协调性和法律约束性的特点。标准文献有助于产品质量标准化，对提高产品质量、合理利用资源、促进产业创新、推广应用研究成果等有着非常重要的意义。标准文献可以反映一个国家的技术水平和实力。国家标准的编号由国家标准的代号、标准发布顺序号和年号组成。GB 代表强制性国家标准，GB/T 代表推荐性国家标准。《信息与文献·术语》为现行国家标准，编号 GB 4894—2009，由全国信息与文献标准化技术委员会提出并归口，国家图书馆、清华大学图书馆、中科院文献情报中心和中国科学技术信息研究所起草，取代了之前的 GB/T 4894—1985《情报与文献工作词汇·基本术语》。标准包括技术标准和管理标准，其中技术标准包括基础标准、产品标准、方法标准等。按照适用范围，标准可又分为国际标准、国家标准、区域性标准和企业标准。

1.2.2.10　产品样本

产品样本又可称为产品目录、产品资料、产品手册或产品说明书，对产品的规格、技术参数、性能构造、原理用途、用法和操作步骤等做出具体说明。厂家和代理商常制作图文并茂、形象直观的产品资料进行宣传和推广，免费赠送、传播给消费者。产品样本是消费者了解产品的性能、用法和优缺点的主要途径，也是客户购买或订货的主要依据，被称为“印刷形式的推销员”，兼具了促销的功能。产品样本具有技术成熟、数据可靠的特点，出版发行周期短，更新速度快，随着产品的更新迭代而被淘汰。

产品样本数量大，内容庞杂，分散在企业或者展会，人人可得，是公开的信息。产品样本能反映产品生产加工水平和发展动向，内容简练易懂，技术成熟可靠，是产品内涵的直观体现。因此，产品样品的收集整理可为企业研发方向提供参考数据和支撑。

1.2.2.11　技术档案

技术档案是科学研究和生产建设部门在从事科研和生产活动中形成的真实记录，例如科技文件、审批报告、技术合同、研究计划、任务书、协议书以及设计图纸、照片、建筑图纸、实验图表、原始记录的原本以及复制件等记录资料。技术档案内容真实可靠，反映生产和科技活动的过程及结果，是科技传承的主要手段，也是后期技术提升和产品维修的依据。

1.2.3 按文献的级次分类

1.2.3.1 零次文献

零次文献大多没有公开发表或者传播，是在科研活动或者工业生产过程中产生的原始记录或者草图等。口头交谈、演讲汇报、发言稿、实验记录、笔记、设计草图、会议记录、书信、内部档案等均属于零次文献。零次文献内容不够成熟系统，但是新颖性较高，具有直观性和很强的针对性。由于零次文献多由私人或单位内部保存，很难通过检索工具获得。

1.2.3.2 一次文献

一次文献又称原始文献或者一级文献，是著者以本人的生产实践经验或科研实验结果为依据撰写的文献。一次文献包括论著、论文、科技报告、会议论文、专利说明书、学位论文、技术标准等。一次文献数量巨大、分散，是主要的科技信息来源。一次文献内容新颖，具有创新性，是科技查新的主要比对文献来源，也可反映一个国家的科学技术水平和科研发展方向。

1.2.3.3 二次文献

二次文献又称检索性文献或者检索工具，是指人们把大量分散、无序的一次文献收集起来，按照一定的方法进行加工整理，用于检索的文献。二次文献并不是新的信息，只是按照学科范围、时间等特征对一次文献进行整理、编排、加工和汇总。主要包括目录、题录、索引、文摘和数据库等。二次文献内容没有新颖性，它只是查找一次文献的工具和线索，可提高一次文献的检索效率，有助于读者快速获得有用的信息，在情报检索和科技查新等工作中具有重要地位。

1.2.3.4 三次文献

三次文献又称参考性文献，是指围绕某一内容、目的或者主题，利用二次文献，对一次文献进行全面系统地筛选、分析、综合和论述的文献。三次文献包括：综述、述评、学科年度总结、参考工具书、百科全书、年鉴、数据手册等。三次文献内容系统全面，具有知识性、概括性和针对性等特点，是一次文献内容的总结与浓缩，具有很好的参考性，有助于读者快速了解某一学科或技术的发展历史与进展状态。

综上所述，随着文献分级的增加，内容逐渐集中、有序。零次文献和一次文献组成了最基础的信息源，创新性强。二次文献将一次文献有序化，是进行信息资源检索的工具。三次文献是以二次文献为手段，对一次文献进行整理与评述，内容高度浓缩，既可以作为信息源，又可以为文献检索提供线索。

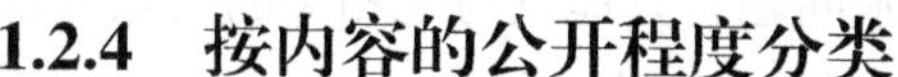

1.2.4 按内容的公开程度分类

1.2.4.1 白色文献

白色文献是指正式出版，通过常规渠道可以获得，在社会上公开流通的文献，如图书、报纸、期刊等。文献检索多是针对白色文献资源进行检索。

1.2.4.2 灰色文献

灰色文献是指通过常规的出版流通途径或者一般的检索方法难以获取的文献。灰色文献的公开程度介于白色文献和黑色文献之间。政府机关的内部报告、政策性文件、技术档案、未发表的稿件、书信、实验数据等均属于灰色文献。

1.2.4.3 黑色文献

黑色文献是指非公开发行、内容保密的文献，包括军事情报资料、保密的技术资料等。

1.3 信息检索基础知识

1.3.1 信息检索的概念

文献记录了人类社会活动和各个学科领域的发展状况，大量的文献信息组成了知识的宝库。为了便于进行查找文献和学术交流，一些学术团体和机构创办了检索性刊物，并逐渐形成了系统的检索工具，如目录、文摘和索引等。随着计算机技术的普及，目前以计算机和网络技术为基础的现代化文献检索手段已经占据了文献检索的主流。

信息检索的概念有广义和狭义之分，广义的信息检索是指将信息按一定的方式组织和存储起来，并根据用户的需要查找出有关信息的过程，包括信息的存储与检索两个过程。狭义的信息检索仅指该过程的后半部分，即用户根据需求从信息集合中找出目标文献的过程。

1.3.2 信息检索的类型

信息检索是大学生应该培养的基本技能之一，掌握信息检索可提高人们获取信息的效率。根据检索内容的不同，信息检索可分为文献检索、事实检索和数据检索。

1.3.2.1 文献检索

文献检索是从大量文献集合中，查找出特定的相关文献线索或者全文的过程，即所检索到的是关于文献的信息或文献全文，它的检索对象是文献，结果是导出与某一课题有关的论文、图书及其出处等信息，所回答的是如“关于新型冠状病毒有哪些文献？”之类的问题。检索结果不直接回答技术问题，只提供与之相关的文献外部信息或者全文。文献检索根据检索的结果可分为书目检索和全文检索。

1.3.2.2 事实检索

事实检索是对事实型数据进行存储和检索的过程，通过对数值型数据、事实、概念、思想、知识等进行查询、运算、比较、演绎和推导，获得关于某一事物发生时间、地点和过程的检索。事实检索直接回答用户问题，如“如何获得转基因拟南芥？”“谁最先完成转基因植物的研究？”

1.3.2.3 数据检索

数据检索是将观察或实验得到的数据，经过筛选、分析、整理和鉴定，存储在某一载体上，然后采用适当的方法或手段从中找出符合用户所需数据的过程，它具有数量的性质，并以数值形式表示。数据检索的结果是确定的，直接回答用户提出的问题，如“第一个胚胎晚期富集蛋白是哪一年被发现的？”

1.3.3 信息检索的意义

随着现代科学技术突飞猛进的发展，文献数量与品种急剧增加，科研课题日趋专门化与综合化，信息检索工作迅速发展起来，在社会中具有越来越重要的地位。信息已经成为人类社会的重要财富，迅速、准确、全面地查找出与研究课题有关的资料，可节约大量时间与人力，避免科研中的重复劳动。

党的十八大提出实施创新驱动发展战略，强调“科技创新是提高社会生产力和综合国力的战略支撑，必须摆在国家发展全局的核心位置。”信息检索是获悉前人成果、了解学术动态的重要渠道之一。在开题前，科研人员须对研究领域进行文献调研和课题查新，分析国内外的研究趋势，避免科学研究工作中的低水平和重复劳动，在前人研究基础上有所突破和创新。从选题、确定方案、具体实施、结题到发表论文，文献检索贯穿了科学研究的全过程。

信息的存贮与检索是信息资源公开和交流传递的基础，促进了科技、经济和社会的快速发展。面对大量无序的文献，快速有效地查找有用的资料可为科研人员、教师和学生节省大量时间。

在整个科技情报工作中，信息检索占有极其重要的地位。科技情报工作的主要内容，就是大量地整理报道现期的和积累检索过去的文献，在此基础上开展定期服务，并进行情报的分析综合研究，以提供对生产、科研、决策、规划工作有用的情报。因此，文献的搜集、研究、存储、检索和传播是科技情报工作的五个环节。把搜集到的情报进行有序的积累（建立检索系统）和有组织地报道（通过文摘、索引、目录等）是情报工作的基本内容，情报工作的重要一环就是文献检索。检索系统的建立是情报工作的一项基础工作。

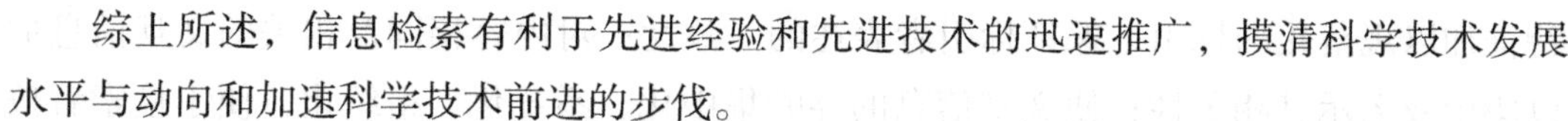

综上所述，信息检索有利于先进经验和先进技术的迅速推广，摸清科学技术发展水平与动向和加速科学技术前进的步伐。

1.4　检索语言

在文献检索工作中，文献标引工作者和文献检索者之间，需要共同遵守和使用语言词汇。检索语言即为连接信息存贮和信息检索两个过程的桥梁。

1.4.1　检索语言的概念

检索语言又称标引语言、索引语言、文献检索语言、信息存贮与检索语言、概念标识系统等。

检索语言是应文献信息的加工、存贮和检索的共同需要而编制的专门语言，它是表达一系列概括文献信息内容和检索课题内容的概念及其相互关系的一种概念标识系统。文献信息检索人员使用检索语言表达检索课题，有助于准确、全面、迅速地从检索系统获得所需要的文献信息。

目前，世界上的信息检索语言有几千种，如《中国图书馆图书分类法》《杜威十进分类法》《NASA 叙词表》《汉语主题词表》《计算机信息检索》等，国际通用的医学相关的检索语言有《医学主题词表》等。我国现有的生物学相关的主题词表有《生物学主题词表》《生物分类叙词表》《林业汉语主题词表》《农业科学叙词表》和《水科学和渔业叙词表》等。

随着生物学科学的飞速发展，新术语和新概念层出不穷，新的主题词表也将逐渐增加。“君子之学必日新，日新者日进也。不日新者必日退，未有不进而不退者。”研究者应进一步丰富已有的知识，努力拓展思维空间，在培养科研能力的同时不忘提升自身的信息素养。

1.4.2　检索语言在文献检索中的作用

非规范化语言（自然语言）的词义有时不明确，常出现“多词一义”或者“一词多义”。检索语言通过对相同或者相关的信息进行系统化和组织化处理，揭示信息的相关性，直接影响信息检索的效果。信息的存贮和检索均需通过检索语言对信息进行标引与表达。因此，信息检索语言需具有必要的语义和语法，一词一义。

检索语言是沟通信息存贮和信息检索两个过程的桥梁，也是沟通标引者和检索者的桥梁，在信息检索中处于核心地位，达到最高的查全率和查准率。通过分析信息存贮和检索的全过程可以看出，检索语言的功能体现在对文献的情报信息内容及其外表特征加以规范化的标引，保证标引者表述的一致性；对内容相同及相关的文献信息加以集中或揭示其相关性；使文献信息的存贮集中化、系统化、组织化，便于检索者按一定的排列次序进行有序化检索；便于将标引用语和检索用语进行相符性比较，保证标引者和检索者或者不同检索者之间表述的一致性。

检索语言是动态变化的，需要根据社会和科学技术的发展不断地加以更新和改进。检索语言只有在使用过程中及时维护，才能在检索效率方面发挥最佳功能。

1.4.3 检索语言的类型

检索语言是用来标引和检索情报的规范化的人工语言。根据标识的性质与原理或表达文献的特征，可将检索语言分为不同的类型。

1.4.3.1 按照标识的性质与原理分类

（1）分类语言

分类语言是将各种概念按学科范畴和知识的相关性进行分类，用数字、字母或者符号对类号和类目进行标识的检索语言。分类语言将概念依据学科性质和逻辑层次进行系统排序，可反映事物的从属、派生、交叉和并列等关系。

分类语言的具体表现形式主要是分类表，它由类目表、分类号、类目注释和分类法索引组成。类目表又由基本大类、简表、详表和辅助表组成。目前国际常用的分类法有《美国国会图书分类法》（*The Library of Congress Classification*，LCC）、《杜威十进分类法》（*Dewey Decimal Classification*，DDC）、《国际专利分类表》（*International Patent Classification*，IPC）。我国图书馆三大分类法分别是：《中国图书馆分类法》（原称中国图书馆图书分类法，简称中图法）、《中国科学院图书馆图书分类法》（简称科图法）和《中国人民大学图书分类法》（简称《人大法》）。

《中图法》第一版于1975年出版，是我国各图书馆使用最广泛的分类法体系，1999年正式更名为《中国图书馆分类法》，2000年电子版问世，2010年出版第5版，被《世界图书及情报机构百科全书》列为世界九大分类法之一。《中图法》采用字母和数字混合标记，将知识分为5大部类和22个大类（表1-1）。

（2）主题语言

主题语言以描述事物或概念的名词术语作为概念标识，将概念标识按照字顺排列，并用参照系统等方法间接显示概念之间相互关系。主题语言以自然语言的字符为字符，以名词术语为基本词汇，以概念之间的形式逻辑作为语法和构词法，用一组语词作为文献检索标识。主题词的规范化处理就是对同义词、近义词、多义词进行规范。把主题词按照一种便于检索的方式编排起来，就是主题词表，它是主题标引的主要工具。主题词表揭示了同义词、近义词、反义词之间的语义关系，展示了同一族系中各主题词的等级结构，限定了较含糊主题词的含义或确定其意义与范围。主题语言分为标题

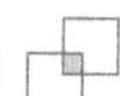

表 1-1　《中图法》（第五版）分类表

1. 马克思主义、列宁主义、毛泽东思想、邓小平理论	
A	马克思主义、列宁主义、毛泽东思想、邓小平理论
2. 哲学	
B	哲学、宗教
C	社会科学总论
3. 社会科学	
D	政治、法律
E	军事
F	经济
G	文化、科学、教育、体育
H	语言、文字
I	文学
J	艺术
K	历史、地理
4. 自然科学	
N	自然科学总论
O	数理科学和化学
P	天文学和地球科学
Q	生物科学
R	医药、卫生
S	农业科学
T	工业技术
U	交通运输
V	航空、航天
X	环境科学、安全科学
5. 综合性图书	
Z	综合性图书

词语言、关键词语言、叙词语言和单元词语言。

标题词语言又称标题法，也是最早使用的一种主题语言。标题词语言是从自然语言中选取的、经过规范处理的、表示事物概念的词、词组或短语，是一种规范化的检索语言。标题词按字顺排列，词间语义关系用参照系统显示，并以标题词表的形式体现。如美国《国会图书馆标题表》（*Library of Congress Subject Headings*，LCSH），它是国内外用于组织西文图书的主题检索工具，是提供主题检索途径的一种著名标题语言。

标题词语言通常使用主标题词和副标题词来构成检索标识，以达到一定的专指度。主标题标示事物本身的概念，副标题说明限制主标题涉及的方面。一个主标题，可能汇集多个不同的副标题。例如："个体—发育"这个标题中，"个体"一词用于表达事物的概念，是主标题，"发育"作为副标题词，说明它只限于事物的一个方面。以标题词来标引和编制索引的典型检索工具是美国的《工程索引》。

关键词语言是适应目录索引编制过程自动化的需要而产生的。关键词法是从科学技术文献的篇名、摘要、正文中选出具有实质性意义并能表达文献主题内容的科技名词术语来作为检索标识的。这些具有实际意义的科技名词，对揭示和描述文献主题内容来说是重要的，带关键性的词语称为关键词（key words）。关键词未经规范化处理，即对同义词、近义词等不进行严格优选，甚至对同一个词的单数、复数等词形不加统一，即可以保持原形。概括地说，关键词就是将文献原来所用的，能描述主题概念的那些具有关键性的词抽出，不加规范或只作小量的规范化处理，按字顺排列，以提供检索途径的方法。

叙词语言是用规范化科技名词作为基础的主题法检索语言。所谓叙词（descriptor）是指从文献内容中抽出的、能概括表达文献内容基本概念的并经过规范化的名词或术语。因为叙词也是标引文献主题的词，故国内也称主题词。叙词语言是专门为文献标引与检索而设计的人工性后组式语言，即文献的主题概念可以用多个叙词表示，因此可以形成任意合乎逻辑的组配和众多的检索途径，更适用于计算机情报检索。用叙词语言编写的词表称为叙词表（或主题词表），常用的叙词表有：《INSPEC 词表》《NASA 词表》《汉语主题词表》等。叙词语言是多种检索语言的原理和方法的总和，它具有较优越的检索功能，是发展最快，应用最广的检索语言。

单元词语言也是一种规范化检索语言，是在标题词语言基础上发展起来的。它是以不能再分解的概念单元的规范化名词（单元词）作为文献主题概念的标识。单元词是从文献内容中抽出来的最基本的、具有独立概念的，即在字面上不能再分的标识文献主题的词，它可进行概念组配。如"肺""脓肿"两个单元词组配表达肺脓肿。目前单元词语言已被叙词语言所取代。

（3）代码语言

代码语言是对事物的某方面特征，用某种代码系统来表达和排列事物概念，从而提供检索的检索语言。例如，根据化合物的分子式这种代码语言，可以构成分子式索引系统，它允许用户从分子式出发，检索相应的化合物及相关的文献信息。

1.4.3.2 按照表达文献的特征分类

（1）表述文献外表特征的检索语言

表述文献外表特征的检索语言通常是指文献的篇名（题目）、作者姓名、出版者或研究机构、报告号、专利号等。将不同的文献按照篇名、作者名称的字序进行排列，或者按照报告号、专利号的数序进行排列，这样就形成了以篇名、作者及号码的检索途径来满足读者需求的检索语言。因此，表述文献外表特征的检索语言可以分为题名语言、著者语言、号码语言等。描述文献外表特征的检索语言比较直观，容易理解，以此编制的检索工具（如题名索引、著者索引、报告号索引等）使用起来比较简单，容易掌握。

（2）表述文献内容特征的检索语言

表述文献内容特征的检索语言通常指所论述的主题、观点、见解和结论等。大家都知道，任何一篇文献的内容，无非是论述某个观点事物，任何客观事物都有一定的概念。因此，标引文献内容，进行主题分析后，以形成文献的主题概念。表述文献内容特征的检索语言可以分为分类检索语言和主题检索语言。

1.5　信息检索技术

1.5.1　检索工具

检索工具就是人们用来报道、存储和查找文献情报的工具。它是在不同学科范围内对某一阶段出版的有关文献进行收集、报道并提供检索途径的二次文献。检索工具应具备三个条件：一是详细记录所著录文献线索，读者可根据这些线索查找所需文献；二是根据检索标识，如分类号、主题词、文献号、代码等查找所需文献；三是提供检索的必要手段，如分类索引、主题索引等，便于读者检索。检索工具按加工文献和处理信息的手段可分为手工检索工具和机械检索工具；按出版形式可分为期刊式检索工具、单卷式检索工具、卡片式检索工具、胶卷式检索工具和网络检索工具；按载体形式可分为书本式检索工具、卡片式检索工具、缩微式检索工具、胶卷式检索工具、光盘式检索工具和网络载体；按著录格式可分为目录型检索工具、题录型检索工具、索引型检索工具和文摘型检索工具。

1.5.2　检索效率

1.5.2.1　查全率

查全率（recall ratio，R）是指从数据库内检出相关文献的量与检索系统中相关文献总量的比率，是测量检索系统检出相关文献能力的尺度，但是系统中相关文献的总量一般是不确定的，只能估计，因此查全率是估算值。查全率受数据库收录文献信息、索引词汇的专指性等因素影响。扩大检索课题的内容、扩大检索途径、放宽限定条件、英文单词采用截词符号等方式均可提高查全率。

1.5.2.2 **查准率**

查准率（precision ratio，P）又称精确率和求准率，是指检出的相关文献与检出的全部文献的百分比，是评估检索成效的一项指标。如果检索结果非全文，用户很难判断所查到的信息是否与课题相关，会限制查准率的计算。索引词不准确、组配规则不严谨、选词及词间关系不准确等是影响查准率的主要因素。通过选择主要概念和基本概念、提高主题词的专指度、选择规范专业用语和采用逻辑“与”组配都有利于提高查准率。

查全率与查准率是衡量文献检索效果的主要技术指标。需要引起注意的是，查全率与查准率是一对矛盾的指标，当查全率高的时候，查准率一般很低；当查准率高的时候，查全率一般很低。因此，查全率与查准率相互结合使用才能说明系统的检索效果。

1.5.3 现代信息检索技术

信息检索目的即利用检索语言和检索途径达成检索意图。在进行信息检索时，单独用一个检索词进行检索往往无法获取满意的检索结果，这时候就需要构造复杂的检索式。现代信息检索技术就是利用当前联机数据库、光盘数据库和网络数据库等检索工具查找目标信息时所采用的技术，主要有布尔逻辑检索、位置算符检索、截词检索和限制检索等。

1.5.3.1 **布尔逻辑检索**

所有网络资源系统都支持布尔逻辑检索技术，常用的布尔逻辑运算有 3 种：与（AND）、或（OR）、非（NOT）。优先顺序为：非 > 与 > 或。

（1）逻辑“与”

逻辑“与”表示概念交叉或者概念限定的组配，常用算符“*”“AND”或者“并且”表示。如图 1-1 所示，A AND B 表示查找包括 A 和 B 的记录。例如：植物 AND 动物，要求植物和动物出现在同一记录中。由此可见，逻辑“与”缩小了检索范围，可提高检索信息的查准率。

（2）逻辑“或”

逻辑“或”是一种具有概念并列关系的组配，用算符“+”或者“OR”表示。如图 1-1 所示，A OR B 表示查找包含 A 或者 B 的记录。例如：植物 OR 动物，要求记录中出现植物、动物两者之一，或者记录中同时出现植物和动物。用逻辑“或”检索技术可扩大检索范围，提高检索结果的查全率。

（3）逻辑“非”

逻辑“非”是一种具有概念排除关系的组配，常用算符“–”或“NOT”算符表示。如图 1-1 所示，A NOT B 表示查找包含 A 但是不包含 B 的记录。例如：植物学 NOT 动物，要求记录中出现植物，但不出现动物。逻辑“非”排除了不需要的概念，因此可提高检索的查准率。

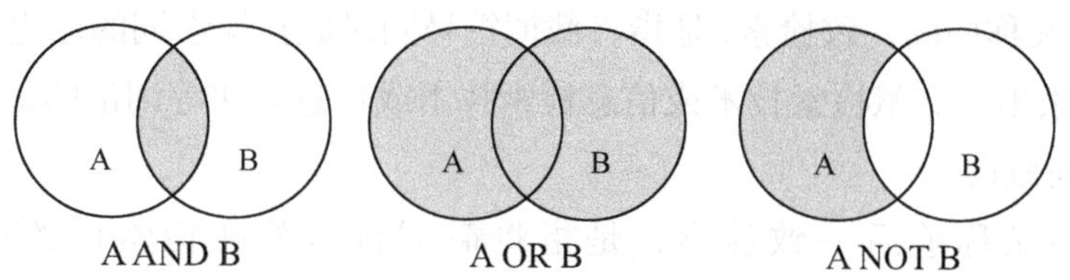

图 1-1　布尔逻辑技术检索示意图

1.5.3.2　位置算符检索

位置算符又名全文查找逻辑算符或相邻度算符，用来规定符号两边的词出现在文献中的位置。位置算符可表示词与词之间的相互关系和前后词序，一次增强选词指令的灵活性，提高检索的查全率与查准率。常见的位置算符有：（W）算符、（N）算符和（F）算符。

（1）（W）邻近算符

（W）算符是 With 的缩写，A（W）B 表示两个检索词 A 和 B 顺序不能颠倒，A 与 B 之间不能有其他词，但是可以有一个空格或者标点符号或者连接号。

（2）（N）邻词位置算符

（N）算符是 Near 的缩写，A（N）B 表示两个检索词之间不能有其他词，但是可以有一个空格或者标点符号，A 和 B 顺序可以颠倒。

（3）（F）邻词位置算符

（F）算符是 Field 的缩写，A（F）B 表示两个检索词必须出现在同一字段内，但是位置和顺序不限，A 和 B 之间可以有任意词。

1.5.3.3　截词检索

截词检索是利用检索词的词干或者不完整的词形进行检索。因为英语单词常存在各种单复数和动词词尾变化等形式变形，截词检索可有效避免由此引起的漏检，提高文献查全率。常用的截词符号有“?”和“*”。其中“?”代表有限截词，代表≤ 1 个字符。例如 plant? 可检索出含 plant 或 plants 的记录，plant?? 可检索出含 plant 或 plants 或 planted 的记录。“*”代表无限截词，在绝大部分检索系统中都使用这一截词技术。如 plant* 可检索出含 plant 或 plants 或 planted 或 planting 的记录。

截词技术可分为四种，分别是后方截词、前方截词、前后截词和中间截词。

（1）后方截词

后方截词又称前方一致检索，是指将截词符号放在检索词的右边。前面列举的 plant? 和 plant* 均属于后方截词。

（2）前方截词

前方截词又称后方一致检索，是指将截词符号放在检索词的左边。例如：?biotic 可检索出含 abiotic 或 biotic 的记录。

（3）前后截词

前后截词又称中间一致检索，是指将截词符号同时放在检索词的左边和右边。例如: * 检索 * 可检索出含文献检索技术或信息检索技术或信息方法等词汇的记录。

（4）中间截词

中间截词又称前后一致检索，是指将截词符号放在检索词的中间。例如：summari?e 可检索出含 summarize 或 summarise 的记录。一般来说，中截词仅使用有限截词，不可使用无限截词。

1.5.3.4 限制检索技术

限制检索是指检索系统提供的，通过附加检索条件减少检索结果的一种检索技术。通常对篇名、文摘、作者姓名、文献出版日期等进行限制检索。

（1）字段限制检索

字段限制检索是将检索词在特定的字段中进行检索，同一个检索词在不同的字段中进行检索，获得的文献数量不同。检索系统常默认为在“所有字段”也就是全文中进行检索。例如，如果中国知网选择在全文检索倪嘉缵，检索结果共 2273 条，如果限制在作者检索倪嘉缵，检索结果为 358 条，如果限制第一作者检索倪嘉缵，检索结果为 13 条。

（2）范围限制检索

检索系统一般提供对检索文献的范围进行限制，如限定文献的发表时间、国别、语种和文献类型等。例如，在知网上搜索“新型冠状病毒”，一共可获得 2.32 万条结果，如果限制文献类别为学位论文，则有 206 条结果，如果进一步限制 2020 年发表的文献，则为 44 条结果。

1.6 文献检索的策略

1.6.1 文献检索的方法

1.6.1.1 常用法

常用法又称直接法，是指直接利用检索工具（系统）检索文献信息的方法，这是文献检索中最常用的一种方法。它又分为顺查法、倒查法和抽查法。

（1）顺查法

顺查法直接按照时间的顺序，由远及近地利用检索系统进行文献信息检索的方法。这种方法能收集到某一课题的系统文献，它是用于较大课题的文献检索。例如，已知某课题的起始年代，逐渐向近期查找。优点是漏检、误检率低，但缺点是工作量较大。

（2）倒查法

倒查法是由近及远，从新到旧，逆着时间的顺序利用检索工具进行文献信息检索的方法。此法的重点是放在近期文献，只需查到基本满足需要时为止。使用这种方法可以最快地获得新资料，而且近期的资料总是既概括了前期的成果，又反映了最新水平和动向，这种方法工作量较小，但是容易造成漏检。此法可用于新课题立项前的调研。

（3）抽查法

抽查法是针对检索课题的特点，选择有关该课题的文献信息最可能出现的、最多出现的时间段，利用检索工具进行重点检索的方法。它适用于检索某一领域研究高潮很明显的、某一学科的发展阶段很清晰的、某一事物出现频率在某一阶段很突出的课题。这是一种花费较少时间能查得较多有效文献的一种检索方法。

1.6.1.2　追溯法

追溯法是指不利用一般的检索工具，而是利用已经掌握的文献末尾所列的参考文献，进行逐一地追溯查找“引文”的一种最简便的扩大情报来源的方法。它还可以从查到的“引文”中再追溯查找“引文”，像滚雪球一样，依据文献间的引用关系，获得越来越多的内容。这些内容相关的文献反映着某一课题的立论依据和背景，也在某种程度上反映着某课题或其中的某一观点、某种发现的发展过程。

1.6.1.3　综合法

综合法又称循环法，它是把上述两种方法加以综合运用的方法。综合法既要利用检索工具进行常规检索，又要利用文献后所附参考文献进行追溯检索，分期分段地交替使用这两种方法，即先利用检索工具检到一批文献，再以这些文献末尾的参考文献为线索进行查找，如此循环进行，直到满足要求时为止。

因为参考文献一般都是引用 5 ~ 10 年以内的重要文献，所以交替可定为 5 ~ 10 年。综合法兼有常用法和追溯法的优点，可以查得较为全面而准确的文献，是实际中采用较多的方法，尤其适用于对那些过去年代内文献较少的课题。有时读者尽管花费了很大精力，但仍查不到所需要的文献时，则可以求助于图书馆、情报所的参考咨询人员。

1.6.2　文献检索的策略

文献检索工作是一项实践性和经验性很强的工作，对不同的待查课题，应采用不同的检索程序。根据文献检索的基本原理归纳出文献检索的一般程序。

1.6.2.1　分析课题，确定检索范围

文献检索的第一步就是分析课题，首先要了解和明确检索课题的内容和要求，然后从以下几方面确定检索范围。

（1）专业范围：确定该课题涉及哪些专业及其相关的学科。

（2）时间范围：确定该课题需要检索资料的年代范围。

（3）地理范围：一般来说，各国出版的检索工具以收藏本国的文献为主，因此要了解某课题在哪个国家发展领先，原则上就采用该国的检索工具。

（4）语种范围：如课题的内容在美国发展较快，则尽量选用美国出的英文检索工具；而课题涉及的某项技术在日本占优势，则应选用日本本国出的日文检索工具。

（5）文献类型：各种检索工具的着重点不同，即使是综合性检索工具也未必面面俱到，因此应选择与课题有关的检索工具。

1.6.2.2 选择检索工具或数据库

应依据课题内容范围及其他要求来选择检索工具或数据库。世界上出版的各种检索工具数量很多，检索者必须对各种检索工具或数据库的性质、内容和特点有大致了解。选定合适的检索工具才能提高检索效率。

在大数据时代，每个人既是数据的参与者，又是受益者，具备信息处理、存储和传递能力是现今大数据时代的基本要求。研究者除了具备专业知识和实际操作能力外，还必须具备一定的自主学习、解决问题的能力，才能成长为符合现代社会需求的技能型人才。

1.6.2.3 选择检索技术

选择实现检索计划的具体方法和手段。在实际检索工作中究竟采用哪种方法或综合哪几种方法最为合适，主要应根据检索条件、检索要求和检索背景等因素而定。

经过课题分析，确定检索方法，实施查阅检索之后，还应完成对检索结果进行分析和综合整理的工作，进一步确定检索到的文献与检索要求的相关性，以及检索到的相关文献的进一步处理等正式检索工作的必要延伸。如果对检索结果不满意，可重新调整检索策略进行检索。

第 2 章　文献管理与论文写作软件

2.1　EndNote 软件

EndNote 文献管理软件是科睿唯安公司开发的旗舰型文献管理系统，二十多年间历经二十余次大版本更新，目前最新版本为 20 版（第二十版）。用户利用 EndNote 软件，可以轻松地获取科技文献，建立个人文献数据库；对科技文献进行有效的管理和分析，激发科研思路；按照学术期刊的要求将论文格式化，轻松建立论文手稿；与 Word 软件一起工作，边写作边引用参考文献，并可一键调整参考文献格式；跨平台无缝整合，同步文献，随时随地获取科技信息。

2.1.1　EndNote 20 工作界面

对于新安装的 EndNote 20 软件，我们需要新建一个数据库文件，用来保存我们需要引用或下载的所有文献。新建的数据库文件不要保存到云文档的文件夹或者网盘里，因为这些云文档会破坏我们的数据库文件，因此需要把它保存到本地计算机的硬盘里。步骤为：点击如图 2-1 所示“File”（文件），在下拉框中选择“New”，点击新建，选择保存的位置→重命名文件→点击“保存”。当保存在桌面时，桌面上会出现 EndNote 数据库文件和“.Data”文件夹（图 2-1）。

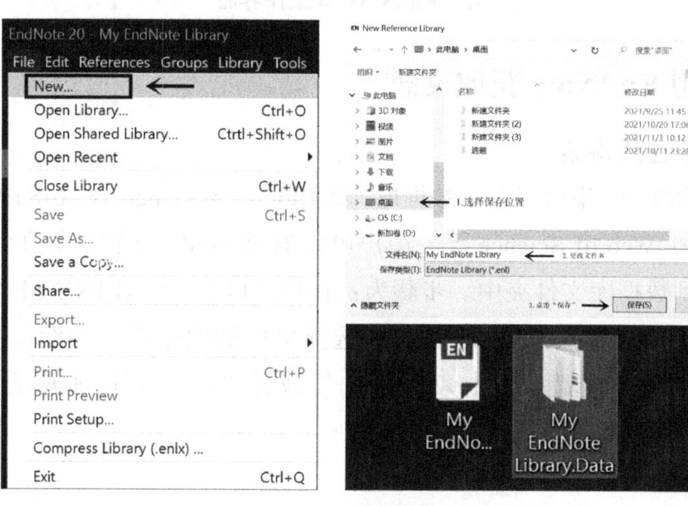

图 2-1　新建数据库文件

新建的数据库文件保存成功后，EndNote 20 软件会出现如图 2-2 所示的界面。除了工具栏和菜单栏外，EndNote 的工作界面主要分为三个区域。

2.1.1.1 数据库目录区

数据库目录区位于工作界面的左侧，在这里可以看到 EndNote 的分组及其结构。

2.1.1.2 题录列表区

题录列表区位于工作界面的中部，在数据库目录区选择“All References”或“Recently Added”时，在这个区会出现对应的文献题录。此外，这个区的上方为检索框，用于检索文献。

2.1.1.3 题录信息预览区

题录信息预览区位于工作界面的右侧，在题录列表区选定某条题录后，即会在此区展现所选题录的详细信息。例如：点击“Summary”即会展现该题录的作者、年份、标题、文献来源、关键词等。

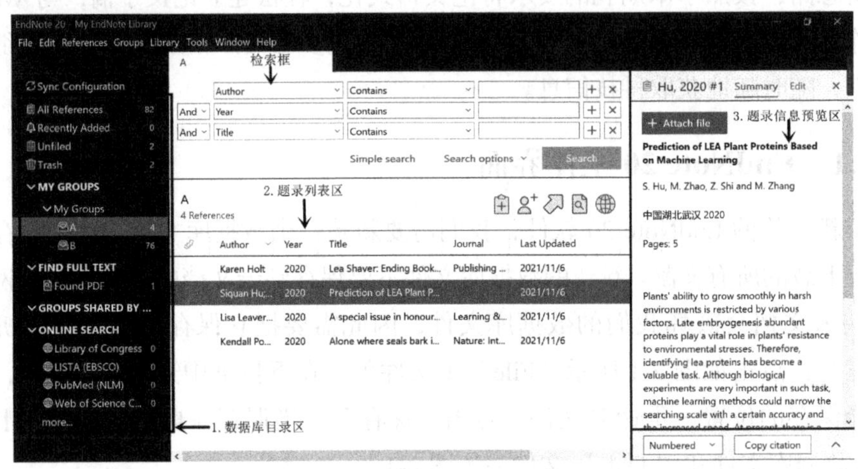

图 2-2　EndNote 20 工作界面

2.1.2 使用 EndNote 获取文献

2.1.2.1 直接在线检索

在 EndNote 软件中，集成了多个数据库，如 Library of Congress，LISTA（EBSCO），PubMed（NLM），Web of Science 等。用户可以通过 EndNote 软件的在线检索，将检索结果直接保存到数据库文件夹中。步骤为：在目录区的“ONLINE SEARCH”下面选择想要搜索的数据库（点击 more，可以选择更多的数据库）→设置检索条件，输入检索词（作者 / 年限 / 标题，点击旁边的“+”或者“–”，可增加或减少栏位。）→点击“Search”（图 2-3）。

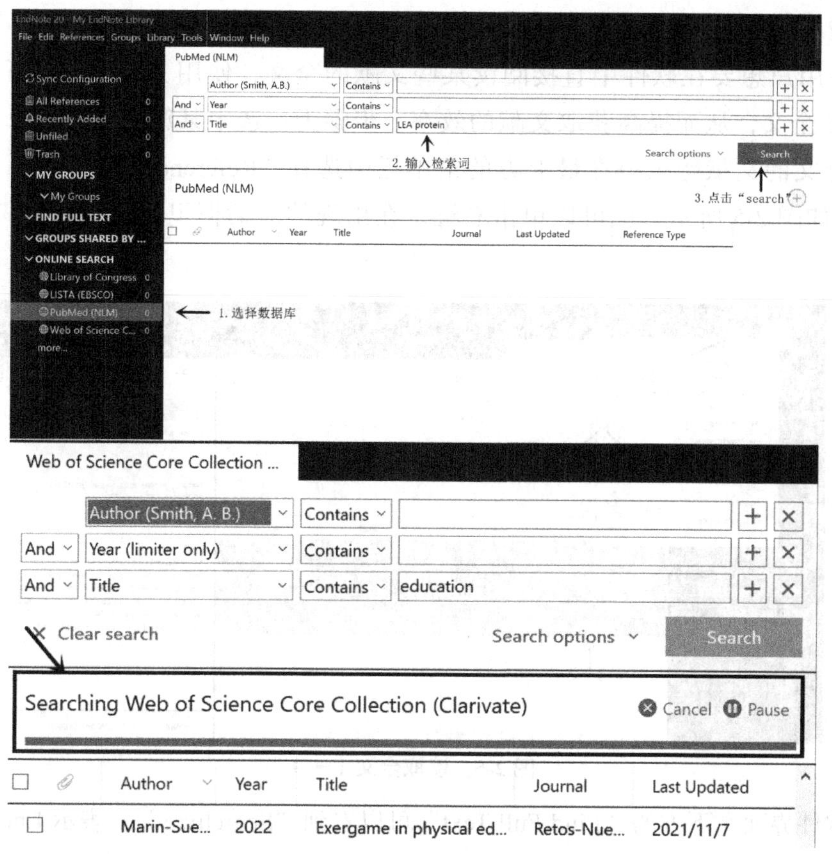

图 2-3　EndNote 直接在线检索

检索过程中，检索框下方会出现"Cancel"和"Pause"，当检索完成时，这两个选项会消失。检索结果会出现在题录列表区，如图 2-4 所示，可以看到 25 条文献题录，选中某篇文献，在题录信息预览区（界面的右侧）点击"Summary"即会展示该题录的作者、年份、标题、文献来源、关键词等。

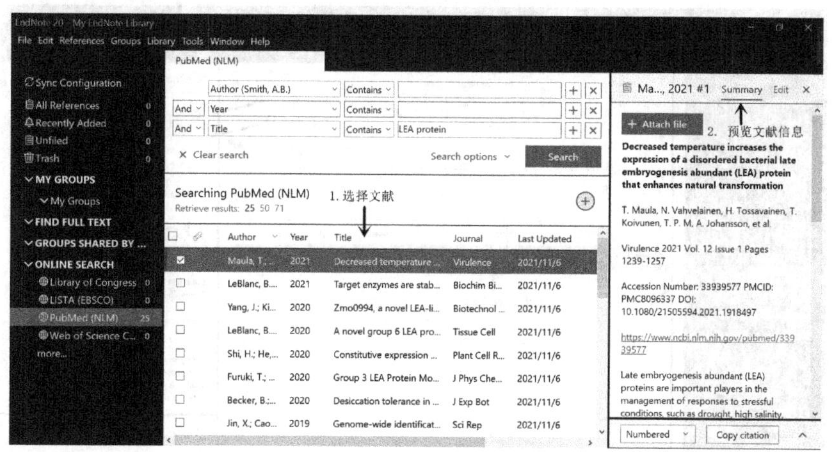

图 2-4　EndNote 直接在线检索的结果

2.1.2.2 读取全文

如果用户想要在软件中直接阅读某些文献的全文，使用 EndNote 也可以读取文献的 PDF 全文，从而提高获取文献的效率。步骤为：选中某篇或按住 Ctrl 选择多篇要下载全文的文献题录→在最上方的菜单栏中选择“References”，点击“Find Full Text”，如图 2-5 所示。也可以单击右键，在出现的对话框里也可以找到“Find Full Text”。

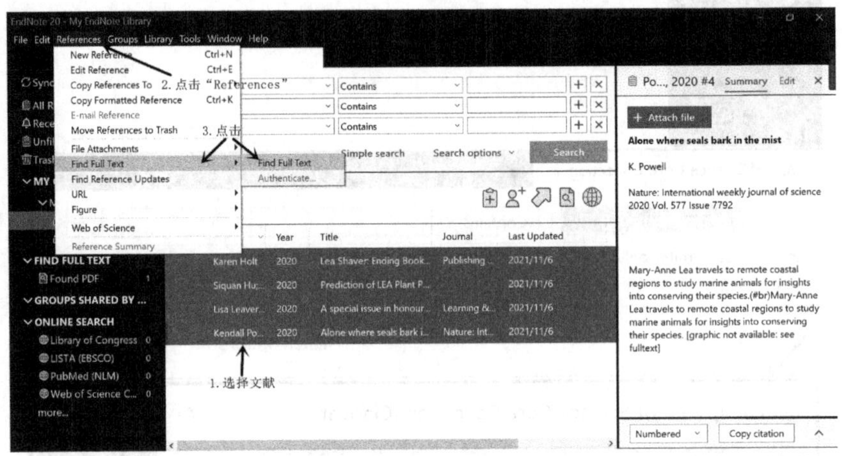

图 2-5 读取全文（一）

在软件界面左下方的“Find Full Text”可以看到“Searching”，表示 EndNote 正在查找并下载所选择文献的 PDF 全文。如图 2-6 所示，在目录区下方出现“Found PDF”和“Not found”。点击“Found PDF”，在列表区可以看到已经找到全文的文献，而且每条题录的最左边都有（回形针）标识，表示已下载；点击“Not found”，可以看到未找到全文的文献。查看全文的步骤为：在“Found PDF”中选择需要查看的文献→在题录信息预览区上方选择 PDF 按钮→点击“Open”，打开全屏查看文献。

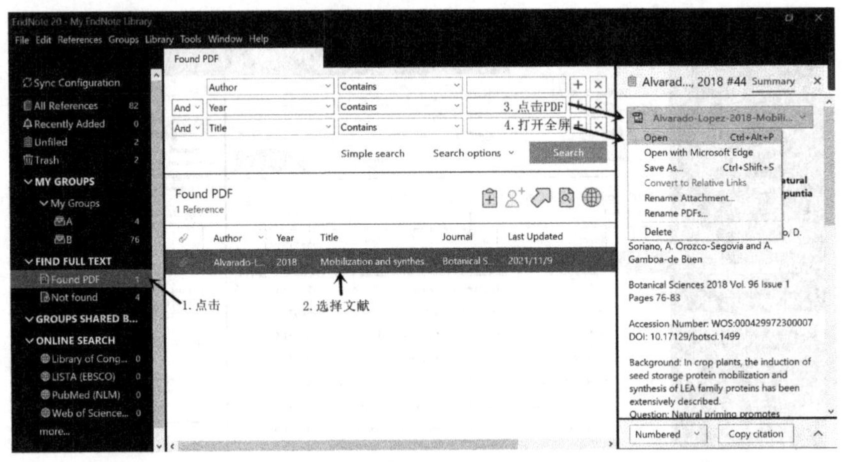

图 2-6 读取全文（二）

2.1.2.3　**插入笔记**

用户可在阅读文献时随手做笔记，如图 2-7 所示，在打开全屏后，可以在软件内预览 PDF 全文，点击上方的工具栏，可以插入笔记、下划线和高亮标识等。

华罗庚提倡读书要“由薄到厚”“由厚到薄”，而笔记正是体现“厚”的过程。在阅读中产生的新问题，如果不记笔记读过后可能就忘记了。而做了笔记，以后在翻看笔记时，还会下意识地加工这个问题。养成勤记笔记的习惯，有助于建立知识点的连接，从而提升思维能力。

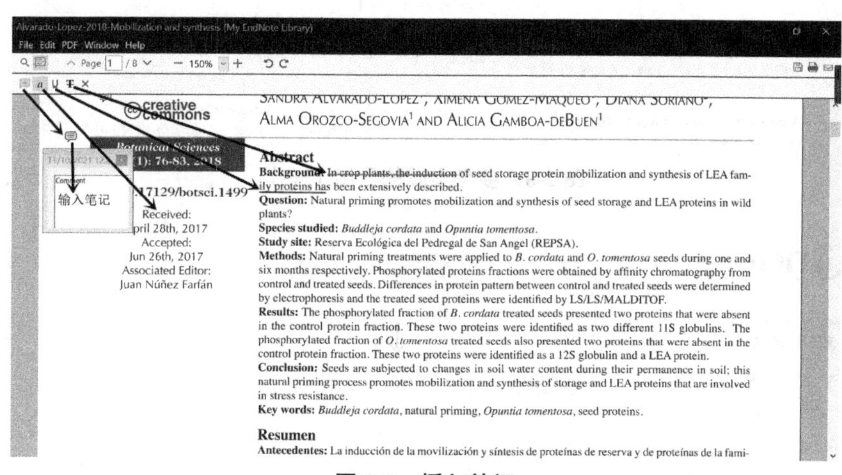

图 2-7　插入笔记

2.1.3　数据库网站检索结果导入 EndNote

当在 EndNote 软件的在线检索数据库中没有找到我们需要的某篇文献题录，而撰写的论文又的确引用了该篇文献时，可以通过在其他网站上检索文献，然后导入 EndNote 中。

学习一门课程或开展某项研究乃至参加工作，思维的全面性、角度、深度以及层次都非常重要，它们是通用的素养，是学习和工作的基础。因此，从这个意义上讲，文献检索和相关检索软件的学习可以看作是一种思维训练，彰显着通识精神。

2.1.3.1　**CNKI 数据库检索结果导入 EndNote**

（1）导出参考文献

以 CNKI 为例，导入的步骤为：如图 2-8 所示，选择要导入的文献，点击“导出与分析”，选择“导出文献”；在图 2-9 中，选择文献导出格式中的“EndNote”→点击导出→在弹出的对话框中选择保存的位置（可以保存到 EndNote 的“.Data”文件夹中，便于查找），再点击下载。

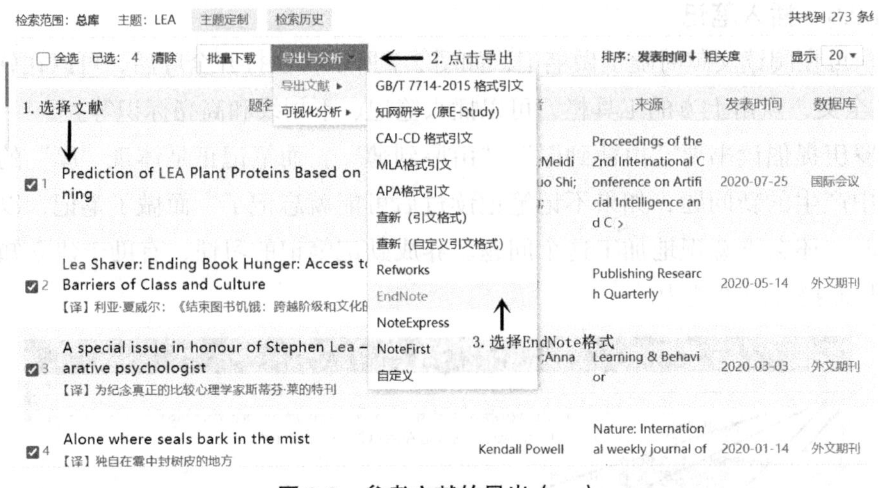

图 2-8 参考文献的导出（一）

图 2-9 参考文献的导出（二）

（2）导入 EndNote

当从 CNKI 上导出的“.txt 文档”下载完成时，就可以将文献导入 EndNote，步骤为：打开 EndNote，在“File”的下拉框中选择“Import”→再选择“File”，在图 2-10 的对话框中点击“Choose”找到刚保存的“.txt 文件”→在“Import Option”的下拉框里选择“EndNote Import”→点击“Import”导出，随后可以在 EndNote 界面的列表区看到最新导入的文献。

2.1.3.2 Web of Science 检索结果导入 EndNote

以 Web of Science 为例，导入的步骤为：如图 2-11 所示，选择需要导入的文献，点击导出，在下拉框中选择 EndNote Desktop，在弹出的对话框中，点击导出，如图 2-12 所示。在弹出的下载任务中点击“直接打开”，可以直接跳转到 EndNote 界面，在列表区看到导出的文献。

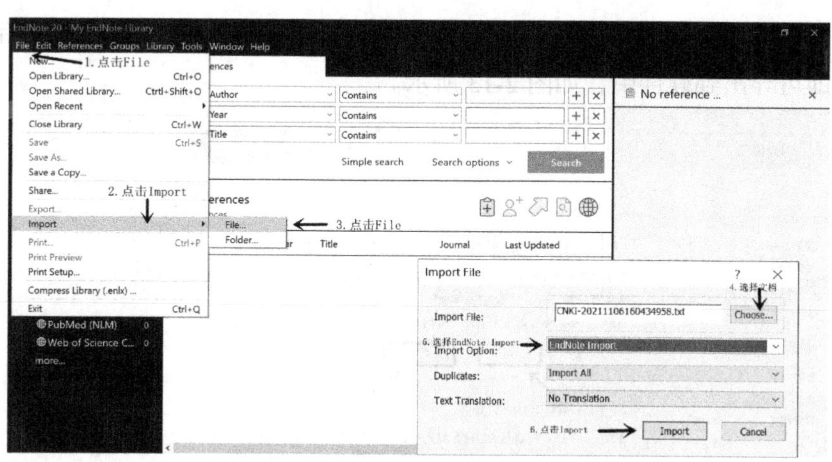

图 2-10　参考文献导入 EndNote

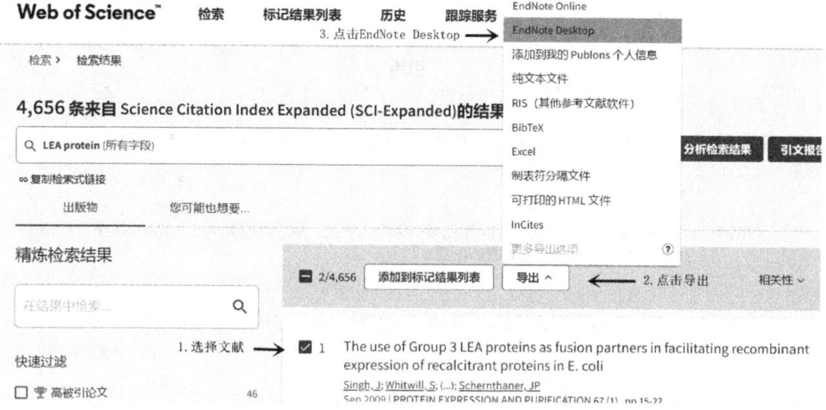

图 2-11　Web of Secience 导出参考文献（一）

图 2-12　Web of Secience 导出参考文献（二）

2.1.3.3　在百度学术上导出文献到 EndNote

以百度学术为例，导入的步骤为：当在百度学术上单篇导出时，直接点击“引用”→在引用窗口选择“EndNote”；当用户需要多篇导出时，点击“批量引用”，在“批量引用”

的界面左侧选择文献导出格式“EndNote”，再选择需要导出的文献题录，最后点击“导出”按钮即可导出到软件中，如图 2-13 所示。

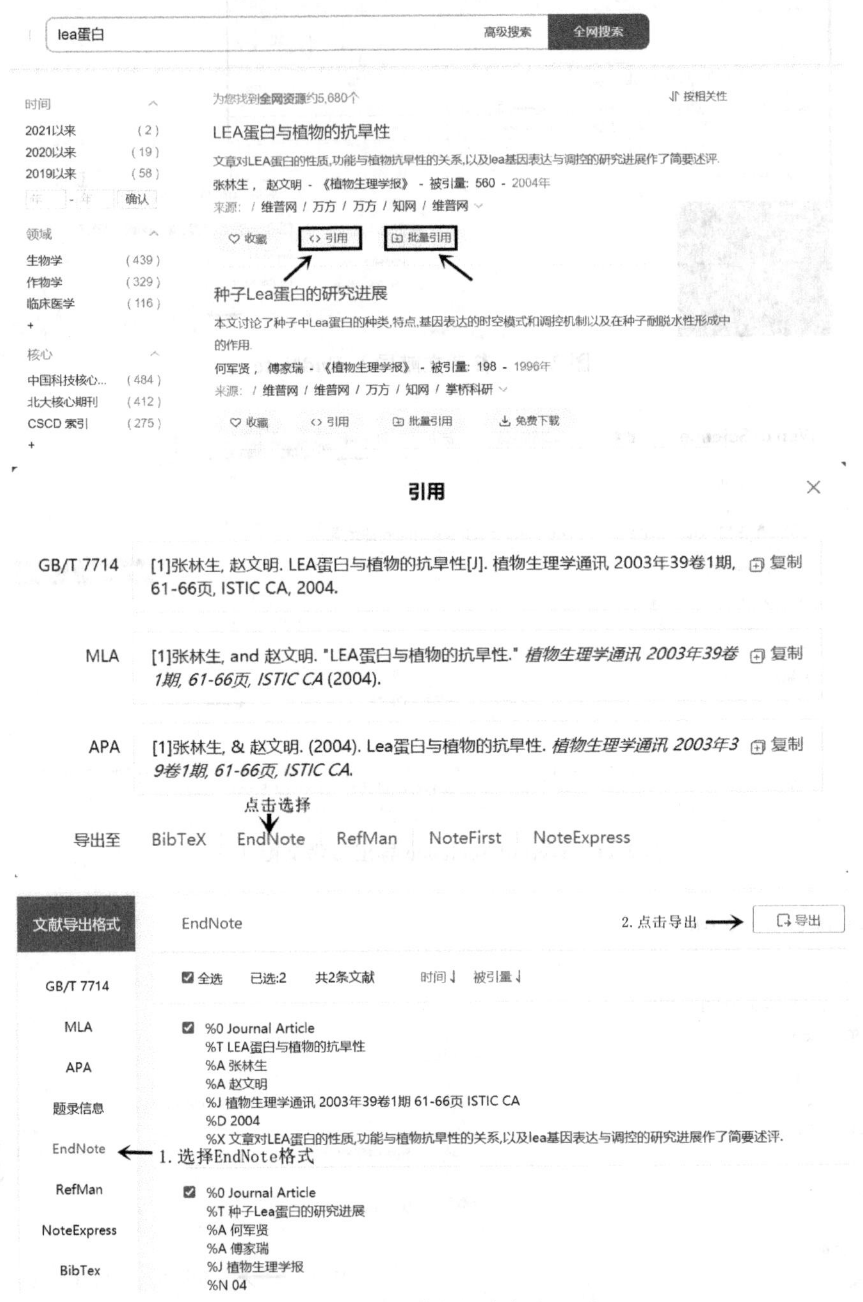

图 2-13　百度学术导出参考文献

2.1.4　现有的 PDF 文献导入 EndNote

将已经阅读过的 PDF 文献导入 EndNote 的步骤为：在“File”的下拉框中选择

“Import”，再选择“File”（File 是选择导入单篇文献，Folder 是选择导入整个文件夹里的文献。）→点击“Choose”，找到存储 PDF 文献的位置，打开→在“Import Option”的下拉框里选择“PDF”→点击“Import”导出，如图 2-14 所示。

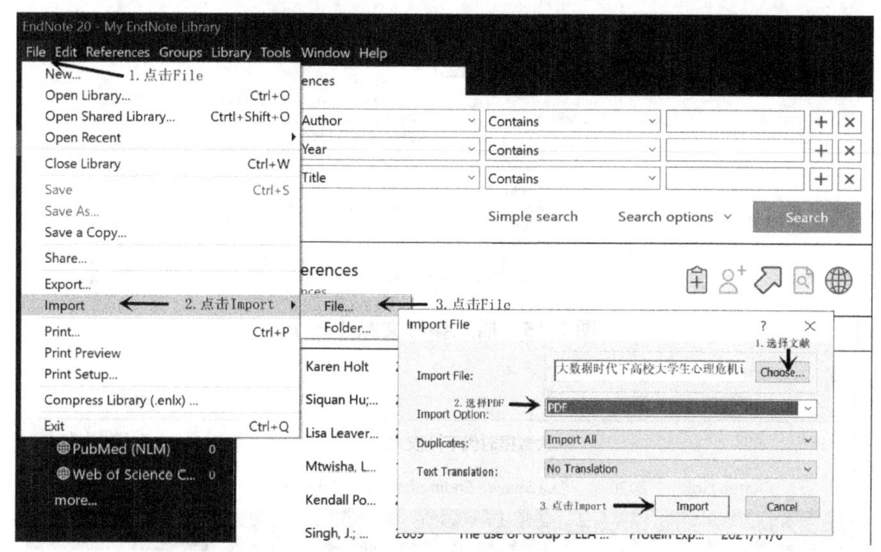

图 2-14　PDF 文献导入

2.1.5　使用 EndNote 软件插入文献

因为各期刊杂志和学术报告在格式的要求上不尽相同，所以在论文撰写时，对参考文献的管理和引用是十分烦琐的。EndNote 20 软件内设置了多种学术期刊、学术论文的参考文献格式，用户可以在论文写作过程中，根据需要随时插入和调整参考文献的顺序和格式，在文末生成用户所需格式的参考文献系列，从而提升编辑参考文献的效率。

效率一词既指速度，也指效益，但人们往往误以为效率不包含效益甚至与效益相对立。当对知识掌握不足时，就容易出现牺牲写作质量而片面追求速度的情况。因此，在文献阅读和论文撰写的过程中，需要保持对目标和自己真实水平的觉知，对效率的追求不再偏废，能够做到速度与效益并重。

插入文献的步骤为：如图 2-15 所示，打开正在编辑的论文（在 Microsoft Word 里打开，WPS 不能与 EndNote 连用）→在 Word 界面的最上方选择“EndNote X9”→选择引用参考文献的格式（可以随时更改格式）→在文中选择插入参考文献的地方→点击“Go to EndNote”进入 EndNote 软件。

进入 EndNote 后，如图 2-16 所示选择引用的参考文献，再按下键盘“Alt+2”，即可插入论文中，在文末可以看到相应的参考文献。当撰写论文时，段落顺序有调整，点击“Update”，可更新参考文献序号。

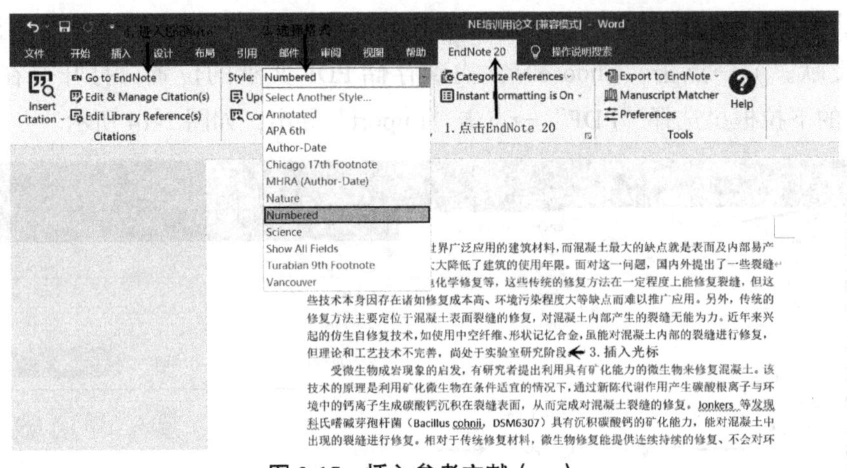

图 2-15　插入参考文献（一）

	Author	Year	Title	Journal	Last Updated
			<大数据时代下高校大...		2021/11/7
	Karen Holt	2020	Lea Shaver: Ending Book...	Publishing ...	2021/11/6
	Siquan Hu;...	2020	Prediction of LEA Plant P...		2021/11/6
	Lisa Leaver...	2020	A special issue in honour...	Learning &...	2021/11/6
	Mtwisha, L...	1998	HSP 12 is a LEA-like prot...	Plant Mole...	2021/11/6
	Kendall Po...	2020	Alone where seals bark i...	Nature: Int...	2021/11/6
	Singh, J.; ...	2009	The use of Group 3 LEA ...	Protein Exp...	2021/11/6

选择文献

图 2-16　插入参考文献（二）

2.1.6　在 EndNote 将文献进行分组管理

2.1.6.1　创建分组

经过一系列的文献检索与导入，在 EndNote 的列表区出现所有的文献题录，用户可以将文献进行分组管理，提高管理文献的效率。分组的步骤为：如图 2-17 所示，在界面的上方单击选择“Groups”，在下拉框中选择“Create Group”创建分组，选择“Create Smart Group”也可以创建智能分组，可自主编辑组名。

2.1.6.2　管理文献

选择如图 2-18 所示的目录栏的“All References”，在列表区按住 Ctrl 选择要分组的文献，再点击菜单栏中的“Groups”，在下拉框里选择“Add References To”，点击选择分组。

2.1.6.3　查重

用户以相同的检索式在不同的数据库中检索，不可避免地会导出一些重复的文献题录，利用 EndNote 的查重功能，可以查找并删除重复的文献题录，其步骤为：先在数据库目录区选择“All References”，点击菜单栏上的“Library”按钮，在下拉框中选择“Find Duplicates”，可以对重复的文献题录进行逐一筛选，保留信息更完整的文献题录；或者关掉图 2-20 左侧所示的界面，单击鼠标右键，选择“Move References to Trash”，即可批量删除重复题录，如图 2-19 和图 2-20 所示。

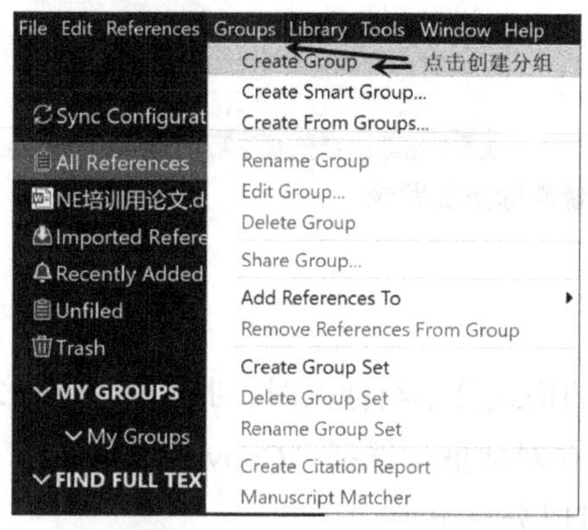

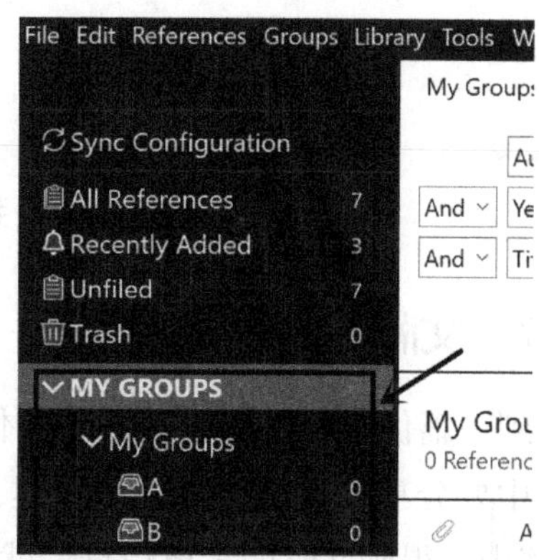

图 2-17　创建分组

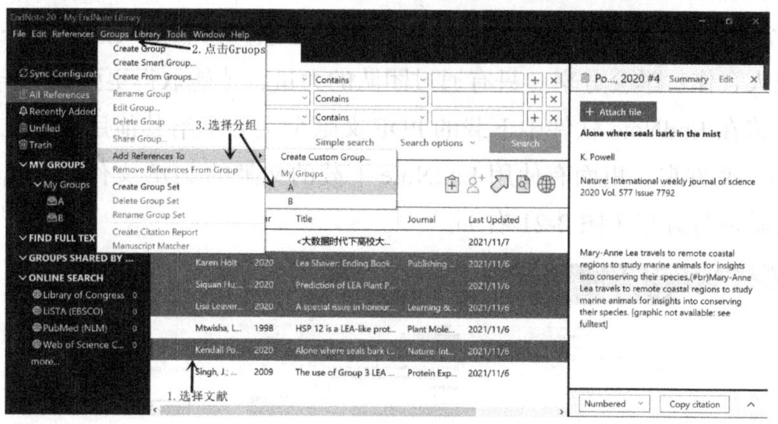

图 2-18　管理文献

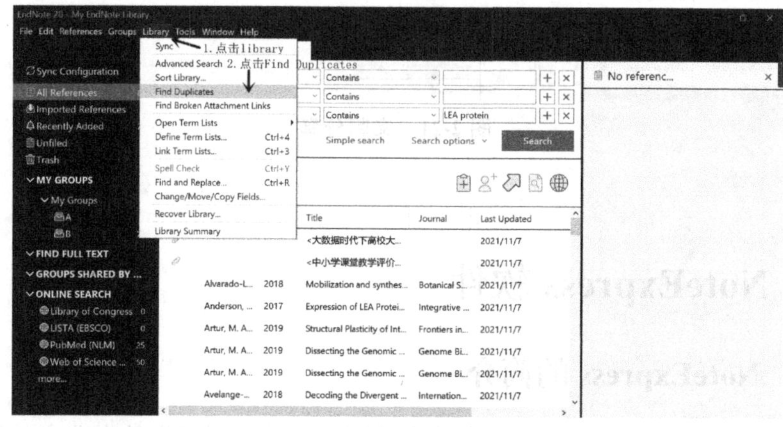

图 2-19　删除重复题录

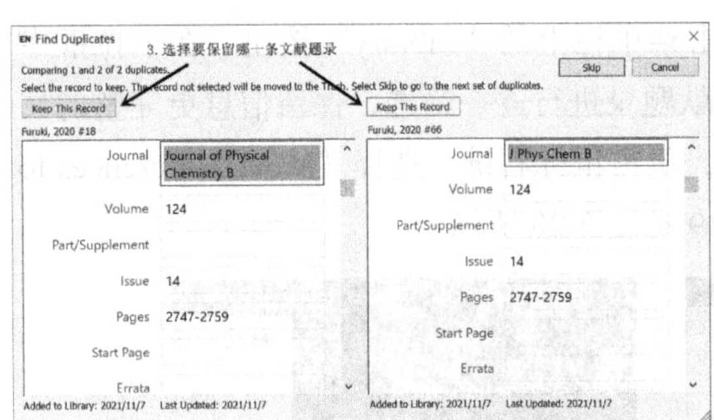

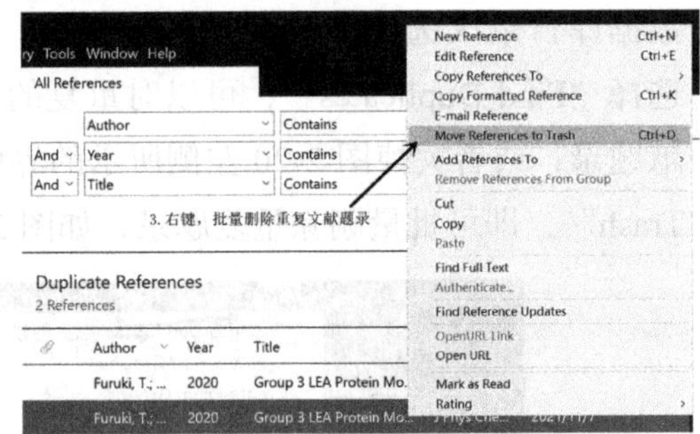

图 2-20　批量删除重复题录

2.1.7　文献分享

当看到一篇优秀的文章，想要以文本的格式分享给他人时，步骤为：如图 2-21（左）所示，选中要分享的文献→再单击右键，在对话框中选择“Copy Formatted”→粘贴到 Word 文档中，得到文献的主要信息，就可以分享出去。

现在的社会已不再是“独孤剑客”“个人英雄主义”的时代，而是一个高度专业化和复杂化的社会。要想克服现实的困难、实现理想，只靠个人的努力是不够的，还要学会与他人合作、学会分享。只有通过团队的力量，才能取得更强的综合竞争力。

如果想将在 EndNote 软件中下载的 PDF 文献全文分享给其他用户，也可以打开保存的“.Data”文件夹，里面有使用 EndNote 下载的文献的 PDF 文件，点击打开即可找到相应的文献进行分享（图 2-21 右）。

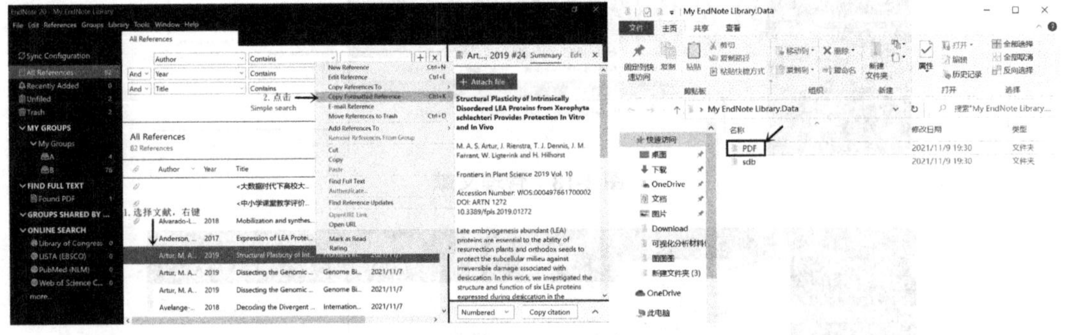

图 2-21　文献分享

2.2　NoteExpress 软件

2.2.1　NoteExpress 的简介

NoteExpress（以下简称 NE）是由北京爱琴海软件公司开发的专业文献管理软件，

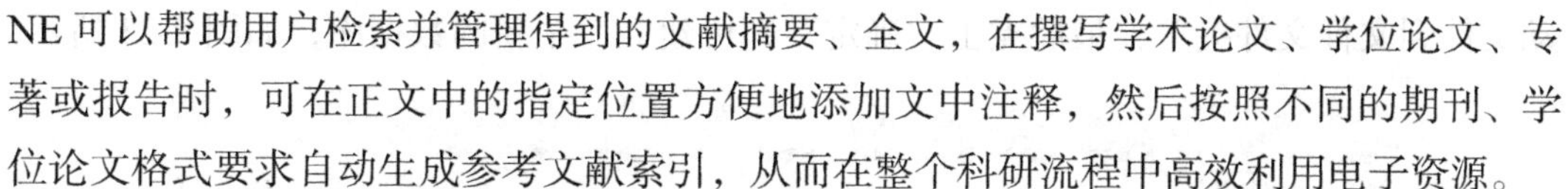

NE 可以帮助用户检索并管理得到的文献摘要、全文，在撰写学术论文、学位论文、专著或报告时，可在正文中的指定位置方便地添加文中注释，然后按照不同的期刊、学位论文格式要求自动生成参考文献索引，从而在整个科研流程中高效利用电子资源。

2.2.2　NE 的主程序界面

打开新安装的 NE 软件，其主界面如图 2-22 所示。除了菜单栏、工具栏和搜索框外，NE 的界面主要分为三个区域，分别是文件夹区、文献题录列表区和题录预览区。文件夹区位于界面的左侧，在该区域可以查看数据库的目录结构，建立多级文件夹结构；题录列表区位于界面的右上方，这个区域展示当前选中文件夹内存储的题录；题录预览区位于题录列表区下方，在题录列表区选定某条题录后，即可快速查看和编辑当前选中题录的元数据信息、综述、附件、笔记、预览格式化引文样式和在数据库中的位置。例如，点击“综述”，提供快速浏览功能，以判断文章价值；点击“附件”，可直接打开全文、网站等附件；点击“笔记”按钮，可记录阅读笔记，并能一键插入写作文档中。

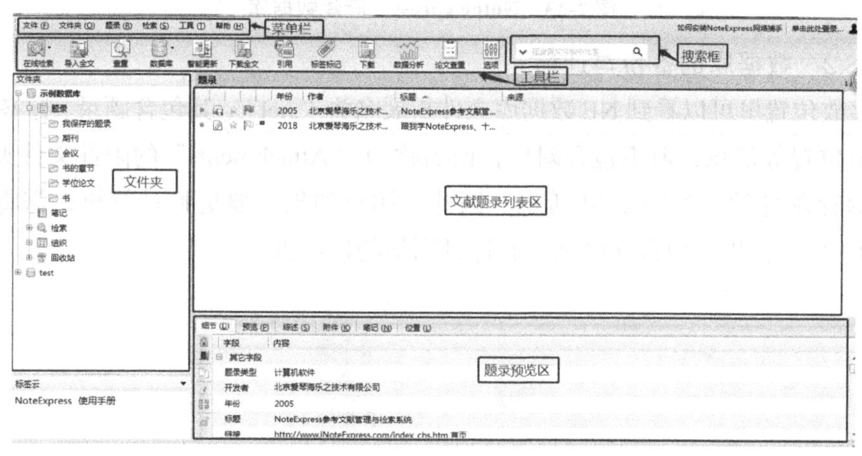

图 2-22　NoteExpress 工作界面

2.2.3　新数据库的建立

2.2.3.1　新建数据库

数据库是 NE 存储文献的基本单位，用户可以把不同研究方向的文献分别存储在不同的数据库，因此，当用户正式使用 NE 这个软件时，建议新建一个数据库，并选择好数据库存放的路径。

新建数据库的步骤为：打开 NE 软件，首先点击工具栏上的“数据库”图标，选择“新建数据库”，在弹出的对话框中选择数据库的存放位置（建议避免存入 C 盘！），录入文件名称，点击“保存”，再在弹出的对话框中选择“复制文件到附件文件夹”或者“移动文件到文件文件夹”，最后点击“确定”即可建立一个新的数据库，如图 2-23 所示。

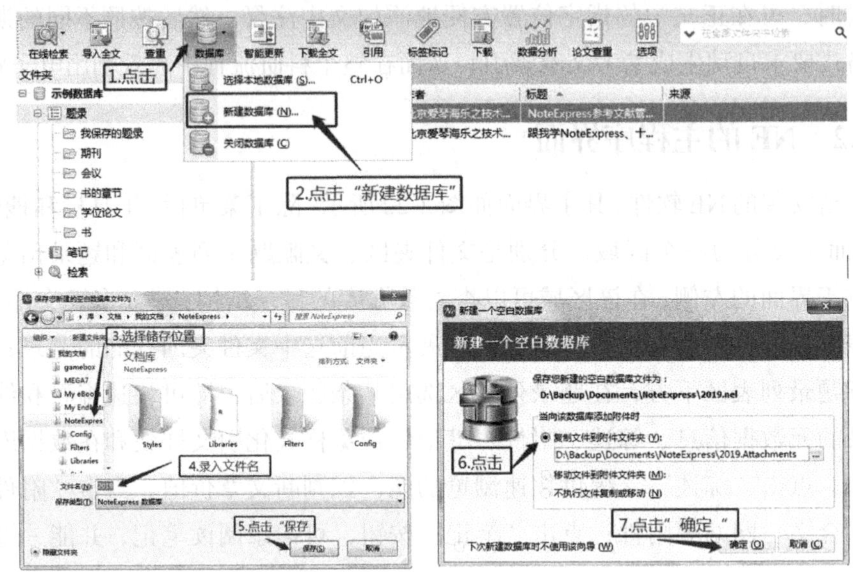

图 2-23　NoteExpress　新建数据库

2.2.3.2　数据库的备份与迁移

在存放位置里可以看到 NE 数据库文件扩展名为“.nel”，其包含题录、标签、笔记、附件存放位置等信息，但不包含附件，而名称为“.Attachments”的附件文件夹则是用来单独保存附件的，如图 2-24 所示。因此，用户如果需要更换计算机，需将扩展名为“.nel”的文件以及附件文件夹一起拷贝到新的计算机。

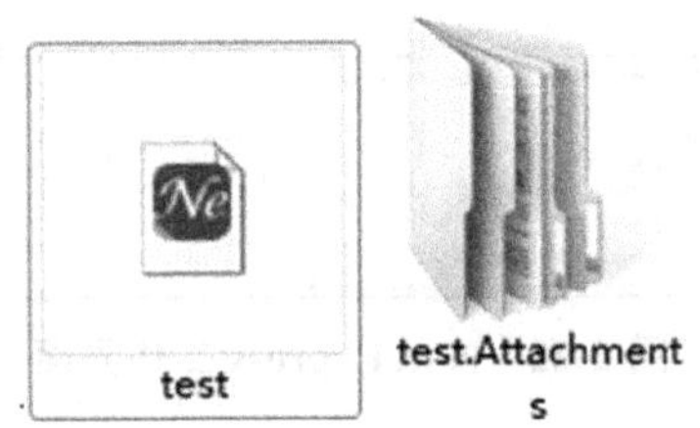

图 2-24　NE 数据库备份与迁移

2.2.3.3　文献分组管理

在 NE 主界面的文件夹区中，每个数据库都含有 5 个默认文件夹，分别是：题录、笔记、检索、组织和回收站。题录是 NE 管理文献的基本单位，用户可以在题录下创建多级文件夹，来分类管理文献。

分组管理的具体步骤如下。方法一：先在目录区先选择“题录”，然后点击菜单栏中的“文件夹”，选择“添加文件夹”，如图 2-25 所示。方法二：在题录或题录下方的文件夹点击鼠标右键，选择“添加文件夹”，编辑文件夹名称，就可以创建子文件夹。创建新的文件夹之后，可以根据需要单击右键进行重命名文件夹或者删除文件夹等操作。

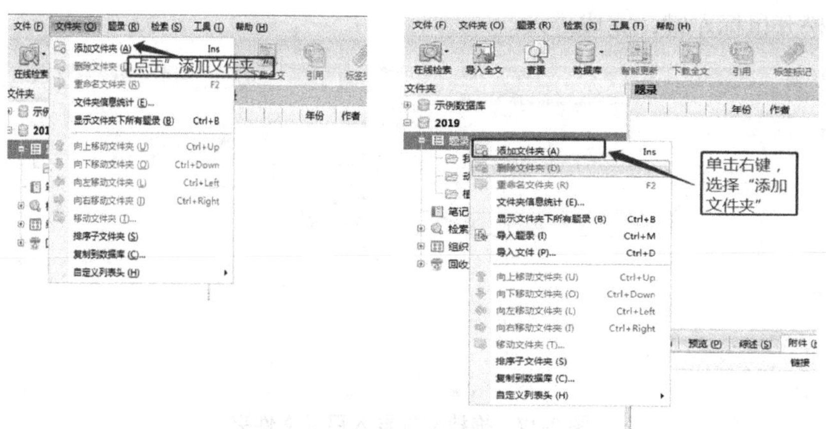

图 2-25　分组管理（左：方法一，右：方法二）

2.2.4　文献的检索及导入

2.2.4.1　文件夹导入

如果在使用 NE 之前，计算机的某个根文件夹里已经有一些文献的全文文件，用户可以在创建数据库后，将本地文献的全文文件导入 NE 中进行管理。

文件夹导入的步骤为：如图 2-26 所示，首先在文件夹区选择“题录”或者题录下方文件夹，单击右键，选择“导入文件”，在弹出的对话框中选择“添加目录”（或选择“添加文件”可导入单条题录），找到需要导入的文献全文文件夹所储存的位置，再检查是否勾选了“包含子目录”，最后点击“导入”，点击文件夹区的题录下方的新文件夹，就可以在题录列表区看到新导入的全部文献题录。

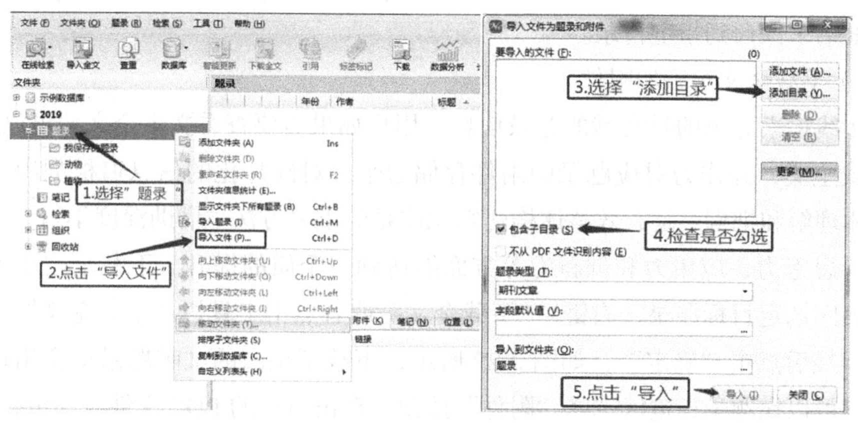

图 2-26　文件夹导入

如果文献全文文件储存在电脑的不同位置，建议直接将选中的文献全文拖拽到 NE 文件夹或题录列表中，如图 2-27 所示。其步骤为：先选中需要导入的文献全文文件，再按住鼠标左键，向右侧 NE 的主界面拖拽，移动鼠标到目标文件夹，此时文件夹会蓝色高亮，松开鼠标左键，完成导入。

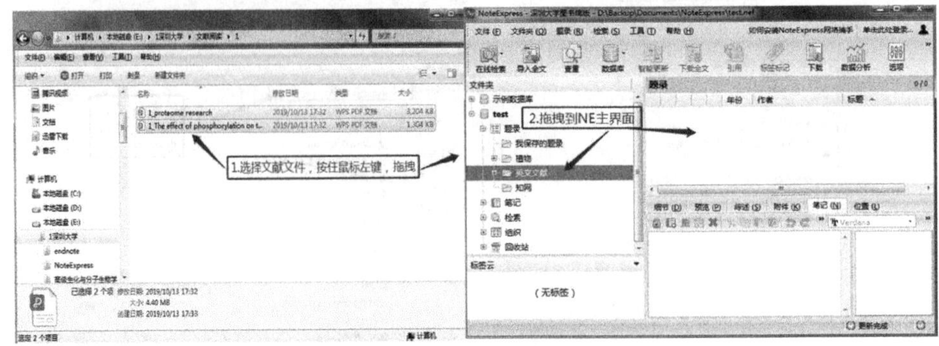

图 2-27　拖拽文件导入目标文件夹

2.2.4.2　NE 在线检索

（1）获取文献题录

NE 软件支持数百个图书馆馆藏查询与电子数据库，如中国知网、万方、维普、读秀等。在线检索可以从国内外主要数据库迅速大量收集文献元数据信息，配合查重功能，在研究初期，能够帮助用户大幅提升文献收集效率。

在线检索的主要步骤为：点击工具栏的“在线检索”按钮，在下拉框中点击“选择在线数据库”，再在弹出的对话框中输入想要选择的数据库名称，以 CNKI 为例，选中数据库后，就与网页数据库的高级检索功能类似，通过多字段组合，限制检索条件，然后点击“开始检索”。检索出的文献题录条目会在下方列出，点击“批量获取”，每页 10 条题录，选择页数范围可将检索结果批量取回，如图 2-28 所示。系统会自动勾选全部检索结果，点击“勾选题录”，可自行调整，再点击“保存勾选的题录”将勾选的检索结果保存到指定目录。

（2）下载全文与添加附件

从在线检索导出的是文献的题录信息，用户如果需要查看文献全文，可以使用 NE 软件下载全文，并作为对应题录的附件存储起来。对碎片化的信息追根溯源，对内容进行整体理解和把握，是有效整体构建知识体系的重要方法。借助深度学习，分析力、理解力、思考力、应用力和创新力等方面能达到一个质的提升。下载全文步骤为：在题录列表区选定目标题录，右键 -“下载全文”或者点击工具栏“下载全文”，再选择数据库，最后点击“确定”，如图 2-29 所示，下载了全文的文献题录前会出现红点标识，用户可以在题录预览区选择“附件”按钮，双击对应的 PDF 文件，即可打开全文。添加附件的步骤为：选定目标题录，右键 -“添加附件”，选择本地文件，上传添加，如图 2-30 所示。

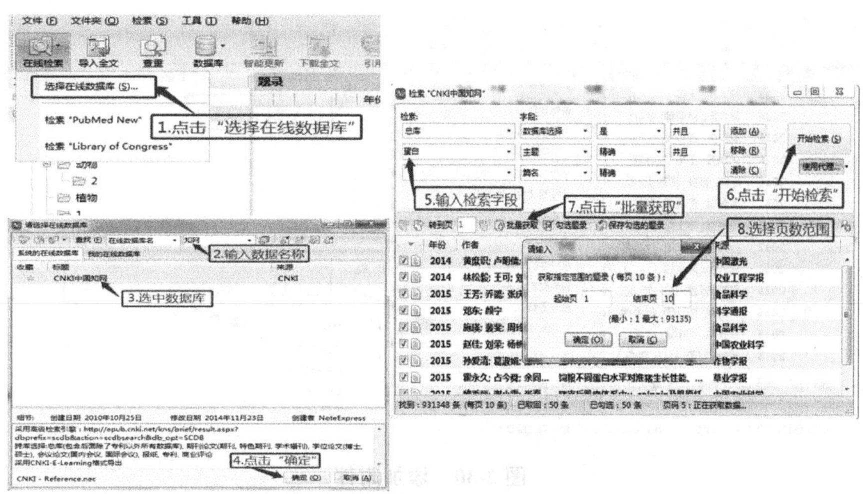

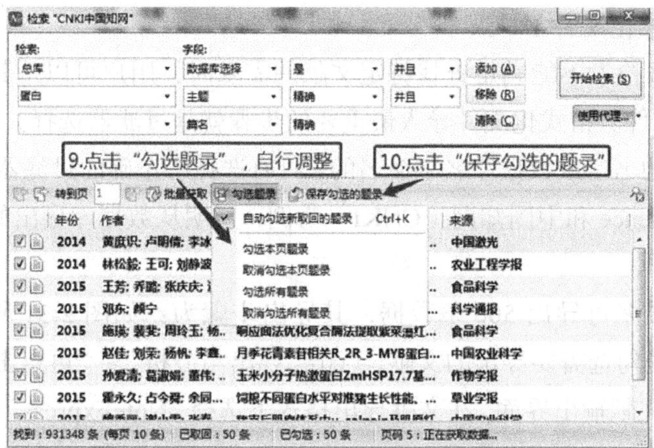

图 2-28　NoteExpress 在线检索获取

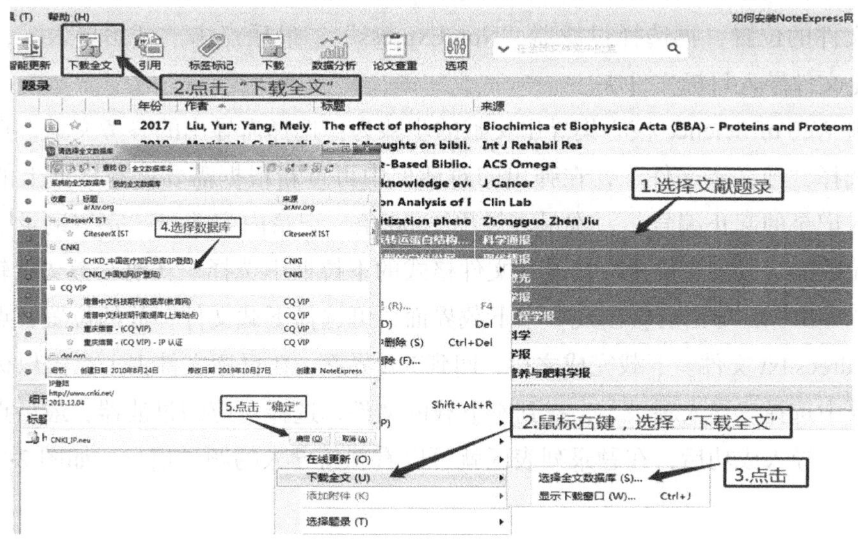

图 2-29　下载全文

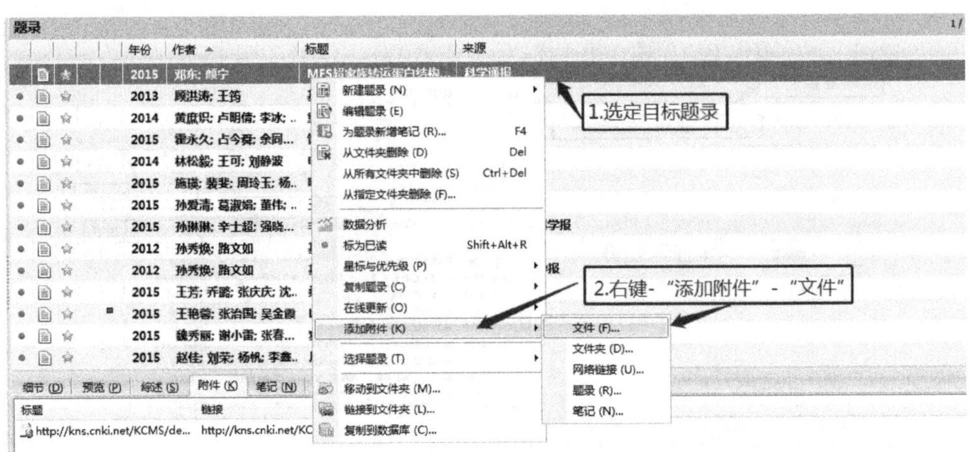

图 2-30　添加附件

2.2.4.3　格式化文件导入

当 NE 的在线检索不能满足查找特定文献的需求时，用户可以从其他网站数据库向 NE 导入格式化文件。格式化文件导入最重要的步骤就是过滤器选择，NE 的过滤器多数是以格式化文件的名字或数据库名字命名的，只有选择了正确的过滤器，才能成功导入。这里以 Web of Science 和中国知网（CNKI）为例，说明从数据库导出的格式化文件如何导入 NE。

CNKI 每次最多可导出 500 条数据，其导出步骤为：如图 2-31 所示，在 CNKI 中检索出文献后，先勾选需要导出的文献，点击“导出与分析”，“再点击“NoteExpress”，随后界面跳转到文献输出界面，在文献导出格式下选择“NoteExpress”，再点击“导出”，在跳出的对话框中选择格式化文件存放的位置，点击“下载”。格式化文件下载完成之后，在 NE 界面中，选择目标文件夹，单击鼠标右键，选择“导入题录”，在对话框中找到可视化文件的位置，再选择过滤器“NoteExpress”，最后点击“开始导入”，就可以将格式化文件导入目标文件夹。

使用 Web of Science 核心集导出文献的步骤为：选择需导出的参考文献，点击“导出”，选择“纯文本文件”，在弹出的对话框中可重新根据需要选择界面上的所有记录或输入记录的起止编号，一次最多导出 1000 条，记录内容选择“完整记录”，这样文献的元数据字段信息最全。接着在文件格式的下拉框中选择“其他参考文献软件”，再点击“导出”，导出后会出现一个下载界面，可选择下载文件存放的位置，点击“下载”savedrecs.txt 文件。下载完成之后，回到 NE 界面，在目标文件夹上点击鼠标右键，在下拉框中选择“导入题录”，找到刚下载的文件，选择对应的过滤器，最后点击“开始导入”，导入成功后，在题录列表区就可以看到新导入的题录信息，如图 2-32 所示。

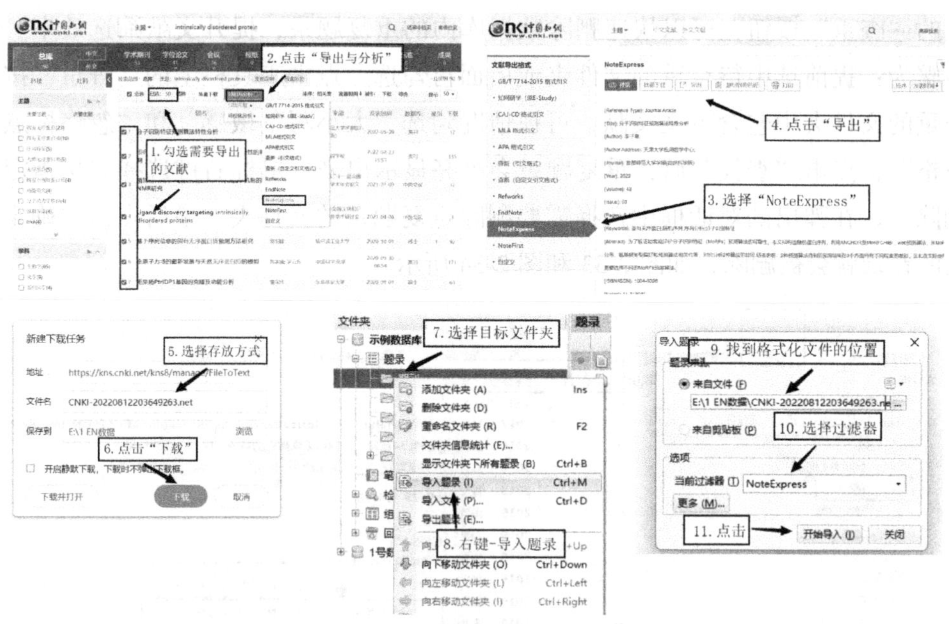

图 2-31　CNKI 格式化文件导入

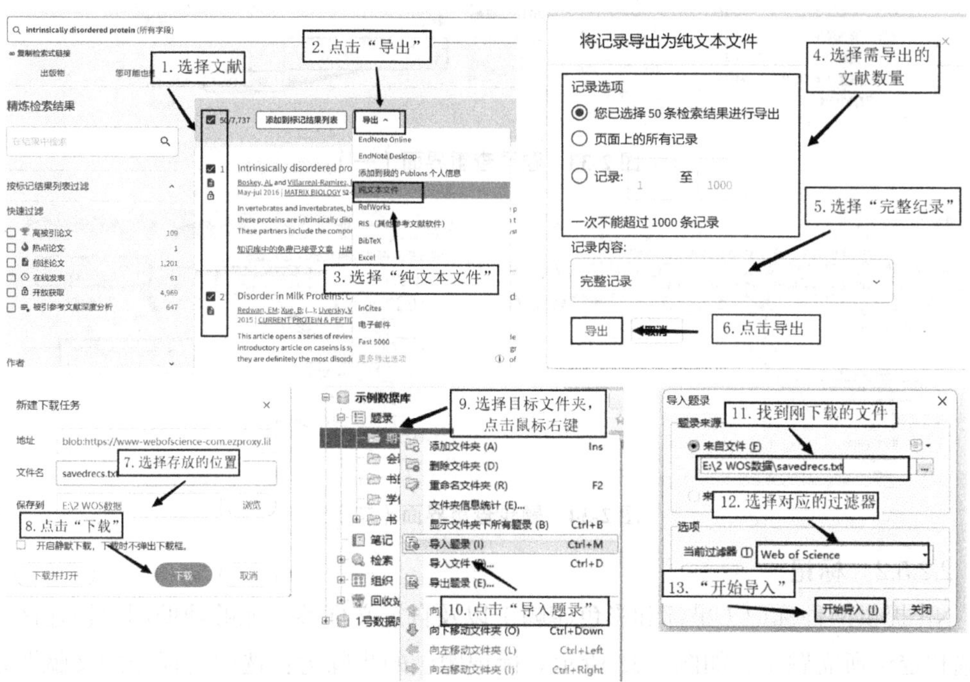

图 2-32　Web of Science 格式化文件导入界面

2.2.5　文献整理

2.2.5.1　查重

用户以相同的检索式从不同数据库收集文献，就会有重复的情况出现，使用工具栏上的“查重”按钮，可以快速删除数据库内的重复题录，提升文献筛选效率。查重的步骤为：提前选中待查重的文件夹或后面再勾选，点击工具栏上的“查重”按钮，若查重的文件夹中包含英文文献，可视情况勾选“大小写不敏感”和“忽略标点符号和空格”，点击“查找”后，重复题录会高亮显示出来，鼠标右键选择“从指定文件夹删除”，在弹出的对话框中选择需要删除重复题录的文件夹，最后点击“确定”，重复的题录就会被删除，如图 2-33 和图 2-34 所示。

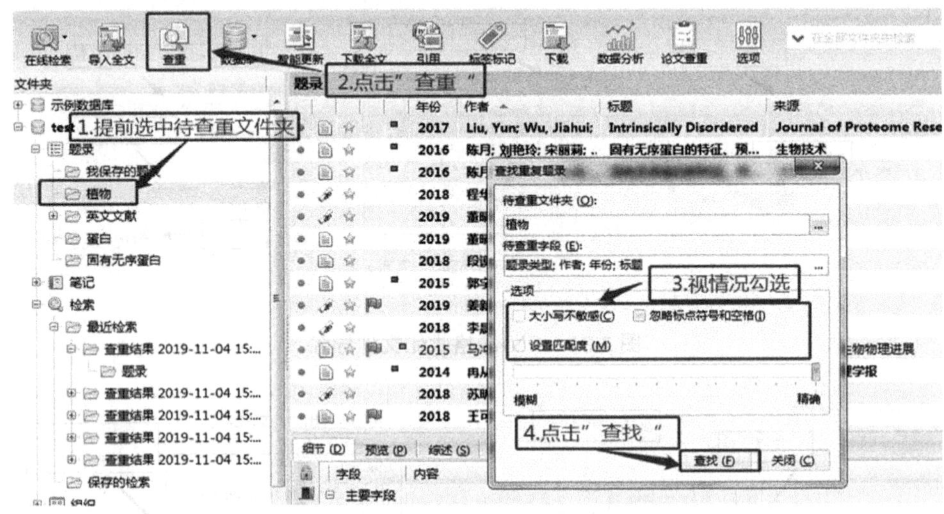

图 2-33　题录查重界面（一）

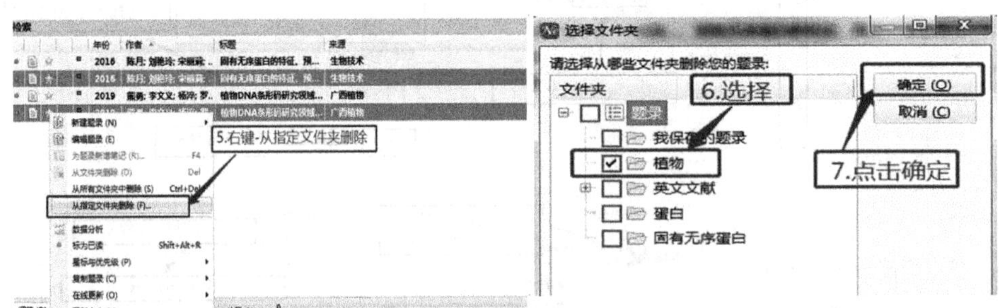

图 2-34　题录查重界面（二）

2.2.5.2　标记

NE 提供两种标记（星标和彩色旗帜）以及自定义标签，能够帮助用户快速区分、筛选和定位所需题录，如图 2-35 所示。标记题录的步骤为：选中需标记的文献题录，右键选择“星标与优先级”或者直接点击工具栏中的“标签标记”，在“设置标签”里可为题录自定义标签名称，点击确定后在 NE 的主界面的左下角的云标签下，点击标签可直接筛选定位到相应文献题录。

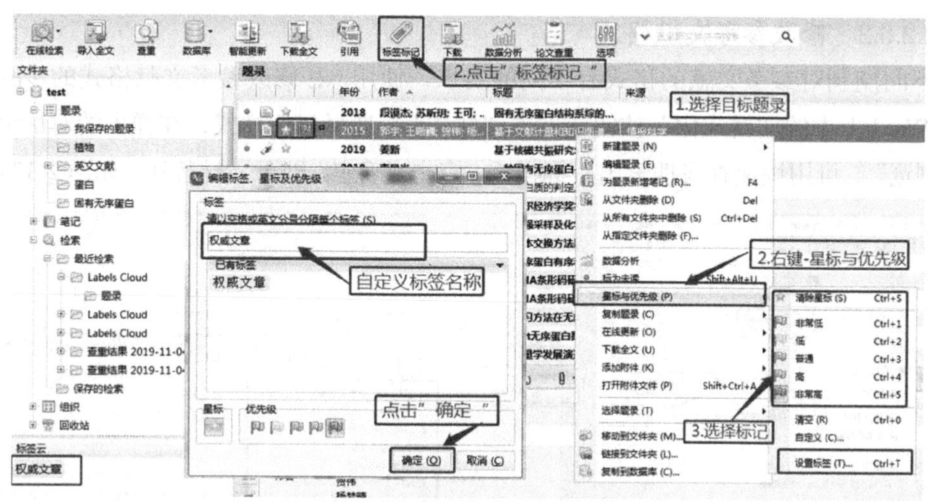

图 2-35　文献标记的操作界面

2.2.6　输出参考文献

2.2.6.1　插入引文

NE 软件内置超过 4000 种参考文献样式规范，支持一键转换，能够帮助用户在写作学术论文时专注于内容，节省调整文中引文、文末参考文献列表的大量时间和精力，让学术论文写作事半功倍。论文写作是一个输出过程，想要写出好论文必然离不开高质量的输入。想写出好的论文，首先要成为一位好的读者，读写之间的关系不能割裂。在阅读文献时也要注意引用部分，若有值得再次引用的，可以及时记录下来。同时，对与该文章中心词相关的、辅助论证的参考文献可以做归类和总结。使用 NE 在论文写作中插入参考文献的步骤为：光标题录在需要插入引文之处，点击"转到 NoteExpress"回到 NE，选中要引用的题录，点击工具栏的"引用"或回到文档，点击"插入引文"，即可自动生成参考文献，如要删除某引文，删除引用符号（如［1］）即可，其他引文自动更新排序，如图 2-36 所示。

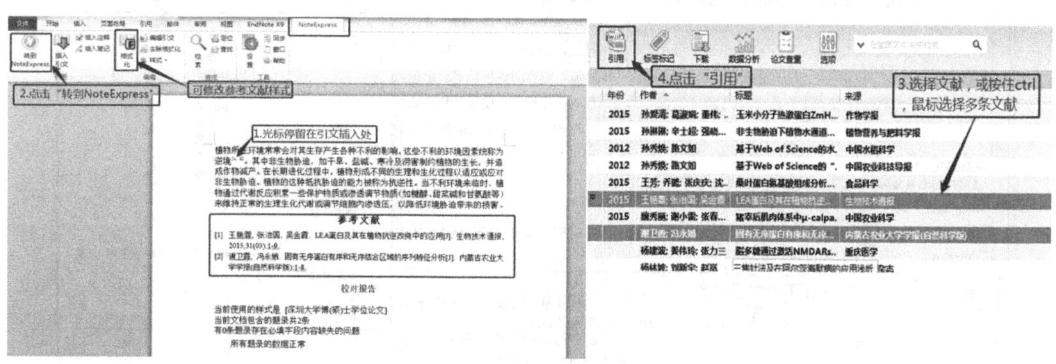

图 2-36　插入参考文献界面

2.2.6.2 修改参考文献格式

不同期刊对参考文献的格式有不同的要求，使用 NE 修改参考文献格式的步骤为：点击 Word 上方的“格式化”按钮或点击“样式”–选择目标样式，在弹出的对话框中选择“浏览”，可用快速查找搜索出目标样式，点击“确定”即可一键替换，如图 2-37 所示。

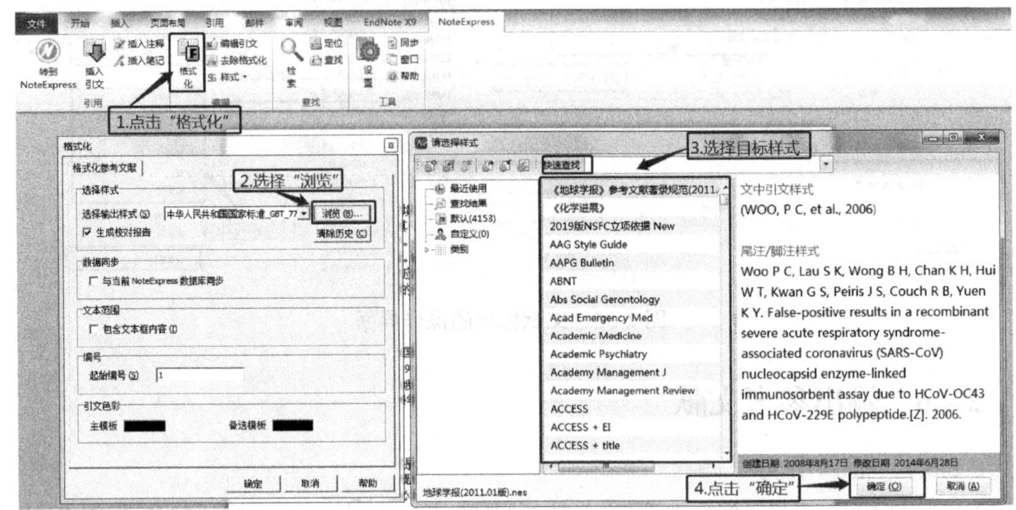

图 2-37　修改参考文献格式界面

2.2.6.3 编辑参考文献

编辑引文的步骤：光标停在文中的引用标号处，在 Word 中点击工具栏的“编辑引文”按钮，再点击“编辑”，调出 NE 的编辑题录界面，修改题录信息并保存，再回到文档操作框，点击“更新”“确定”，引文信息即可更新，如图 2-38 所示。

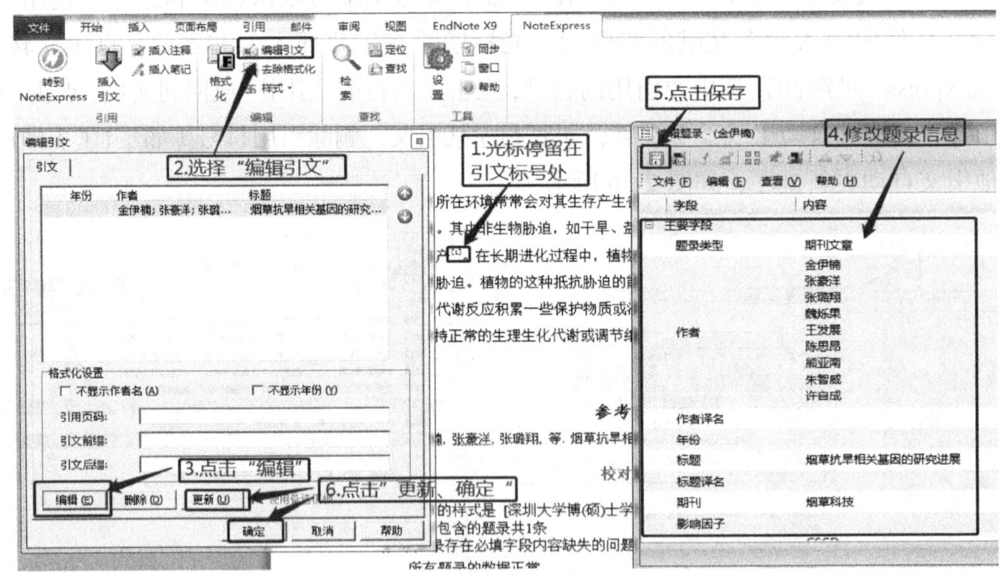

图 2-38　编辑参考文献界面

2.2.6.4　去格式化

期刊要求学术论文、学位论文、专著或报告以纯文本格式文档发表，而使用 NE 插入参考文献会产生域代码，所以需去格式化，去格式化的步骤为：点击工具栏中的“去格式化”，选择“清除域代码”并确认，即可生成纯文本格式文档，如图 2-39 所示。

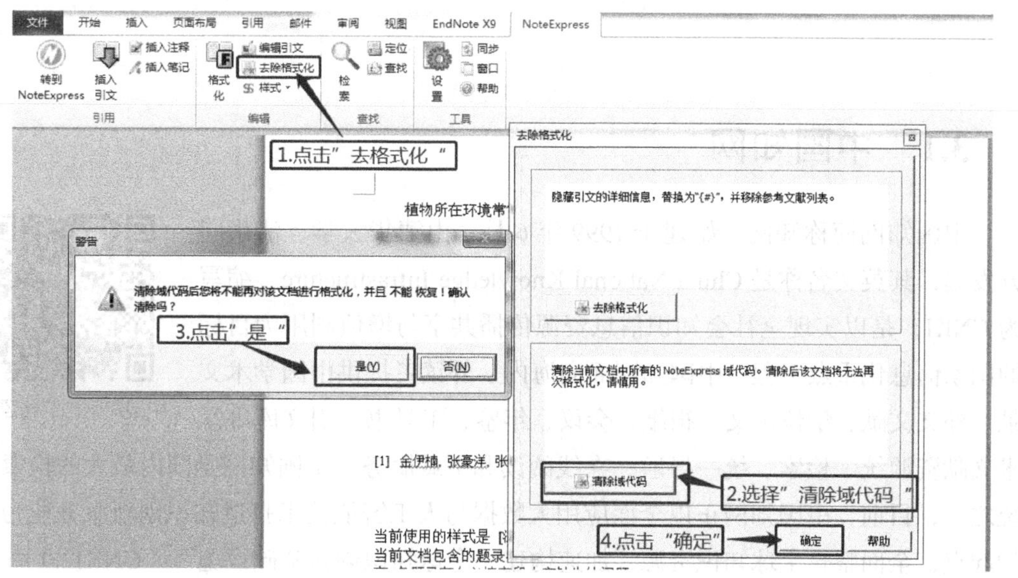

图 2-39　论文去格式化界面

第 3 章　中文数据库

3.1　中国知网

中国知网浏览器登录

中国知网简称知网，始建于 1999 年 6 月，由清华大学、清华同方发起，其英文名称是 China National Knowledge Infrastructure，缩写为 CNKI，是以实现全社会知识信息资源传播共享与增值利用为目标的国家信息化重点工程。中国知网面向海内、外读者提供中国学术文献、外文文献、学位论文、报纸、会议、年鉴、工具书、引文库等学术文献资源统一检索、统一导航、在线阅读和下载服务。中国知网是国内最大的检索系统之一，目前，中国知网正以全面应用大数据与人工智能技术打造知识创新服务业为新的起点，全面整合全球知识资源，加速构建“全球知识创新基础设施”（CNKI2.0）。

3.1.1　一框检索

一框检索对输入短语经过一系列分析步骤，能更好地预测读者的需求和意图，给出更准确的检索结果。

3.1.1.1　多种检索方式

（1）输入检索词直接检索

选择数据库，如学术期刊、学位论文、会议和报纸等（图 3-1），选择检索字段出现的位置，如主题、篇名、摘要和关键词等，在检索框中直接输入检索词，点击检索按钮进行检索（图 3-2）。

对于检索词的选择是信息检索的难点，在完成一些简单的检索任务之后，可以结合一些案例来进行深入思考，在实践中提升检索思维能力，在不断的练习中逐渐建构起立体的检索思维空间，从而实现从理论到现实的飞跃。

图 3-1　数据库选择界面

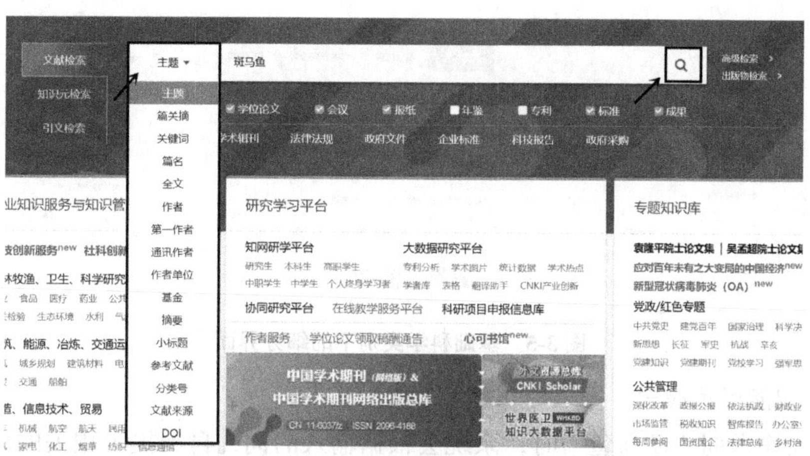

图 3-2　检索字段选择界面

（2）数据库切换直接检索

选择检索字段以及输入检索词，得到相应的检索结果后，选择想要的数据库，如点击“学位论文”，则该选项下的结果均为学位论文（图 3-3）。

知网直接检索

（3）文献分类检索

文献分类检索，分类包括基础科学、工程科技、农业科技等领域（图 3-4），每个领域又进行了细分，根据需要点击某一个分类，即可进行检索（图 3-5）。

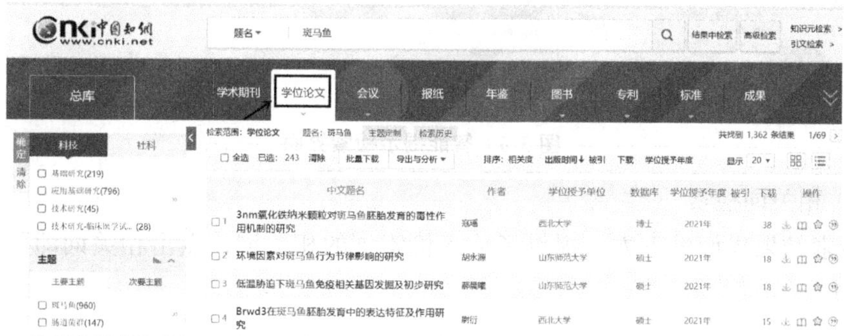

图 3-3　数据库切换检索界面

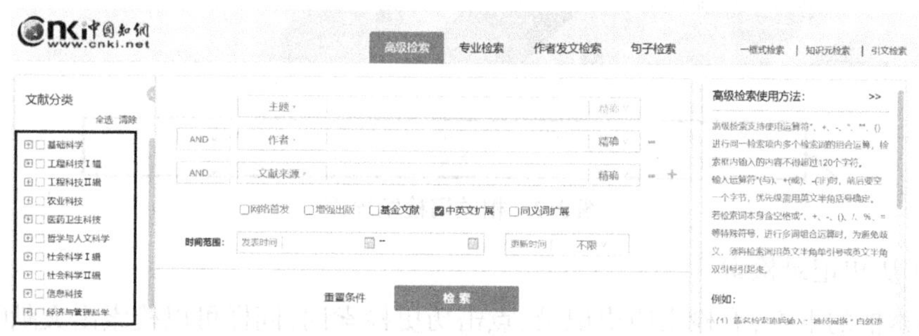

图 3-4　文献分类检索的界面

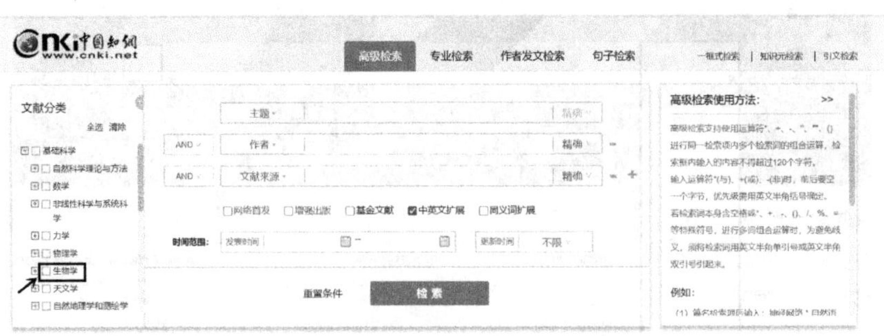

图 3-5　基础科学类别下的细分界面

（4）智能提示检索

当输入检索词“斑马鱼”时，系统会根据输入的词，自动提示相关的词，如斑马鱼模型、斑马鱼胚胎、斑马鱼胚胎发育、斑马鱼毒性等，通过鼠标（键盘）选中提示词，鼠标点击检索按钮（或者直接回车），即可实现相关检索（图 3-6）。

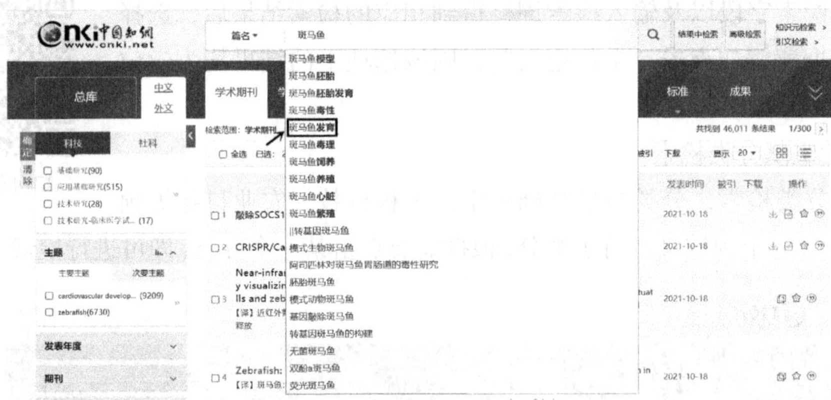

图 3-6　智能提示检索界面

（5）相关词检索

在检索结果界面的下方，提供了输入检索词的相关词，点击相关词即可进行检索（图 3-7）。

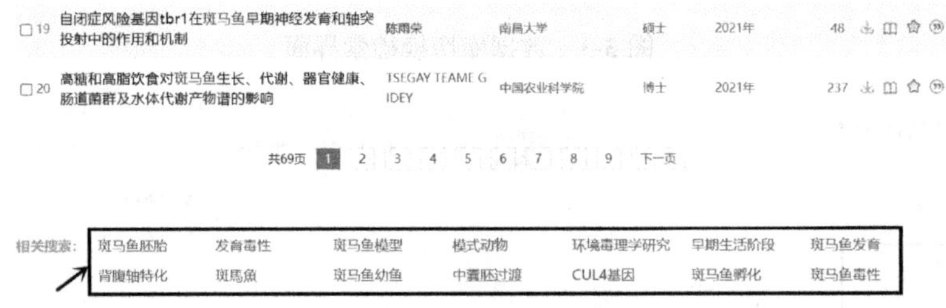

图 3-7　相关词检索界面

（6）历史记录检索

在检索框的下方，有检索历史记录。点击历史检索词，同样可以检索出文献（图 3-8）。

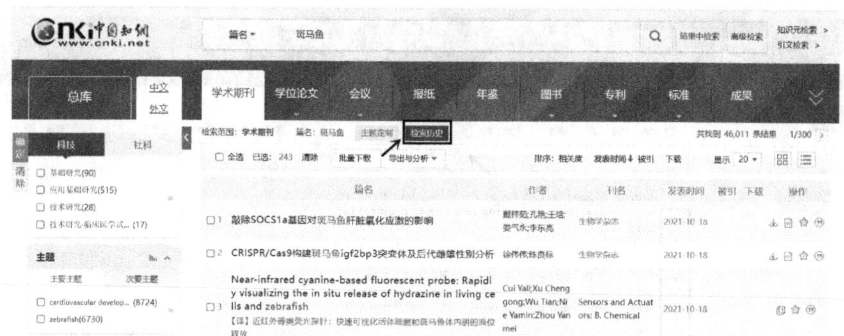

图 3-8　历史记录检索界面

3.1.1.2　检索结果

下面以“涡虫”为检索词，进行检索。检索的结果如图 3-9 所示。

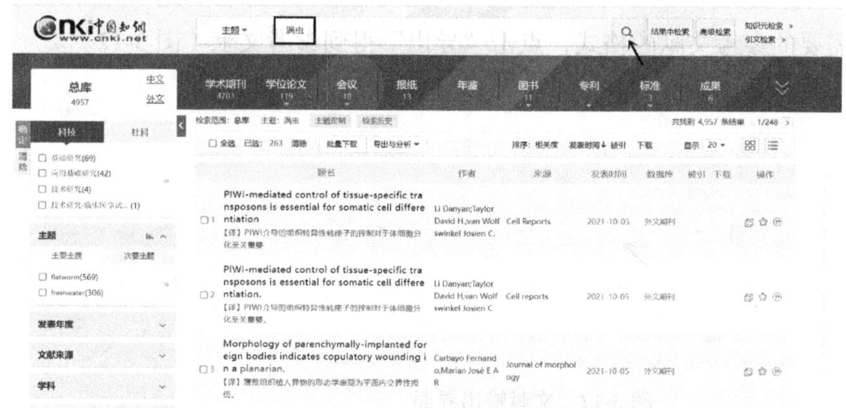

知网在结果中检索

图 3-9 有关“涡虫”检索结果界面

3.1.1.3　题录保存

（1）输入所要检索的条目，点击“检索”（图 3-10）。

图 3-10　检索界面

（2）勾选或者全选需要导出保存的题录信息，然后点击“导出文献”（图 3-11）。

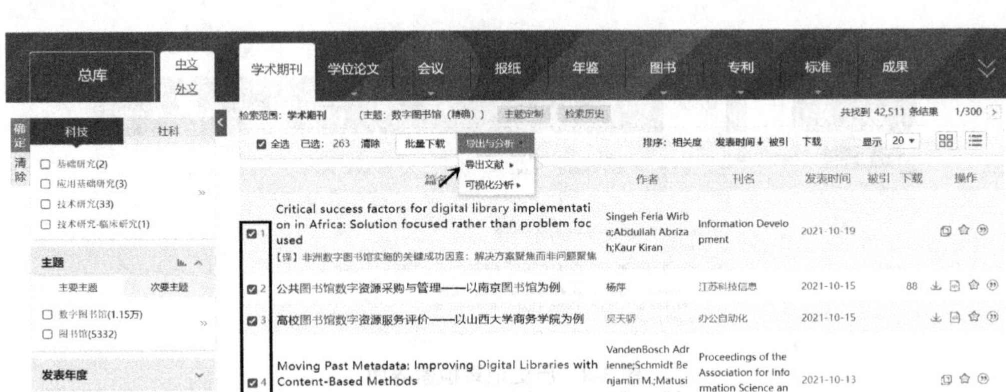

图 3-11　导出文献界面

（3）选择所需要的参考文献的格式，点击“导出”得到参考文献（图 3-12）。

图 3-12　文献输出界面

3.1.1.4　全文下载及浏览

（1）正常登录的正式用户可以下载保存和浏览文献全文。

（2）系统提供两种途径下载浏览全文：一是从检索结果界面（概览页），点击题名后的下载图标直接下载 CAJ 格式全文（图 3-13）；二是从细览页，点击 CAJ 下载或者 PDF 下载，可分别下载 CAJ 格式、PDF 格式全文（图 3-14）。

知网文献下载

	篇名	作者	刊名	发表时间	被引	下载	操作
1	Critical success factors for digital library implementation in Africa: Solution focused rather than problem focused 【译】非洲数字图书馆实施的关键成功因素：解决方案聚焦而非问题聚焦	Singeh Feria Wirba;Abdullah Abrizah;Kaur Kiran	Information Development	2021-10-19			
2	公共图书馆数字资源采购与管理——以南京图书馆为例	杨萍	江苏科技信息	2021-10-15		88	
3	高校图书馆数字资源服务评价——以山西大学商务学院为例	吴天骄	办公自动化	2021-10-15			

图 3-13　检索界面直接下载

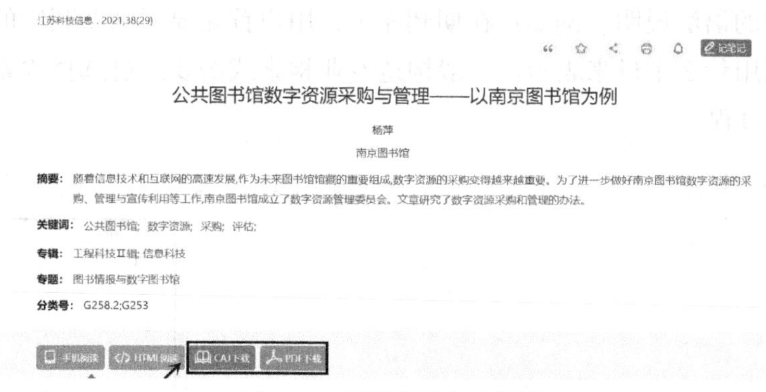

图 3-14　下载浏览全文界面

3.1.2　高级检索

知网高级检索

前面介绍的属于一框式的检索，对于需要专业检索和组合检索的用户可以进入高级检索模式进行检索（图 3-15）。点击“高级检索”，直接进入高级检索界面，这里以“期刊”高级检索为例。

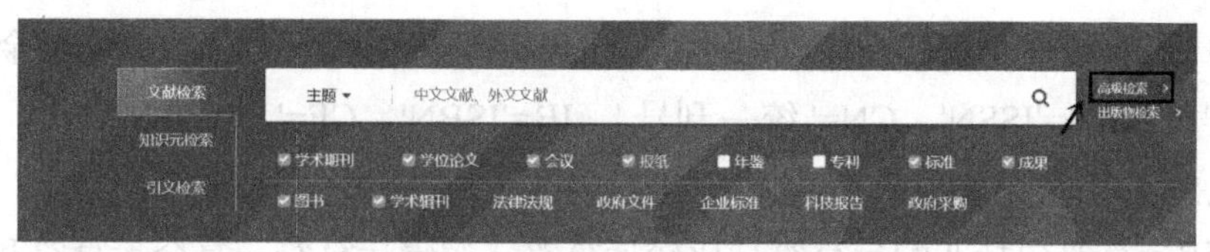

图 3-15　进入高级检索的界面

高级检索如图 3-16 所示，其中“+”和“–”按钮用来增加和减少检索条件，在高级检索中，还提供了更多的组合条件，来源、基金、作者以及作者单位等，在高级检索中也能对文献的时间范围做出限定。

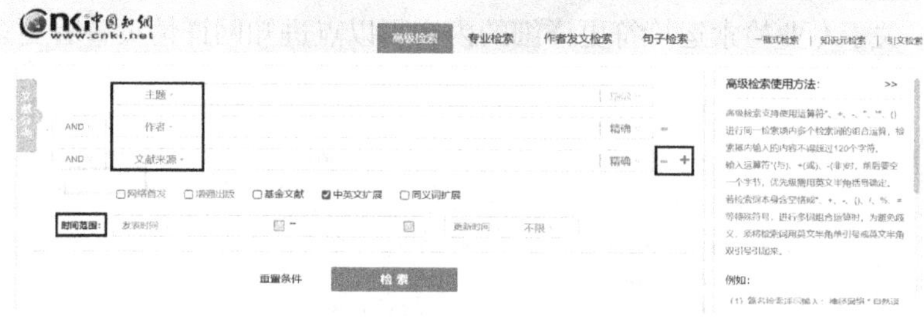

图 3-16　期刊高级检索界面

3.1.3　专业检索

知网专业检索

专业检索是所有检索方式里面比较复杂的一种检索方法（图 3-17）。需要用户自己输入检索式来检索，并且确保所输入的检索式语法正确，这样才能检索到想要的结果。每个库的专业检索都有说明，可以从右框中参看详细的语法说明。例如：在期刊库中，用户首先要明确期刊库的可检索字段有哪些，分别用什么字母来表示。一般构造专业检索式的要经过选择检索项和运算符表达式这两个过程。

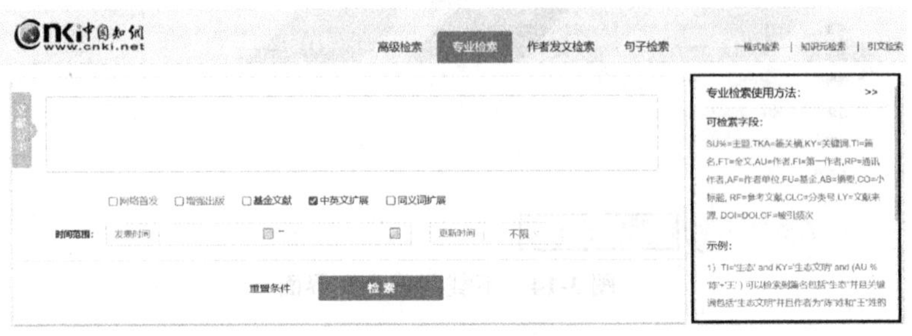

图 3-17　专业检索界面

3.1.3.1 选择检索项

搜索前首先要确定检索词，一般要找到它的同义词、上位词、下位词和相关词等。然后根据检索词选择相应的检索项。跨库专业检索支持对以下检索项的检索：SU=' 主题 ', TI=' 题名 ', KY=' 关键词 ', AB=' 摘要 ', FT=' 全文 ', AU=' 作者 ', FI=' 第一责任人 ', AF=' 机构 '，JN=' 中文刊名 '&' 英文刊名 '，RF=' 引文 '，YE=' 年 '，FU=' 基金 '，CLC=' 中图分类号 '，SN='ISSN'，CN=' 统一刊号 '，IB='ISBN'，CF=' 被引频次 '。

3.1.3.2 使用运算符构造表达式

可使用运算符包括匹配运算符、比较运算符、逻辑运算符、复合运算符和位置描述符等。匹配运算符的符号有“=”“%”“%=”，比较运算符的符号有“>”“<”“≥”“≤”，逻辑运算符的符号有“AND”“OR”“NOT”，复合运算符的符号有“*”“+”“–”，位置描述符的符号有“#”“%”等。专业检索时，借助字段间关系运算符和检索值限定运算符可以构造复杂的检索式。专业检索表达式的一般式为：<字段><匹配运算符><检索值>。关于专业检索运算符更详细的内容可以点进知网详情页查看更多（图 3-18）。

1.2.5.3. 匹配运算符

符号	功能	适用字段
=	= 'str' 表示检索与str相等的记录	KY、AU、FI、RP、JN、AF、FU、CLC、SN、CN、IB、CF
	= 'str' 表示包含完整str的记录	TI、AB、FT、RF
%	% 'str' 表示包含完整str的记录	KY、AU、FI、RP、JN、FU
	% 'str' 表示包含str及str分词的记录	TI、AB、FT、RF
	% 'str' 表示一致匹配或与前面部分串匹配的记录	CLC
%=	%= ' str' 表示相关匹配str的记录	SU
	%= ' str' 表示包含完整str的记录	CLC、ISSN、CN、IB

举例：

(1)精确检索关键词包含“数据挖掘”的文献：KY = 数据挖掘。

(2)模糊检索摘要包含“计算机教学”的文献：AB % 计算机教学，模糊匹配结果为摘要包含“计算机”和“教学”的文献，“计算机”和“教学”两词不分顺序和间隔。

(3)检索主题与“大数据”相关的文献：SU %= 大数据，主题检索推荐使用相关匹配运算符“%=”。

- 高级检索
- 作者发文检索
- 句子检索
- 专业检索

图 3-18　专业检索运算符介绍

这里还有一些注意事项：所有符号和英文字母，都必须使用英文半角字符；“AND”“OR”“NOT”三种逻辑运算符的优先级相同；如要改变组合的顺序，请使用英文半角圆括号“( )”将条件括起；逻辑关系符号“与(AND)”“或(OR)”“非(NOT)”前后要空一个字节；使用“同句”“同段”“词频”时，需用一组西文单引号将多个检索词及其运算符括起，如 ' 流体 # 力学 '。

例 1

TI=' 生物 ' and KY=' 教学 ' and (AU % ' 陈 '+' 王 ') 可以检索到篇名包括“生物”并且关键词包括“教学”并且作者为“陈”姓和“王”姓的所有文章。

例 2

SU=' 中国经济 '*' 创新 ' and FT=' 百年未有之大变局 ' 可以检索到主题包括“中国经济”及“创新”并且全文中包括“百年未有之大变局”的信息。

3.1.4　出版物检索

出版物检索以刊名、学位单位、会议名等作为检索词进行检索，在 KDN 首页点击出版物检索进入导航首页，如图 3-19 所示。

图 3-19　出版物检索界面

进入导航首页，在该页中有字母导航和分类导航（图 3-20）。左侧文献分类目录帮助用户快速定位导航的分类；导航首页有推送的栏目，是当前热门的期刊论文等文献；下面是一些热门的特色导航的推荐文献：期刊、会议、年鉴、工具书、报纸、博士学位授予单位、硕士学位授予单位。

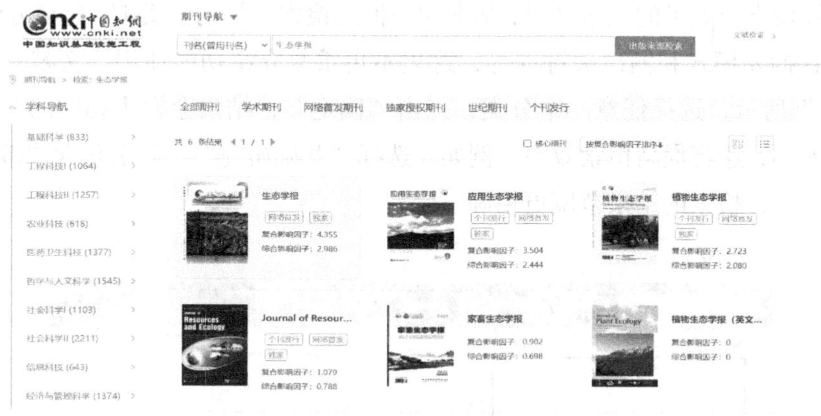

图 3-20　期刊导航界面

点击“生态学报”，则进入该学报的导航功能（其他来源导航类似），在期刊导航中，选中某一年某一期，界面的目录随之变化，点击目录则进入相应的知网节界面（图 3-21、图 3-22）。

图 3-21　《生态学报》期刊浏览界面（一）

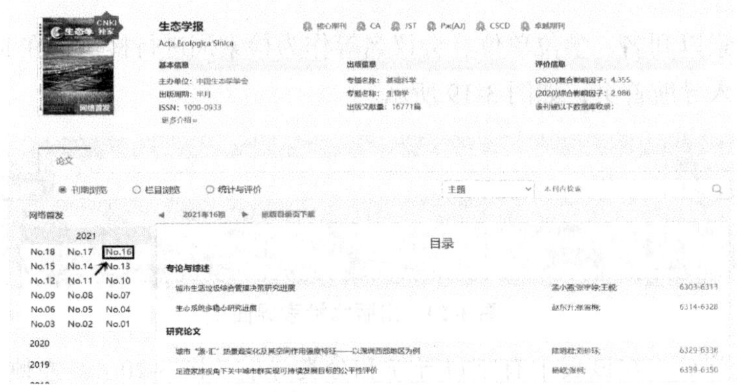

图 3-22　《生态学报》期刊浏览界面（二）

3.1.5　检索结果

在高级检索模式里的检索结果，基本和一框式检索结果功能类似，包括分组、排序、导出、设置摘要模式和输出关键词等，这里不再重复介绍功能使用。文献分类目录见图 3-23 黑框所示，选择任意一个分类，点击“确定”，结果会发生相应的变化，检索范围将会缩小，这将提高检索效率。例如，选择“基础研究”，篇名包含“拟南芥”，点击“检索”，检索的结果范围更精确。

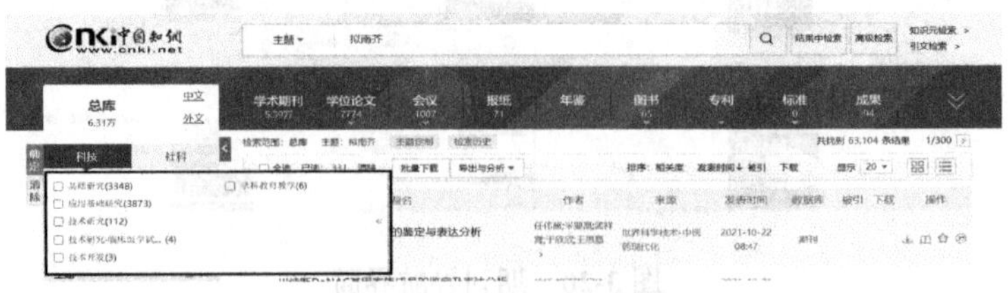

图 3-23　检索结果界面

3.1.6　在线预览

在文献知网节界面中，“HTML 阅读”图标表示预览全文，点击之后进入了预览界面，以期刊为例（图 3-24、图 3-25）。

图　3-24　文献知网节界面

图 3-25　单篇文献预览界面

3.2　万方数据知识服务平台

万方数据知识服务平台是在原万方数据资源系统的基础上，经过不断改进、创新而成的。此平台整合数亿条全球优质知识资源，包括 13 类信息资源。《中国学术期刊数据库》是该平台的重要组成部分，其集纳了多种科技、人文和社会科学期刊的全文内容。万方数据知识服务平台所收录的期刊均是经中华人民共和国新闻出版广电总局批准的，其中有中文期刊 8000 余种，核心期刊 3200 种左右；外文期刊主要来源于 NSTL 外文文献数据库以及牛津大学出版社等国外出版机构，收录了 1995 年以来世界各国出版的 20900 种重要学术期刊。因此，数量众多的高品质核心期刊成为该平台的特色之一。

3.2.1 资源检索

3.2.1.1 统一检索

知识服务平台 v2.0 首页的检索框即为统一检索的输入框，实现多种资源类型、多种来源的一站式检索和发现，同时，它还可对用户输入的检索词进行实体识别，便于引导用户更快捷地获取知识及学者、机构等科研实体的信息。

统一检索

在统一检索的输入框内，用户可以选择想要限定的检索字段，目前共有 5 个可检索字段：题名、作者、作者单位、关键词和摘要（图 3-26）。

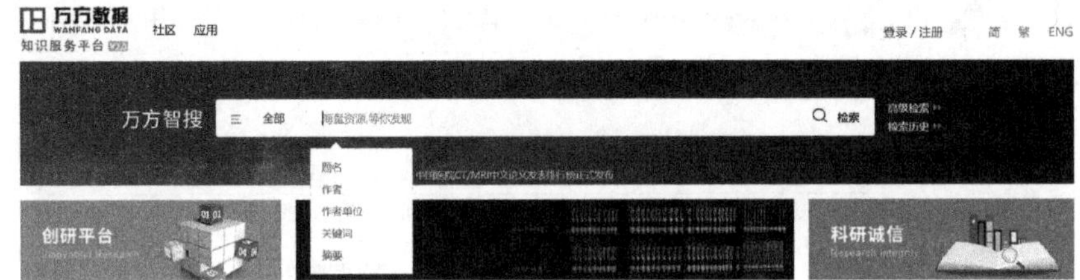

图 3-26 万方数据库统一检索界面

用户可以单击检索字段进行限定检索，也可以直接在检索框内输入检索式进行检索。例如，用户想检索题名包含“青蒿素”的文献，用户可以单击“题名”字段检索，检索式为：（题名：青蒿素）（图 3-27）。除此之外，用户也可以自主输入检索式检索，例如：（标题：青蒿素）、（题目：青蒿素）、（题：青蒿素）、（篇名：青蒿素）、（t：青蒿素）（title：青蒿素）。“青蒿素”的探索历程等内容说明，科学探索永无止境，科学理论是在不断修正的过程中建立和完善的，这需要探索精神、科学思维和技术手段的结合。对于其他科学理论、假说等，也应作如是观。

图 3-27 题名是“青蒿素”的检索结果界面

万方智搜默认用户直接输入的检索词为模糊检索，用户可以通过 ""（英文格式）来限定检索词为精确检索，例如，用户想要“信息资源检索”方面的文献，检索式为：

（信息资源检索），即为模糊检索，检索式为：（"信息资源检索"）为精确检索。

另外，用户也可以在检索框内使用 not、and、or 对检索词进行逻辑匹配检索，其中 and 可以用空格代替，例如，用户想要“信息检索”和“本体”方面的文献，检索式为：（信息检索 and 本体）或（信息检索 空格 本体）（图 3-28）。

图 3-28　有关“信息检索”及“本体”检索结果界面

除了支持包含逻辑运算符的检索式外，万方智搜还可支持截词检索，“?”或“%”表示截词符。例如，搜索“信息资源？索”，检索界面会出现包括信息资源检索、信息资源搜索、信息资源探索等方面的文献。

3.2.1.2　分类检索

万方智搜为用户提供了不同资源的分类检索，包括期刊、学位、会议、专利、科技报告、地方志等资源。用户可以通过单击检索框上部的资源类型进行检索范围切换（图 3-29 ~ 图 3-33）。

分类检索

万方智搜可检索篇级文献，也可以检索期刊母体、会议、志书。

期刊检索可以实现期刊论文检索和期刊检索，输入检索词或限定字段并输入检索词，点击搜论文按钮，实现对期刊论文的检索；输入刊名、刊号，点击搜期刊，实现对期刊母体的检索。

图 3-29　万方数据库分类检索界面（一）

图 3-30　万方数据库分类检索界面（二）

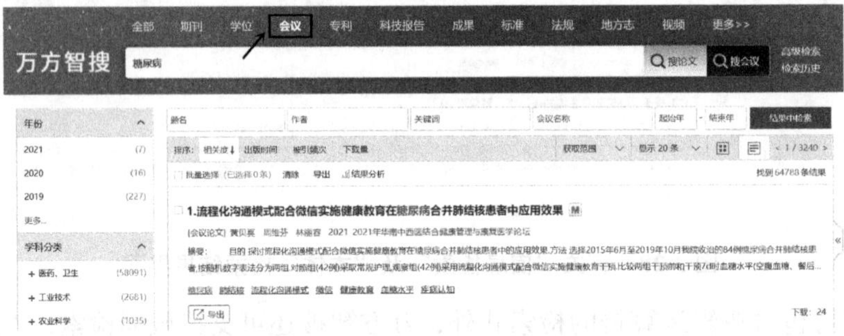

图 3-31　万方数据库分类检索界面（三）

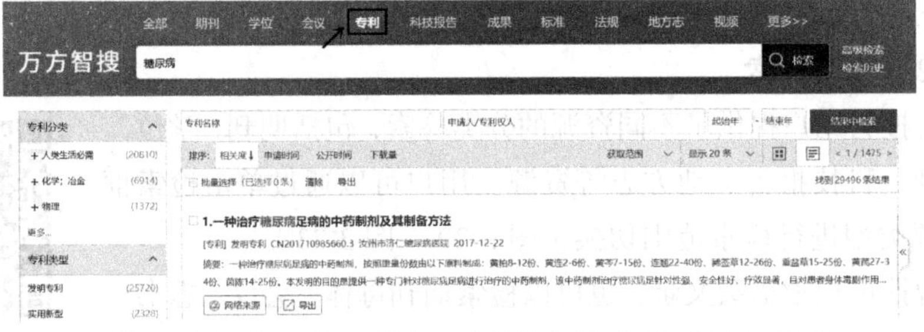

图 3-32　万方数据库分类检索界面（四）

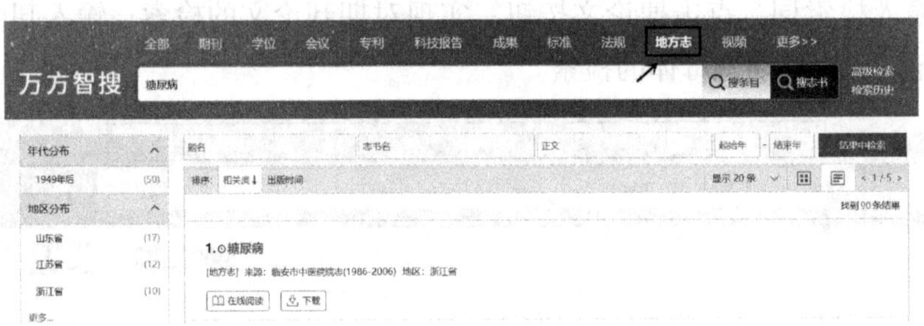

图 3-33　万方数据库分类检索界面（五）

3.2.1.3　高级检索

万方智搜检索框的右侧有高级检索的入口，单击进入高级检索界面（图 3-34）。高级检索支持多个检索类型、多个检索字段和条件之间的逻辑组配检索，方便用户构建复杂检索表达式。

图 3-34　万方数据库高级检索入口

在高级检索界面（图 3-35），用户可以根据自己需要，选择想要检索的资源类型和语种，添加或者减少检索条件，通过“与”“或”和“非”等逻辑运算符限定检索条件，可以选择文献的其他字段例如会议主办方、作者、作者单位等检索，还可以限定文献的发表时间和万方数据文献的更新时间，同时高级检索也提供了精确和模糊的选项，满足用户查准和查全的需求。

高级检索

图 3-35　万方数据库高级检索界面

3.2.1.4　专业检索

万方智搜检索框的右侧有高级检索的入口，单击进入高级检索界面，然后选择专业检索（图 3-36）。

专业检索

图 3-36　万方数据库专业检索界面（一）

专业检索是所有检索方式里面比较复杂的一种检索方法。需要用户自己输入检索式来检索，并且确保所输入的检索式语法正确，这样才能检索到想要的结果。每个资源的专业检索字段都不一样，详细的字段可以从专业检索界面查看（图 3-37）。

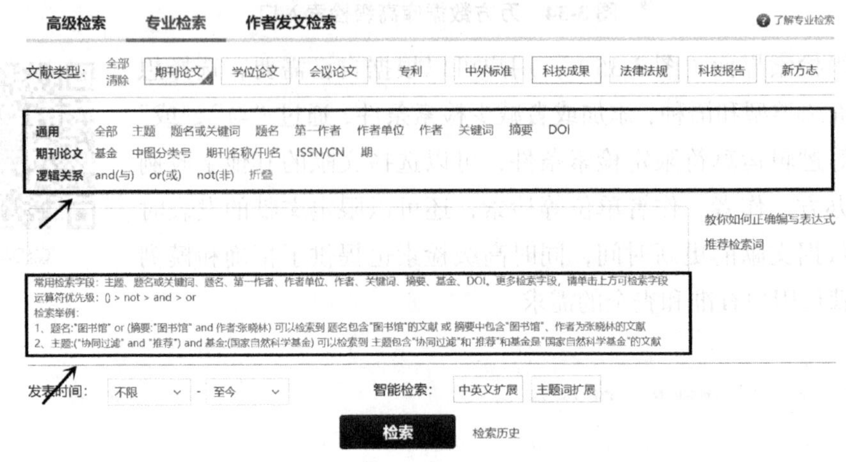

图 3-37 万方数据库专业检索界面（二）

3.2.1.5 智能检索

高级检索添加了智能检索的功能，智能检索包括中英文扩展和主题词扩展（图 3-38）。

中英文扩展指的是对检索词进行中文英文的扩展检索，扩大检索范围；主题词扩展指从所属范畴、同义词、上下位词、优选术语等维度出发。范畴指检索词所属的学科或领域，同义词指与检索词意义相同的一组词语，上位术语指概念上外延更广的词，下位术语指概念上内涵更窄的词，优选术语指概念优先选择的术语。用户可以根据检索需求进行自行勾选。

图 3-38 万方数据库智能检索界面

（1）智能识别

智能检索指的是用户输入检索词，系统可以识别检索词的实体类型，智能提示用户是否要查找该实体。

例如，在检索框里，输入检索式：刘刚，系统识别刘刚属于学者，因而优先展示作者刘刚发表的文献，并提供所有同名学者的名片供用户选择（图 3-39）。

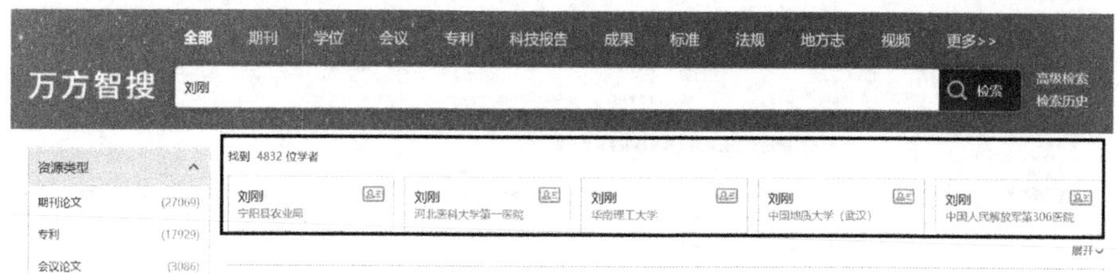

图 3-39　有关“刘刚”的智能识别界面

（2）二次检索

在检索结果界面，还可以对该检索结果进行二次检索。二次检索可以对检索字段进行限定检索。二次检索的检索字段根据不同的资源会有所不同，主要有标题、作者、关键词、起始年、结束年（图 3-40）。

例如，在检索框里，输入检索式：（信息），得到如下检索结果。

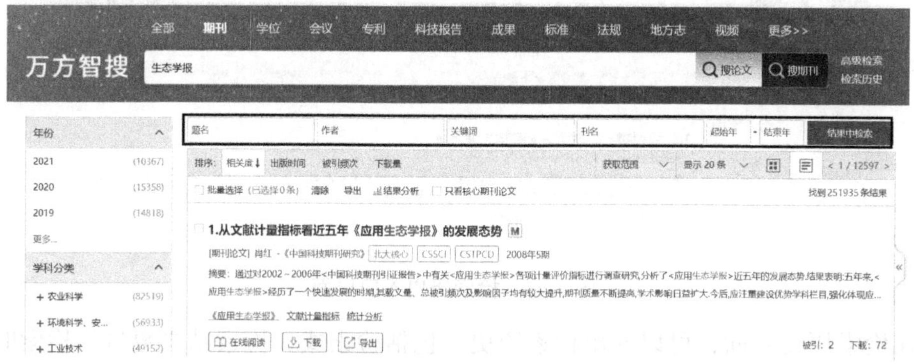

图 3-40　二次检索界面

对检索结果进行二次检索，限定标题为：生活污水（图 3-41）。

图 3-41　有关标题为“生活污水”的二次检索界面

点击“结果中检索”对检索结果进行精简，得到如下检索结果（图 3-42）。

图 3-42　有关标题为“生活污水”的二次检索结果

3.2.1.6　检索历史

万方智搜提供对用户的检索行为的记录即检索历史。检索框的右侧有检索历史的入口，单击进入检索历史界面（图 3-43）。

图 3-43　检索历史入口界面

在检索历史界面，可以导出检索历史，包括检索式、检索结果数量、检索时间等（图 3-44）。未登录状态下，用户没有清除缓存或清空检索历史，最多保存 500 条检索记录。在个人用户登录状态下系统默认保存 6 个月内所有的检索记录，便于用户快捷地检索获取文献。另外，用户也可以在检索历史界面，单击检索式进行重新检索。

全部　期刊　学位　会议　专利　科技报告　成果　标准　法规　地方志　视频　更多>>

万方智搜　海量资源，等你发现　检索　高级检索　检索历史

删除已选

全选	文献类型	检索式	检索结果	检索时间	操作
1	期刊	生态学报	251935	2021-10-22	删除
2	期刊、学位、会议...	生态学报	253223	2021-10-22	删除
3	期刊	糖尿病	641270	2021-10-22	删除
4	会议	糖尿病	64788	2021-10-22	删除
5	期刊	糖尿病	641270	2021-10-22	删除
6	期刊、学位、会议...	糖尿病	797464	2021-10-22	删除
7	期刊、学位、会议...	信息检索and本体	521	2021-10-22	删除
8	期刊、学位、会议...	题名:青蒿素	3699	2021-10-22	删除

图 3-44　检索历史界面

3.2.2　检索结果

3.2.2.1　结果展示

检索结果可按详情式或列表式两种展示方式，详情式展示文献类型、标题、摘要、作者、关键词、来源、年 / 卷（期）等信息（图 3-45）。

图 3-45　万方数据库检索结果详情式展示界面

列表式只展示标题、作者、来源、时间等简要信息（图 3-46）。

图 3-46　万方数据库检索结果列表式展示界面

检索结果页中通过设置每页显示条数，用户可根据需要自由切换，每页显示 20、30 或 50 条（图 3-47）。

图 3-47　万方数据库检索结果显示条数界面

3.2.2.2 结果排序

万方智搜提供对检索结果的多维度排序，包括有相关度、出版时间和被引频次指标（图 3-48、图 3-49）。而针对不同的资源类型，提供了不同的排序指标，例如，针对学位论文资源，提供了学位授予时间等排序指标。

图 3-48 万方数据库检索结果排序

图 3-49 万方数据库检索结果排序

3.2.2.3 结果操作

系统通过严密的嵌接用户检索发现的过程，提供针对文献的多种便捷操作，包括对单篇操作或批量操作、下载、导出、分享、标签、笔记等。对于单篇文献，用户可在检索结果页、文献详情页进行在线阅读、下载、导出、收藏、分享、加标签操作（图 3-50、图 3-51）。

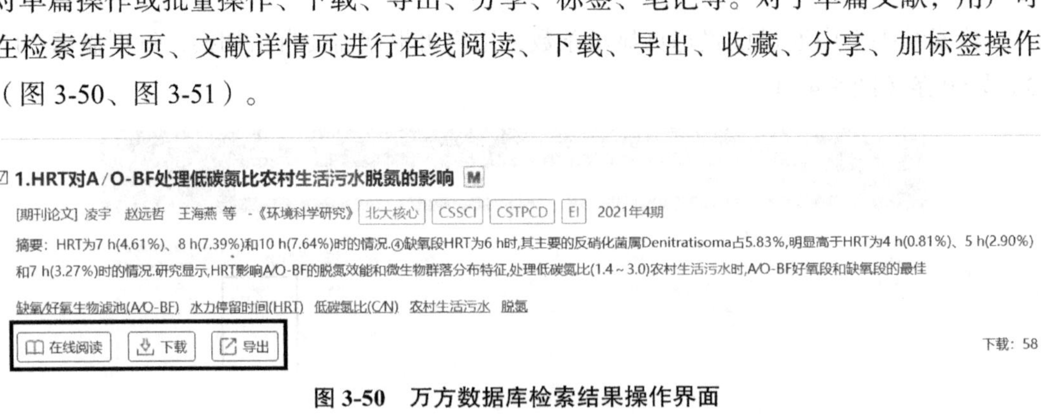

图 3-50 万方数据库检索结果操作界面

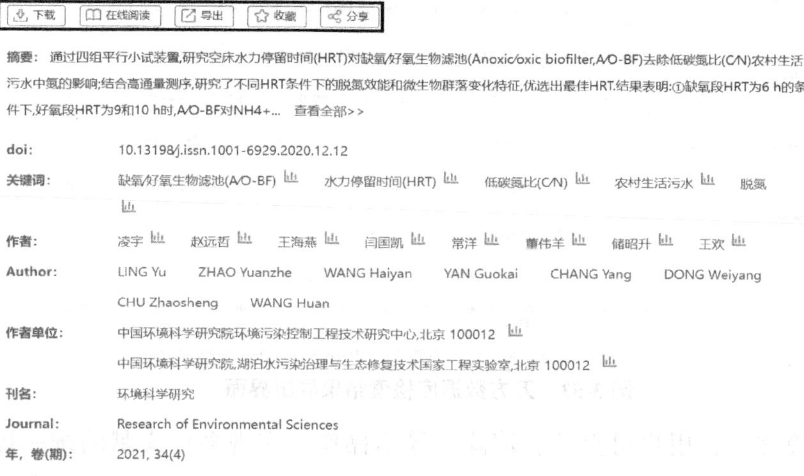

图 3-51　万方数据库文件详情界面

用户点击“下载”按钮，既可在支付成功后 24 小时内下载该资源，也可在万方书案永久在线阅读（图 3-52）。

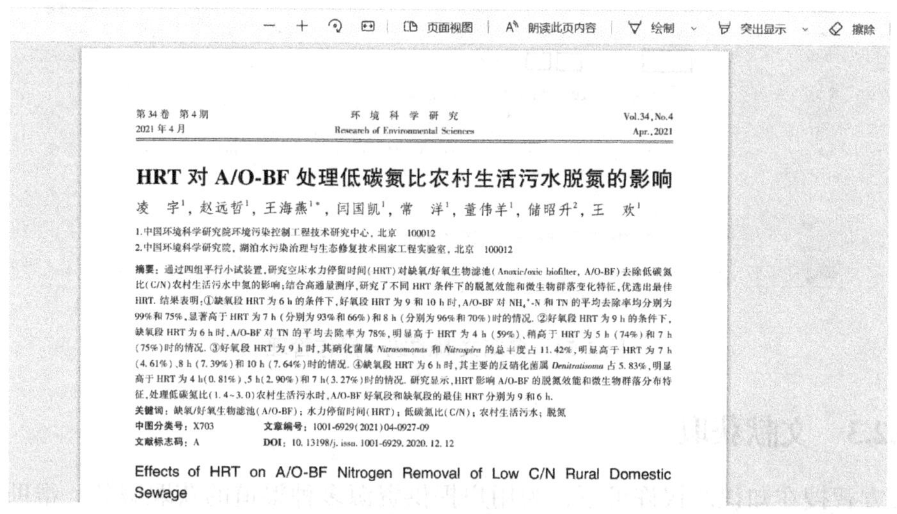

第 34 卷　第 4 期　2021 年 4 月　环　境　科　学　研　究　Research of Environmental Sciences　Vol.34, No.4　Apr., 2021

HRT 对 A/O-BF 处理低碳氮比农村生活污水脱氮的影响

凌　宇[1]，赵远哲[1]，王海燕[1*]，闫国凯[1]，常　洋[1]，董伟羊[1]，储昭升[2]，王　欢[1]

1. 中国环境科学研究院环境污染控制工程技术研究中心，北京　100012
2. 中国环境科学研究院，湖泊水污染治理与生态修复技术国家工程实验室，北京　100012

摘要：通过四组平行小试装置，研究空床水力停留时间（HRT）对缺氧/好氧生物滤池（Anoxic/oxic biofilter，A/O-BF）去除低碳氮比（C/N）农村生活污水中氮的影响；结合高通量测序，研究了不同 HRT 条件下的脱氮效能和微生物群落变化特征，优选出最佳 HRT. 结果表明：①缺氧段 HRT 为 6 h 的条件下，好氧段 HRT 为 9 和 10 h 时，A/O-BF 对 NH_4^+-N 和 TN 的平均去除率均分别为 99% 和 75%，显著高于 HRT 为 7 h（分别为 93% 和 66%）和 8 h（分别为 96% 和 70%）时的情况. ②好氧段 HRT 为 9 h 的条件下，缺氧段 HRT 为 6 h 时，A/O-BF 对 TN 的平均去除率为 78%，明显高于 HRT 为 4 h（59%）、稍高于 HRT 为 5 h（74%）和 7 h（75%）时的情况. ③好氧段 HRT 为 9 h 时，其硝化菌属 *Nitrosomonas* 和 *Nitrospira* 的总丰度占 11.42%，明显高于 HRT 为 7 h（4.61%）、8 h（7.39%）和 10 h（7.64%）时的情况. ④缺氧段 HRT 为 6 h 时，其主要的反硝化菌属 *Denitratisoma* 占 5.83%，明显高于 HRT 为 4 h（0.81%）、5 h（2.90%）和 7 h（3.27%）时的情况. 研究显示，HRT 影响 A/O-BF 的脱氮效能和微生物群落分布特征，处理低碳氮比（1.4～3.0）农村生活污水时，A/O-BF 好氧段和缺氧段的最佳 HRT 分别为 9 和 6 h.

关键词：缺氧/好氧生物滤池（A/O-BF）；水力停留时间（HRT）；低碳氮比（C/N）；农村生活污水；脱氮
中图分类号：X703　**文章编号**：1001-6929(2021)04-0927-09
文献标志码：A　**DOI**：10.13198/j.issn.1001-6929.2020.12.12

Effects of HRT on A/O-BF Nitrogen Removal of Low C/N Rural Domestic Sewage

图 3-52　万方数据库检索结果下载界面

用户点击“导出”按钮，可根据需要导出不同的文献格式（图 3-53）。用户既可直接导出参考文献，也可将文献加入引用列表，导出界面的文献累积记录，即用户可在检索结果页重复添加文献至导出界面，添加后导出页面自动刷新数据；参考文献格式导出支持中英文的期刊、学位、会议、科技报告、专利、标准等国家标准格式、NoteExpress、RefWorks、NoteFirst、EndNote 和 Bibtex 的导出。此外，还可根据用户需求灵活实现自定义导出。

图 3-53 万方数据库检索结果导出界面

对于多篇文献，用户可全选、清除、导出操作，实现多篇文献的统一操作管理（图 3-54）。

图 3-54 多篇文献的统一操作管理

3.2.3 文献获取

万方智搜在知识产权许可下，为用户提供资源多种渠道的获取服务，帮助用户便捷获取所需资源，实现快速、简便、易用、流畅的无缝检索体验与文献获取保障。面对信息库的迅速更新和搜索引擎的不断优化，大家会或多或少意识到，现在正处于信息时代。由于信息技术的使用范围不断扩展且计算机的功能日益复杂，人必须发展计算机所不能取代的能力方能在信息时代生存，大家要在提升自己的思维能力和创新能力的同时，积极参与到时代发展的潮流中来。

3.2.3.1 在线阅读

万方智搜支持全文在线阅读，包括期刊、学位、会议、专利、科技报告、法规、地方志等资源。单击检索结果界面和文献详情界面的“在线阅读”按钮可以查看文献（图 3-55）。

排序：相关度↓ 出版时间 被引频次
获取范围
显示 20 条
< 1 / 1643 >
批量选择（已选择 20 条） 清除 导出 结果分析
找到 32847 条结果
1.HRT对A/O-BF处理低碳氮比农村生活污水脱氮的影响
[期刊论文] 凌宇 赵远哲 王海燕 等 -《环境科学研究》 北大核心 CSSCI CSTPCD EI 2021年4期
摘要：HRT为7 h(4.61%)、8 h(7.39%)和10 h(7.64%)时的情况.④缺氧段HRT为6 h时,其主要的反硝化菌属Denitratisoma占5.83%,明显高于HRT为4 h(0.81%)、5 h(2.90%)和7 h(3.27%)时的情况.研究显示,HRT影响A/O-BF的脱氮效能和微生物群落分布特征,处理低碳氮比(1.4～3.0)农村生活污水时,A/O-BF好氧段和缺氧段的最佳
缺氧/好氧生物滤池(A/O-BF) 水力停留时间(HRT) 低碳氮比(C/N) 农村生活污水 脱氮
在线阅读 下载 导出
下载：58

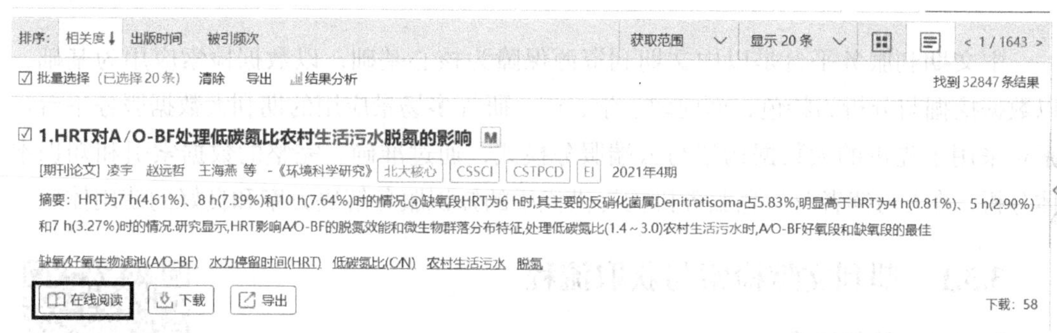

图 3-55　检索结果在线阅读

3.2.3.2　文献下载

万方智搜支持用户对已收录全文的资源进行全文下载，包括期刊、学位、会议、专利、法规、地方志等资源。用户可以单击检索结果界面和文献详情界面的“下载”按钮下载文献（图 3-56）。

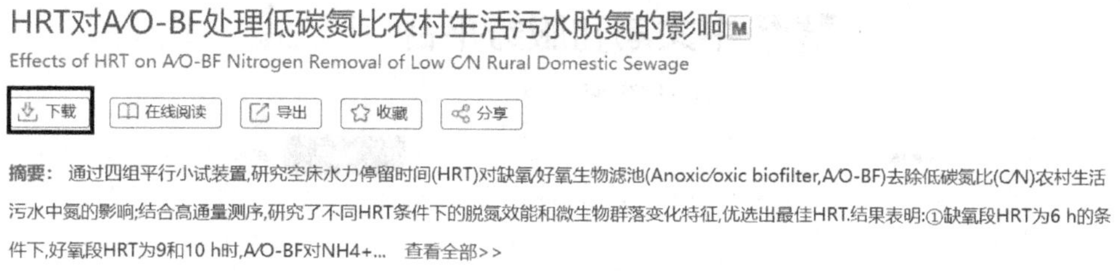

HRT对A/O-BF处理低碳氮比农村生活污水脱氮的影响
Effects of HRT on A/O-BF Nitrogen Removal of Low C/N Rural Domestic Sewage
下载 在线阅读 导出 收藏 分享
摘要：通过四组平行小试装置,研究空床水力停留时间(HRT)对缺氧/好氧生物滤池(Anoxic/oxic biofilter,A/O-BF)去除低碳氮比(C/N)农村生活污水中氮的影响;结合高通量测序,研究了不同HRT条件下的脱氮效能和微生物群落变化特征,优选出最佳HRT.结果表明:①缺氧段HRT为6 h的条件下,好氧段HRT为9和10 h时,A/O-BF对NH4+... 查看全部>>

图 3-56　检索结果全文下载

3.2.3.3　原文传递

万方智搜除了提供本平台收录的资源外，还与国家科技图书情报中心（NSTL）、国家工程技术数字图书馆（ISTIC）合作，提供文献的原文传递服务。用户利用万方智搜检索到来自 NSTL 和 ISTIC 的资源，可以通过原文传递服务便捷快速地获取所需资源（图 3-57）。

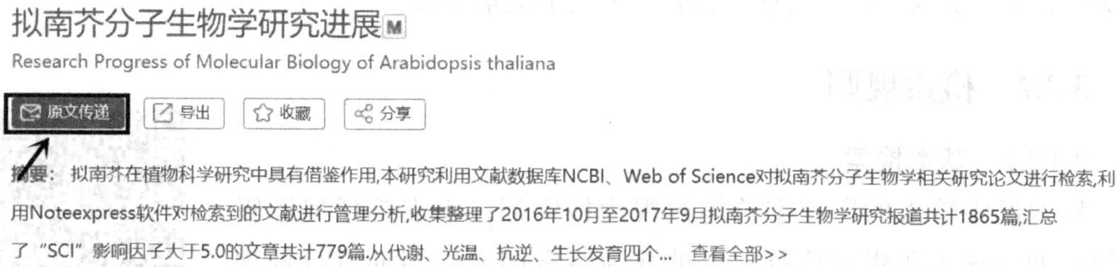

拟南芥分子生物学研究进展
Research Progress of Molecular Biology of Arabidopsis thaliana
原文传递 导出 收藏 分享
摘要：拟南芥在植物科学研究中具有借鉴作用,本研究利用文献数据库NCBI、Web of Science对拟南芥分子生物学相关研究论文进行检索,利用Noteexpress软件对检索到的文献进行管理分析,收集整理了2016年10月至2017年9月拟南芥分子生物学研究报道共计1865篇,汇总了“SCI”影响因子大于5.0的文章共计779篇.从代谢、光温、抗逆、生长发育四个... 查看全部>>

图 3-57　万方数据库原文传递

3.3 维普资讯：中文期刊服务平台

中文期刊服务平台是以中文期刊资源保障为核心基础，以数据检索应用为基础，以数据挖掘与分析为特色，面向教、学、产、研等多场景应用的期刊大数据服务平台。平台采用了先进的大数据构架与云端服务模式，通过准确、完整的数据索引和知识本体分析，着力为读者及信息服务机构提供优质的知识服务解决方案和良好的使用体验。

3.3.1 期刊文献检索与获取流程

期刊文献检索与获取流程

3.3.1.1 访问平台

浏览器地址栏中键入地址：http://qikan.cqvip.com，或通过图书馆网站数字资源列表中的维普期刊相关链接访问平台。打开“中文期刊服务平台”（以下简称“平台”）并登录（图 3-58）。

图 3-58　中文期刊服务平台首页界面

3.3.1.2 检索方式

平台默认使用一框式检索，用户在首页检索框中输入检索词，点击“检索”按钮即可获得检索结果。用户还可以通过设定检索命中字段，从而获取最佳检索结果。平台支持题名或关键词、题名、关键词、文摘、作者、第一作者、作者简介、机构、基金、分类号、参考文献、栏目信息、刊名等十余个检索字段。

3.3.2 检索规则

检索规则

3.3.2.1 基本检索

检索框中输入的所有字符均被视为检索词，不支持任何逻辑运算；如果输入逻辑运算符，将被视为检索词或停用词进行处理（图 3-59）。

图 3-59　维普数据库基本检索

3.3.2.2　高级检索

检索框中可支持“并且”（AND）、“或者”（OR）、“不包含”（NOT）三种简单逻辑运算（表 3-1）；逻辑运算符 AND、OR、NOT 必须大写，且前后必须空一格；逻辑运算符优先级为：NOT>AND>OR，且可通过英文半角进一步提高优先级；精确检索请使用检索框后方的“精确”选项。

3.3.2.3　检索式检索

（1）检索界面

可以在检索框中使用布尔逻辑运算符对多个检索词进行组配检索。执行检索前，还可以选择时间、期刊来源、学科等检索条件对检索范围进行限定。每次调整检索策略并执行检索后，均会在检索区下方生成一个新的检索结果列表，方便对多个检索策略的结果进行比对分析。对于一些复杂的操作，如专业检索中检索式的编写，既可以通过独自阅读操作步骤来进行自主学习，也可以和他人一起交流合作、分工完成任务来实现资源共享和知识的巩固，交流意识和团队责任感也是进行科研必备的素质和能力。

（2）检索条件限定

使用检索条件限定，可以进一步缩小检索范围，获得更符合需求的检索结果。可以根据需要，选择合适的时间范围、学科范围、期刊范围等限制条件。

①检索规则

逻辑运算符 AND、OR、NOT 必须大写，逻辑运算符优先级为：()>NOT>AND>OR；所有运算符号必须在英文半角状态下输入，且前后必须空一格，半角 "" 表示检索词不作分词处理，作为整个词组进行检索，以提高准确性（表 3-1）。

表 3-1　逻辑运算符对照表

逻辑关系	并且、与	或者	不包含、非
运算符	AND/*	OR/+	NOT/-

②书写规则

字段标识符必须为大写字母（表 3-2），每种检索字段前，都须带有字段标识符，相同字段检索词可共用字段标识符，如 K=CAD+CAM。

表 3-2　检索字段标识符对照表

符号	字段	符号	字段
U	任意字段	S	机构
M	题名或关键词	J	刊名
K	关键词	F	第一作者
A	作者	T	题名
C	分类号	R	文摘

③检索范例（图 3-60）

例 1： S= 维普资讯 AND A= 王小明

此检索式表示：查找机构中含有“维普资讯”，并且作者为王小明的文献。

例 2：（K=（CAD OR CAM）OR T= 雷达）AND R= 机械 NOT K= 模具

此检索式表示：查找文摘中含有机械，并且关键词中含有 CAD 或 CAM，或者题名中含有“雷达”，但关键词不包含“模具”的文献。

以上两个检索式也可以写作：

例 1： S= 维普资讯 * A= 王小明

例 2：（K=（CAD+CAM）+T= 雷达）*R= 机械 -K= 模具

图 3-60　维普数据库检索式检索范例

3.3.2.4　向导式检索

向导式检索也称“组栏式检索”（图 3-61）。是指用户可以运用“与”“或”“非”的布尔逻辑关系将多个检索词进行组配检索。用户可以对每个检索词分别设定检索命中字段，并且通过时间范围限定、期刊范围限定、学科范围限定来调整检索的数据范围；还可以选择“精确”和“模糊”两种匹配方式，选择是否进行“中英文扩展”和“同义词扩展”，通过更多的检索前条件限定，获得最佳的检索结果。将信息意识融入平时的习惯中，将学习和创造融入日常生活之中，将检索和挖掘信息作为一种学习和创造的方式，才能适应科技高度发达的未来社会。

图 3-61　维普数据库向导式检索入口

例如，查看深圳大学邓旭教授发表的“混凝土”方面的期刊文献（图 3-62），可在检索区做如下操作。

第一步：在第一个检索框中输入检索词“混凝土”，根据查准或查全的需要，设定检索框前的检索字段为“题名或关键词”或“任意字段”，设定检索框后的匹配模式为“精确”或者“模糊”。

第二步：在第二个检索框中输入检索词“邓旭”，根据需要，设定检索框前的检索字段为“作者”或“第一作者”，同时选定逻辑组配关系“与”。

第三步：在第三个检索框中输入检索词“深圳大学”，设定检索框前的检索字段为“机构”，同时选定逻辑组配关系“与”。

第四步：根据需要，选择是否进行“中英文扩展”或“同义词扩展”，同时选定检索的时间范围、期刊范围和学科范围。

第五步：点击“检索”按钮，执行检索，获取检索结果。

图 3-62　维普数据库向导式检索界面

提供给专业级用户的数据库检索功能。用户可以自行在检索框中书写布尔逻辑表达式进行检索。同样支持用户选择时间范围、期刊范围、学科范围等检索限定条件来控制检索命中的数据范围（图 3-63）。

例如，查找文摘中含有机械，并且关键词中含有 CAD 或 CAM，或者题名中含有“雷达”，但关键词不包含“模具”的文献，检索式可书写为：

（K=（CAD OR CAM）OR T= 雷达）AND R= 机械 NOT K= 模具

布尔逻辑检索式的具体书写规则详见检索界面的检索规则说明。

图 3-63　维普数据库检索式检索界面

3.3.3　对检索结果进行筛选和提炼

中文期刊服务平台提供了基于检索结果的二次检索、分面聚类筛选、多种排序方式，方便用户快速找到目标文献（图 3-64）。

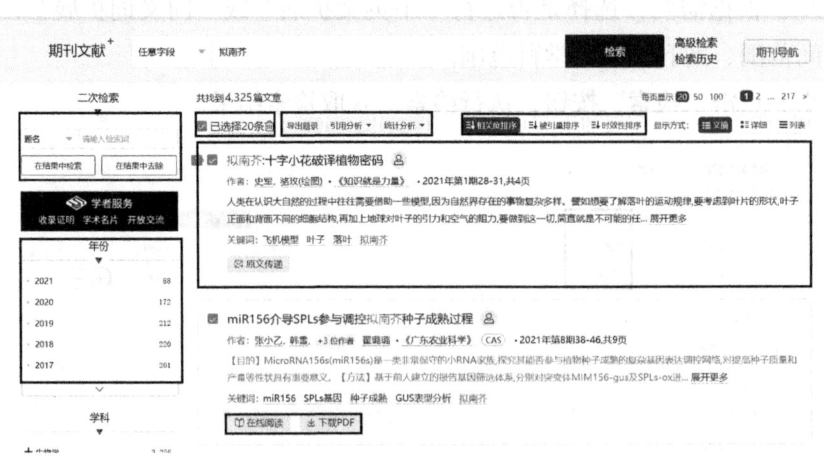

图 3-64　检索结果的筛选与提炼

1.3.3.1　页面说明

对检索结果进行筛选和提炼

（1）题录中英文对照：文献详情页提供文献题录相关字段的中英文对照。

（2）文献的全文获取：平台提供包括“在线阅读”“下载PDF”“OA 全文链接”等方式获取文献。

（3）文章收藏：用户可点击收藏按钮将自己喜欢的文章收藏到个人中心。

（4）文章分享：用户可以将自己感觉有价值的文章快速分享到微信、微博、QQ等社交平台。

（5）文章题录导出：文章详细页同样提供题录导出，提供文本、查新格式、参考文献等 10 种导出格式。

（6）题录细览：可获取该篇文献的详细题录信息，点击字段所附链接，即可获得对应的字段检索内容。

（7）相关文献：提供与本文献研究领域相关的文献推荐，用户可以点击相关文献题名，获取相关文献信息。

（8）引文脉络：理清一篇文章从创作到利用的整个引用情况，既能回溯到该篇文章参考文献的参考文献，也能查询到该篇文章引证文献的引证文献。点击相关引文链接，即可定位到相关引文列表。

（9）参考文献：指作者写作文章时引用或参考的文献，反映该文章研究工作的背景和依据。

二级参考文献：指本文参考文献的参考文献。进一步追溯本文研究领域的背景和研究和依据，反映本文研究工作的源流。

引证文献：指引用本文的文献。本文研究工作领域的继续、应用、发展或评价。

二级引证文献：本文引证文献的引证文献。更进一步反映本文研究工作的继续、发展或评价。

同被引文献：指与本文同时被作为参考文献引用的文献，与本文共同作为进一步研究的基础。

共引文献：当两篇文献被一篇（后来发表的）文献同时参考引用时，两篇文献之间的关系。

期刊信息展示：展示该篇文章所属的期刊信息，包括刊名（封面）、该篇文章在的期次。

（10）职称评审材料打包下载：点击该按钮，即可一键获得包含文章目录、封面、封底、题录和全文在内的全部职称评审所需文献材料。

（11）相关知识对象：可查看与该篇文献相关的主题、作者、机构等知识对象。

3.3.4 期刊导航使用流程

期刊导航

3.3.4.1 打开期刊导航界面

点击界面顶部导航区的“期刊导航”链接，或界面上方检索框后的“期刊导航”按钮，均可进入期刊导航界面（图 3-65、图 3-66）。

图 3-65 期刊导航入口

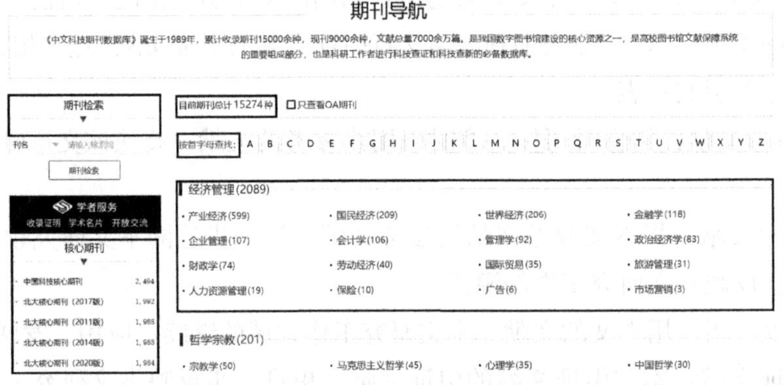

图 3-66 维普数据库期刊导航数据库

（1）期刊检索可以切换检索字段，实现期刊资源的检索；* 平台支持以下检索字段：“刊名”“ISSN”“CN”“主办单位”“主编”“邮发代号”。

（2）聚类筛选平台提供核心期刊导航、国内外数据库收录导航、地区导航、主题导航多种期刊聚类方式，方便用户按需进行切换。

（3）期刊收录显示目前平台期刊收录种数。

（4）按首字母查找可以通过期刊刊名首字母的方式查找期刊。

（5）按学科浏览可以通过学科类别的方式浏览期刊。

3.3.4.2 设定期刊检索条件

期刊导航分为期刊检索查找、期刊导航浏览两种方式。

如果已经有明确的期刊查找对象，建议用户用期刊检索的方式快速定位到该刊；如果没有明确的期刊查找对象，建议用户用期刊导航的方式自由浏览期刊。面对琐碎的信息查找工作，扎实的专业知识、沟通交流能力和耐心是必不可少的。

例 1：使用检索的方式找到期刊《图书情报工作》

在期刊检索面板“刊名”后的文本框内，输入“图书情报工作”，点击“期刊检索”按钮；在期刊检索结果界面，找到目标期刊“图书情报工作”，点击期刊名链接，即可查看该期刊详细信息（图 3-67）。随着社会的发展和进步，信息安全将越来越受到人们的重视。客观地讲，我国作为一个发展中国家，在发展信息安全技术方面取得了举世瞩目的进步，但是与世界先进水平相比，仍存在一些问题需要努力解决，在这个领域，国家仍需要许多高水平人才加入进来。

图 3-67　有关“图书情报工作”的期刊检索范例界面（一）

例 2：使用浏览的方式找到期刊《图书情报工作》

在期刊导航界面右侧的学科细分列表，找到“文化科学”类别下“图书馆学”分类并点击；在期刊列表界面找到目标期刊“图书情报工作”，点击期刊名链接，即可查看该期刊详细信息（图 3-68）。

3.3.4.3　获取目标期刊的相关信息

进入期刊详情页即可获得与该刊相关的各种信息（图 3-69）。

（1）封面目录查看点击即可查看该期刊各期次的封面、封底及目录信息。

（2）发文情况概览查看期刊发文作品详情。

（3）关注期刊点击期刊关注按钮，进入个人中心即可对以往已关注期刊进行查阅。

（4）分享期刊用户可以将自己感觉有价值的期刊快速分享到微信、微博、QQ 等社交平台。

（5）分析报告点击查看期刊计量分析报告，同时支持导出该分析报告。

（6）期刊详情展示查看期刊的详尽信息，包括曾用名、主办单位、ISSN 号等基本信息，以及期刊的获奖情况、国内外数据库收录情况等。

图 3-68　有关“图书情报工作”的期刊检索范例界面（二）

图 3-69　有关“图书情报期刊”的相关信息界面

（7）期刊详情对该期刊的期刊信息，期刊简介和收录情况做了详细的叙述。

（8）收录汇总则是对本期刊的历年收录文献的期次以及每期具体收录内容做一个详细有序的显示。

（9）发表作品则采用文章结果详情的页面结构，对本期刊收录的所有发表文章进行详尽的展示，可以根据搜索和聚类查看自己需求的文章。

（10）发文分析完整透析出本期刊学术成果以及相关发文对象的统计，更能使整个分析数据一键导出 PDF，供用户使用。

（11）评价报告整合近十年来期刊学术评价指标的分析数据，引用期刊领域权威的学术分析指标。

第 4 章　外文数据库

外文文献数据库是传播不同国家、不同地区科学技术的新成果和新思想的主要载体，其涵盖面广、信息量大、文献质量高，能够及时地反映国际重要的科研成果和科研动向。外文数据库是广大科技工作者重要的情报来源，对科研工作起着举足轻重的指导作用，通过中文和外文数据库的有机结合，才能全面掌握科技前沿与动态。在信息化时代，知识和信息呈现出爆炸式增长态势，各个不同学科的文献资料数量均在不断增加，科研工作者们在及时更新自身知识结构的同时，要更加重视对于信息本身的筛选与整合，在进行信息检索时，还要注重信息资源的权威性、时效性、广度和深度。

4.1　Web of Science 数据库

4.1.1　数据库简介

Web of Science（http://isiknowledge.com）是美国汤姆森科技信息集团（Thomson Scientific）公司开发的多学科文献数据库，包括科学引文索引（Science Citation Index，SCI）、社会科学引文索引（Social Sciences Citation Index，SSCI）、艺术与人文科学引文索引（Arts & Humanities Citation Index，A&HCI）三大引文数据库；化学反应（Current Chemical Reactions，CCR）和化合物索引（Index Chemicus，IC）两个化学信息事实型数据库；科学引文检索扩展版（Science Citation Index Expanded，SCIE）、科技会议文献引文索引（Conference Proceedings Citation Index-Science，CPCI-S）和社会科学与人文科学会议文献引文索引（Conference Proceedings Citation Index-Social Science & Humanities，CPCI-SSH）3 个数据库。ISI Web of Science 是三大引文数据库的 Web 版，内容涵盖自然科学、工程技术、社会科学、生物医学、艺术与人文等诸多领域的学术期刊。Web of Science 数据库将检索、分析、写作、投稿等功能整合在一起，帮助用户找到高影响力的文献和会议记录，洞察最新研究发展趋势，寻找并确定在国际范围内的潜在合作者。

4.1.2　检索方法

登录 http://isiknowledge.com 网站，进入该数据库的主界面，如图 4-1 所示。检索途径分为文献检索、作者检索、被引参考文献检索、化学结构检索和高级检索。

图 4-1　Web of Science 主界面

4.1.2.1　检索算符

（1）布尔逻辑算符：AND，表示所连接的两个检索词同时出现于检索结果中；OR，表示检索词之一出现于检索结果中；NOT，表示后面连接的检索词不出现在检索结果中，使用“（）”限定优先执行顺序。

（2）通配符“*”：“*”代表零个或多个字符，gene* 可检索到 gene、genetics、或 generation。“*”前至少要有三个字母，例如可输入 CEL* 进行检索，而 CE* 则不行。

（3）截词符“?”：? 只代表一个字符，en?oblast 可检索到 entoblast 或 endoblast。

（4）短语检索：使用引号“”，例如“Late embryogenesis abundant protein”表示将引号内的内容作为一个词组进行检索，否则数据库默认两个单词的逻辑关系为 AND。

4.1.2.2　文献检索

进入 Web of Science 数据库主页后系统显示默认的基本检索状态，如图 4-2 所示。检索的具体步骤为：首先可以根据需要选择数据库，例如“Web of Science 核心合集”，可点击“+ 添加行”，设置多个检索条件并选择检索字段，点击“+ 添加日期范围”，可限制检索出的文献年份。添加的新字段前会默认出现“AND”逻辑算符，可以根据需要将 AND 运算符改为 OR 或 NOT，使检索内容更加精确，同时在对应的字段中输入相应检索词，最后点击检索。

例如查找主题为“LEA protein”并且出版年为“2018”的文章，检索结果如图 4-3 所示，在界面的左上方可以看到来自所有数据库的检索结果的文章篇数，通过左下方的“精炼检索结果”能够快速确定检索内容的研究领域、方向、文献类型和作者等；

用户可以选择界面中部上方的“相关性”，按照日期、被引频次、使用次数和相关性等顺序排列检索出的文章；在每一篇文章右侧也可以看到该文章的被引频次和使用次数等信息，点击文章链接，可进入该文章的详细信息界面，在界面右侧可以点击相应链接，查看相关记录（图 4-4）。如有需要，用户可点击界面右上方的“分析检索结果”和“引文报告”，再对结果进行分析。

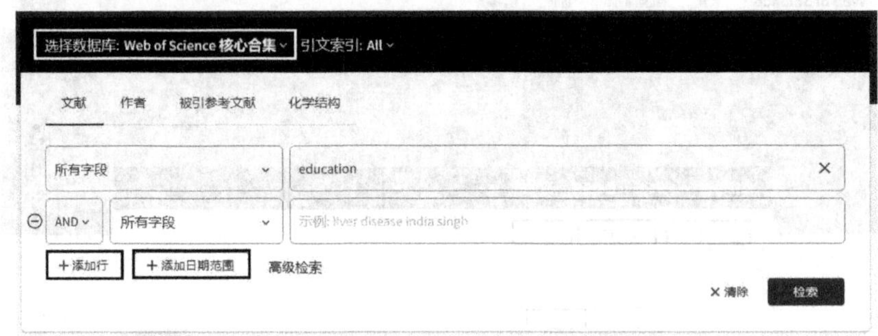

图 4-2　Web of Science 基本检索界面

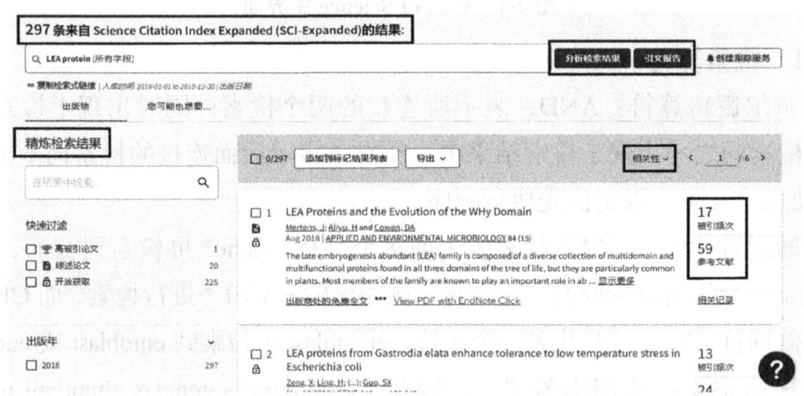

图 4-3　Web of Science 基本检索的检索结果界面

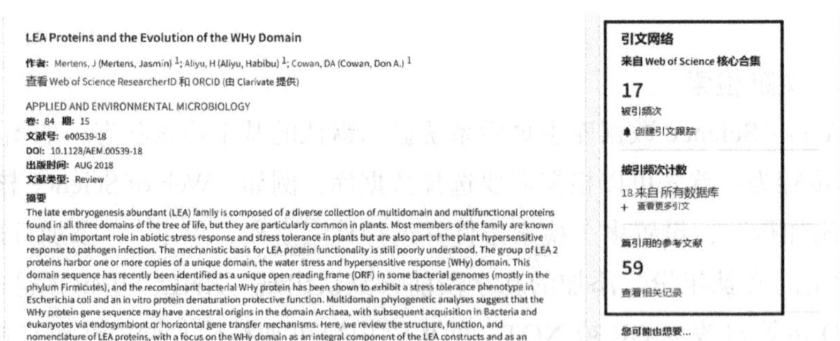

图 4-4　Web of Science 单篇文章详细信息界面

4.1.2.3　高级检索

在 Web of Science 数据库主页点击“高级检索”按钮即进入高级检索界面（图 4-5），需要在检索框中输入检索式再进行检索。点击检索框下方的“检索帮助”，可以更了解高级检索式的输入规则。例如查找作者是 Chen J（包括 Chen Jiaji、Chen Jun-Yuan、Chen Jian、Chen Jian-Xiu 等）的记录，但排除“地址”字段中出现 China 的记录，高级检索式为“AU=Chen J* NOT AD=China”。

随着各种工具、网站的开发，文献检索的形式也变得越来越丰富，发达的互联网上有各种专业的资料库，可以找到任何资料。科学问题的检索看起来容易，实际在搜集资料时，如果要做到精准、快速检索，则需要掌握必要的文献检索技巧，培养良好的文献检索习惯。

图 4-5　Web of Science 高级检索界面

4.1.2.4　期刊引证报告

期刊引证报告（Journal Citation Reports，JCR）依据来自 ISI Web of Science（Science Citation Index Expanded 和 Social Sciences Citation Index）中的引文数据，提供可靠的统计分析方法，对全球学术期刊进行客观、系统地评估，帮助用户以定量的方式了解全球的学术期刊，并且知道某本学术期刊在相应研究领域中的影响力。

如图 4-6 所示，在 Web of Science 主界面最上方的“产品”中，点击“Journal Citation Reports”，进入期刊引证报告。在下方的检索框中输入期刊名称，点击按钮，

图 4-6　期刊引证报告检索界面

网页会跳转到该期刊的详细信息界面，用户可以在这个界面了解到该期刊每年的影响因子、分区和刊载论文总数等重要信息（图 4-7）。

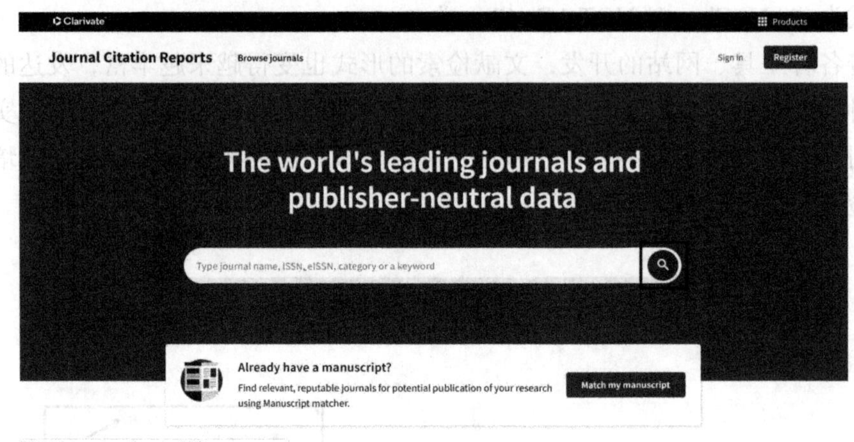

图 4-7　Journal Citation Reports 主界面

4.2　PubMed 数据库

4.2.1　数据库简介

PubMed数据库(http://www.ncbi.nlm.nih.gov/pubmed)是美国国立医学图书馆(NLM)的国家生物技术信息中心（National Center for Biotechnology Information，NCBI）于 1996 年开放的生物医学信息检索系统。PubMed 收录了自 1966 年以来，全球 70 多个国家和地区超过 5600 多种生物医学期刊的摘要，内容涉及生物学、医学、护理学、牙科学、兽医学及卫生保健等。它的内容主要来源于 MEDLINE 和 PreMEDLINE，前者是当今世界上最权威的文摘类医学文献数据库之一，后者是一个临时性生物医学文献数据库。PubMed 的期刊收录范围广、界面简洁、文献报道速度快，且可以免费使用，成为最常用的生物医学方面的论文检索数据库之一。

4.2.2　检索方法

可以由两种方式进入 MEDLINE 的主界面，第一种方式是登录 http://www.ncbi.nlm.nih.gov 网站，进入如图 4-8 所示的 NCBI 主界面，在“all Databases”下拉框中选择“PubMed”，点击“Search”即可进入 PubMed 数据库主界面，如图 4-9 所示；第二种方式是直接登录 https://pubmed.ncbi.nlm.nih.gov 网站，进入 PubMed 数据库主界面。PubMed 数据库分为基本检索和高级检索。

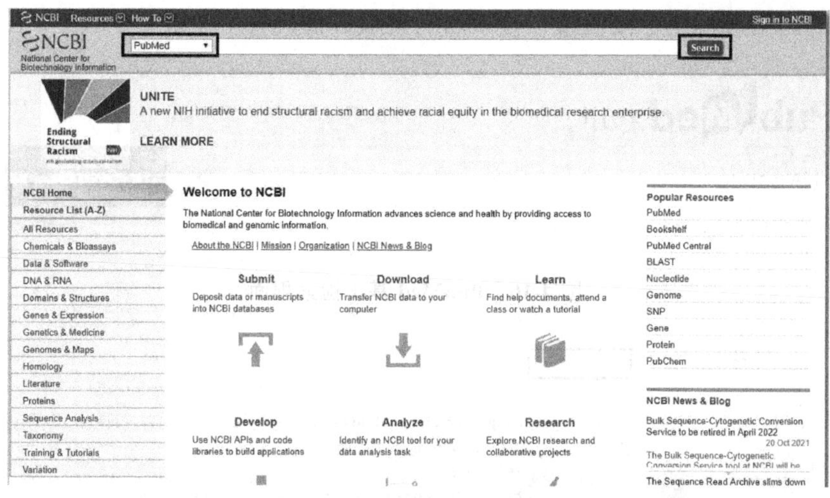

图 4-8　NCBI 主界面（方式一）

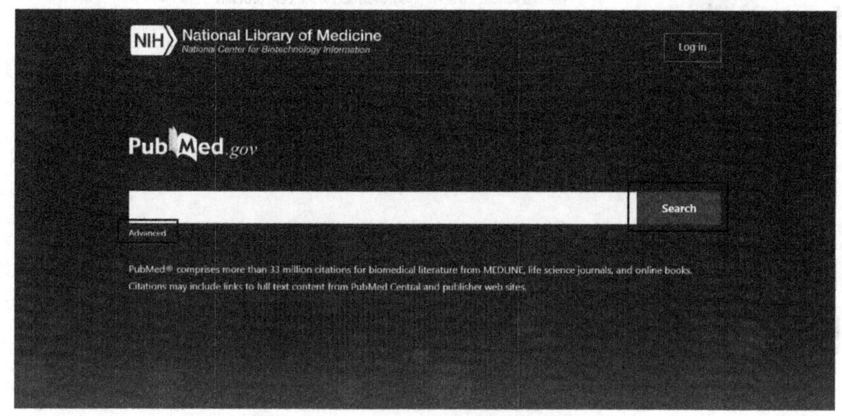

图 4-9　PubMed 主界面（方式二）

4.2.2.1　基本检索

（1）自动词语匹配功能

首先用户可以使用基本检索的自动词语匹配检索功能，自动词语匹配是 PubMed 的特色检索技术，当输入任何一个未加任何限定的检索词时，系统将按照 Mesh 转换表、期刊转换表、短语转换表、作者索引转换表的顺序进行核对、转换、匹配和检索。例如，如图 4-10 所示，用户进入 PubMed 基本检索界面后，在检索框内直接输入搜索内容“LEA protein”，点击“Search”即可检索出相关结果。在图 4-11 的左上角可以看到检索结果的文献数目，有 3213 条。

（2）短语检索

自动词语匹配检索的方法检索出的文献数量虽多，但查准率并不高，所以可以使用短语检索，例如直接在检索框中输入加双引号的“LEA protein”，点击“Search”（图 4-12）。在右下角的“Search details”中可以看到 PubMed 将“LEA protein”作为不能拆分的词组进行全字段检索，检索出的文献数目只有 193 条。

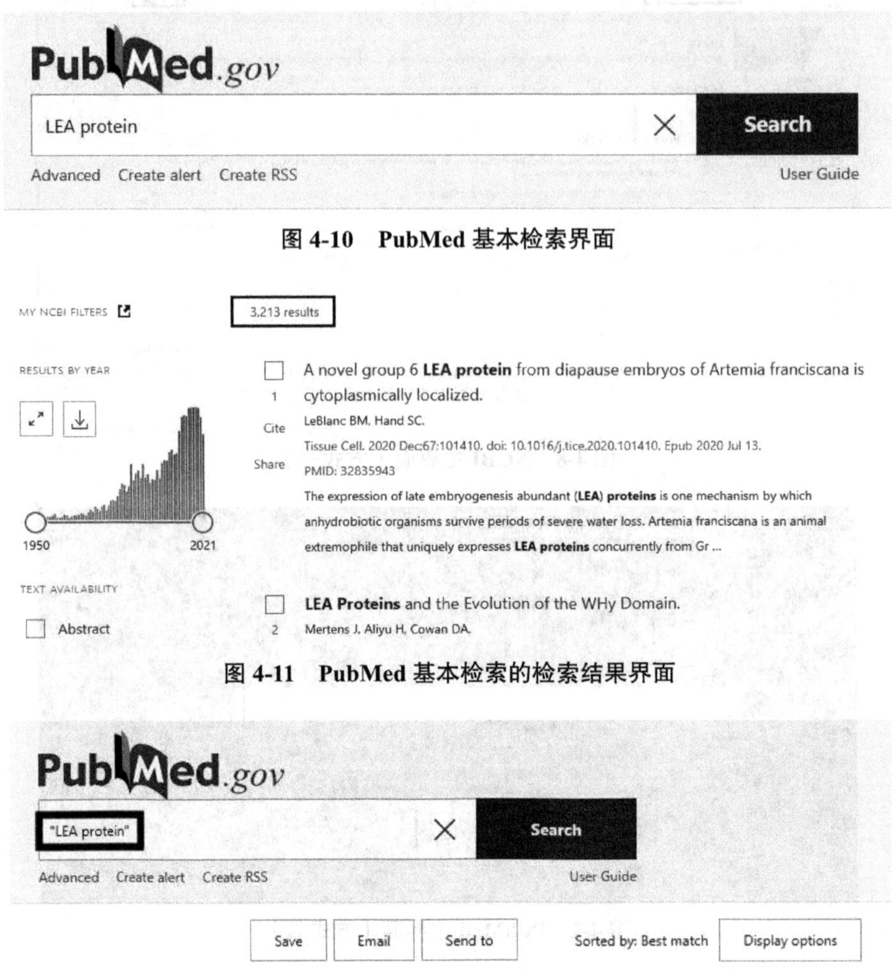

图 4-10 PubMed 基本检索界面

图 4-11 PubMed 基本检索的检索结果界面

图 4-12 PubMed 的短语检索界面

4.2.2.2 高级检索

点击 PubMed 主界面的“Advanced”，进入高级检索（图 4-13）。在“Add terms to the query box”选择字段标识（Affiliation、All fields、Journal 和 Author 等），再输入相应的检索内容，选择布尔逻辑运算符（AND、OR 和 NOT），如果用户想在检索历史的基础上再进行精确检索，可以点击该条记录的“Add”，即可将其加入检索构建器中，最后点击“Search”进行检索。

4.2.2.3 查找全文

在检索结果的界面，每条记录只显示标题、作者、出处和 PMID 号，如果想要了解某篇记录的文摘或者全文，可通过点击蓝色标题查看详细信息。如点击第一条记录，就可以查看该条记录的文摘及关键词等信息。在界面的右上方有全文链接“FULL TEXT LINKS”，点击即可获取全文（图 4-14）。

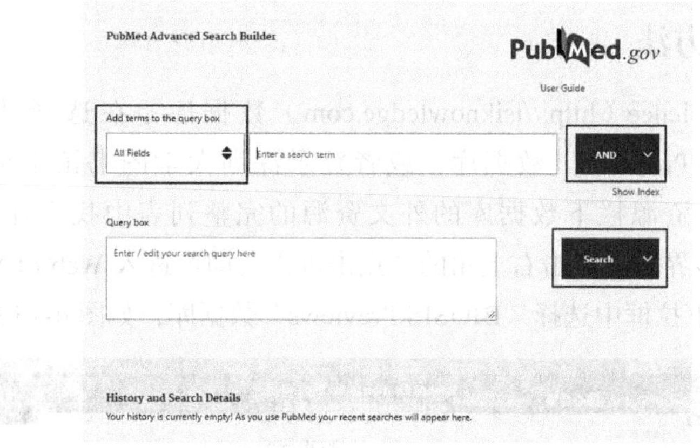

图 4-13　高级检索界面

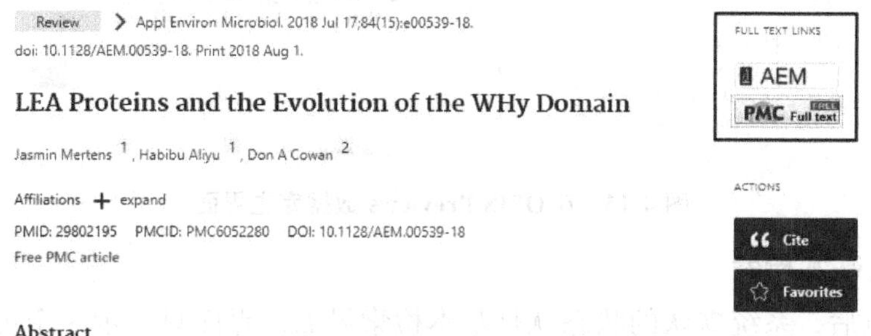

图 4-14　在 PubMed 中获取全文的操作步骤

4.3　BIOSIS Previews 数据库

4.3.1　数据库简介

BIOSIS Previews（BP）数据库是美国生物科学信息服务社（BIOSIS）开发的世界上最大的有关生命科学的文摘和索引数据库，该数据库对应的出版物有《生物学文摘》（Biological Abstracts）、《生物学文摘——综述、报告、会议》（Biological Abstracts/RRM）和《生物研究索引》（BioResearch Index）。BP 数据库收录了世界上 100 多个国家和地区的 5500 多种期刊和 1500 多个会议的会议记录和报告，并且每年大约新增 28 万条记录，涵盖大多数生命科学内容，包括解剖学、细菌学、行为科学、生物化学、生物工程、生物物理、生物技术、植物学、细胞生物学、临床医学、环境生物学、实验医学、遗传学、免疫学、微生物学、职业健康、寄生虫学、病理学、药理学、生理学、公共健康、系统生物学、毒理学、兽医学、动物学等，内容多偏重基础和理论方法的研究，成为生命科学方向常用的数据库之一。

4.3.2 检索方法

登录 Web of Science（http://isiknowledge.com）数据库，在选择数据库的下拉框中选择“BIOSIS Previews”数据库，或者登录深圳大学图书馆主页（http://www.lib.szu.edu.cn），从资源栏下数据库的外文资源的完整列表中找到并点击“BIOSIS Previews”，在跳转界面后点击右上角的“点击进入”即可进入 Web of Science 主页，再在选择数据库的下拉框中选择“BIOSIS Previews”数据库，如图 4-15 所示。

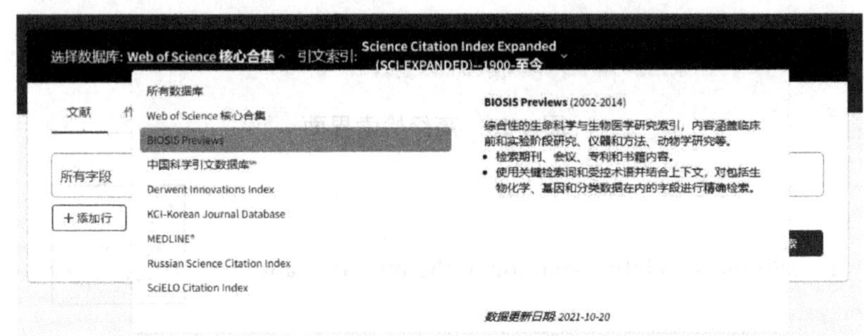

图 4-15 BIOSIS Previews 数据库主界面

4.3.2.1 基本检索

进入主页后，系统默认的状态就是基本检索界面，界面只显示一个可选择的检索字段输入框，可在检索框的下方点击“添加行”增加检索字段。检索步骤为：选择 1 个或者多个字段，输入相应的检索词，在下方的时间跨度选择检索限制日期，最后点击“检索”按钮进行检索，如图 4-16 所示。

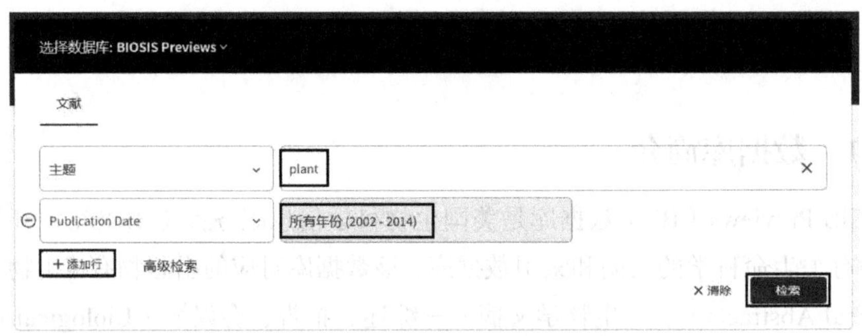

图 4-16 BIOSIS Previews 数据库的基本检索

例如查找 2002 年到 2014 年关于拟南芥的文章，首先在检索框中输入“plant”，默认检索字段为主题，在时间跨度中选择“自定义年份范围”，设置为 2002—2014，直接点击“检索”即可进行检索，检索结果如图 4-17 所示。在检索界面还可以进行精炼检索（二次检索）。在精炼检索结果下的检索框中输入检索词，点击检索按钮进行第二次检索。

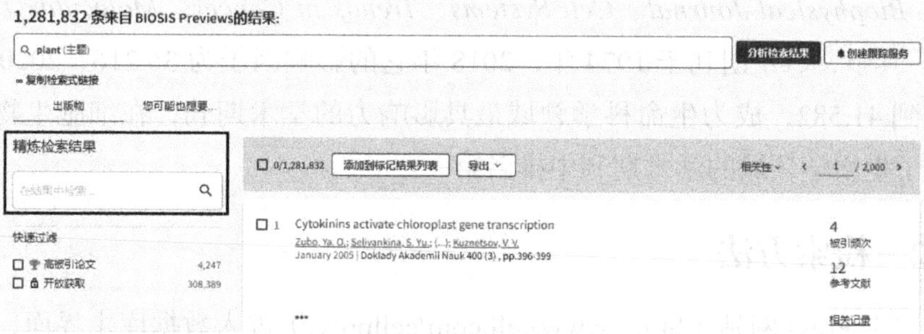

图 4-17　2002—2014 年的有关植物文章的检索结果界面

4.3.2.2　高级检索

点击 BIOSIS Previews 数据库界面的“高级检索”按钮进入高级检索界面。高级检索使用两个字母的字段标识、布尔逻辑运算符（AND、OR、NOT）、括号和检索结果集（在界面底部的“检索历史”中）来创建检索式，还可选择检索框下方的四个组配选项，通过语种和文献类型限制检索结果。

例如：查找 2014 年出版的有关植物的文章，检索式可写为“TS=plant AND PY=2014”，点击“检索”按钮进行检索，如图 4-18 所示。

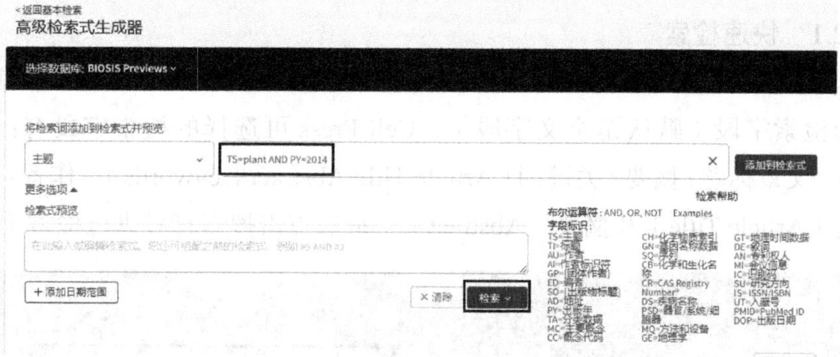

图 4-18　BIOSIS Previews 数据库的高级检索

4.4　Cell Press 数据库

4.4.1　数据库简介

Cell Press 是爱思唯尔（Elsevier）出版集团旗下的生命科学研究出版社，出版的期刊均为生物医学方面的权威学术期刊，例如 *Cell*、*Neuron*、*Immunity*、*Molecular Cell*、*Developmental Cell*、*Cancer Cell*、*Current Biology*、*Structure*、*Chemistry & Biology*、

Cell Metabolism、*Cell Host & Microbe*、*Cell stem Cell*、*The American Journal of Human Genetics*、*Biophysical Journal*、*Cell Systems*、*Trends in Cancer*、*Molecular Therapy* 和 *Chem* 等。其中，*Cell* 创刊于 1974 年，2018 年它的影响因子为 36.216，2020 年它的影响因子达到 41.582，成为生命科学领域最具影响力的学术期刊，在细胞生物学、生物化学和分子生物学领域的学术期刊中排名第一。

4.4.2 检索方法

登录 Cell Press 网站（http://www.cell.com/cellpress）进入数据库主界面，如图 4-19 所示，或登录深圳大学图书馆主页（http://www.lib.szu.edu.cn），从资源栏下数据库及电子期刊的外文资源完全列表中找到“Cell Press（Elsevier）”，点击进入数据库主界面。

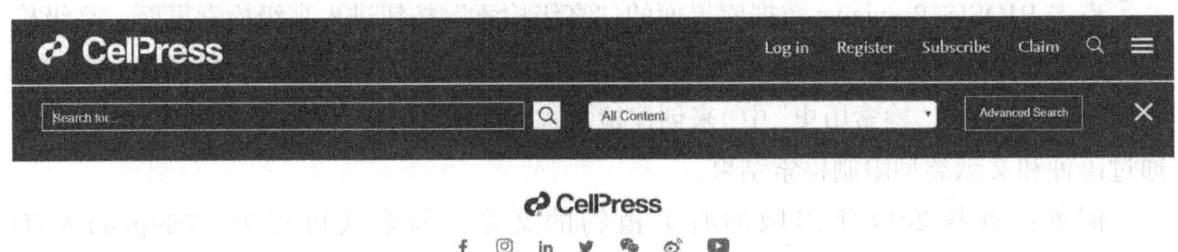

图 4-19 Cell Press 数据库主界面

4.4.2.1 快速检索

快速检索框位于数据库首页的左上方，检索的步骤为：在快速检索框中输入检索词，选择检索字段（默认是全文字段），Cell Press 可选择的检索字段有：全文（All Content）、文章标题 / 摘要 / 关键词（Article Title/Abstract/Keywords）、作者（Authors）、文章标题（Article Title）和摘要（Abstract），最后点击搜索符号进行检索（图 4-20）。

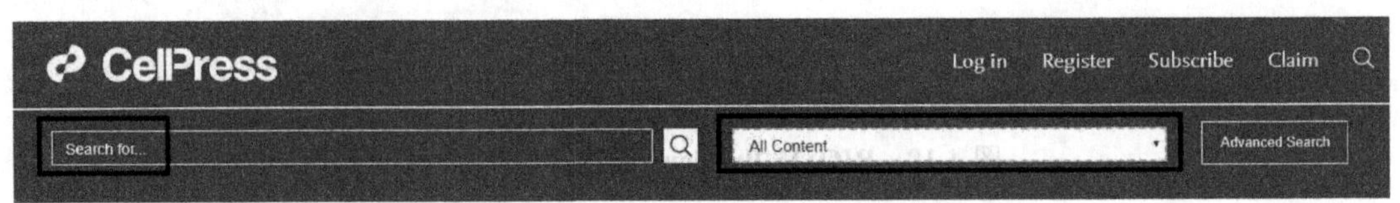

图 4-20 Cell Press 的快速检索界面

4.4.2.2 高级检索

首页的右上方有高级检索“Advanced Search”按钮，点击可进入高级检索界面（图 4-21）。检索步骤为：在“Search Term”中选择检索字段并输入相应的检索词，在“Publication date”中限制出版日期，在“Published in”中选择期刊，最后点击“Search”按钮进行检索。

检索结果的界面如图 4-22 所示，在界面的左上角显示当前检索的关键词及结果数，界面正中是检索结果列表，点击“Download PDF”查看并下载全文。

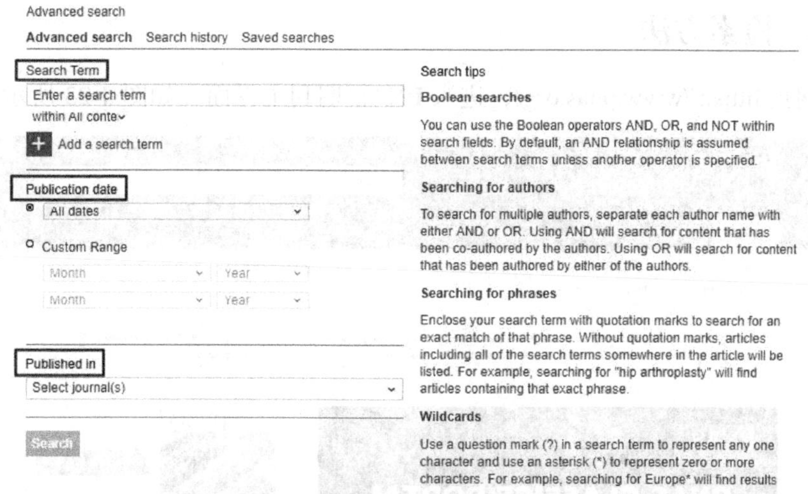

图 4-21　Cell Press 的高级检索界面

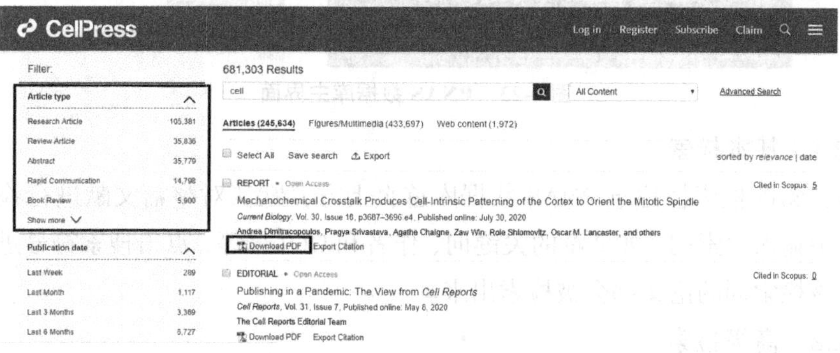

图 4-22　Cell Press 的高级检索结果示例

4.5　PNAS 数据库

4.5.1　数据库简介

PNAS 全称为 *Proceedings of the National Academy of Sciences of the United States of America*，中文名为《美国科学院院报》，创刊于 1914 年。PNAS 是世界上被引用次数最多的综合学科刊物之一，与 *Nature*、*Science* 齐名，主要刊载具有高水平的前沿研究报告、学术评论、学科回顾及前瞻、观点展示、学术论文以及美国科学院学术动态报道等，内容涉及生命、物理和社会科学。其中，美国科学院最初是指美国国会在 1863 年成立的美国科学院，而后随着科学技术的重要性逐渐提升，美国科学院逐渐扩展为国家研究理事会（1916 年）、国家工程院（1964 年）和国家医学研究院（1970 年）。

4.5.2 检索方法

打开网页 https://www.pnas.org/，进入 PNAS 期刊主界面，如图 4-23 所示。

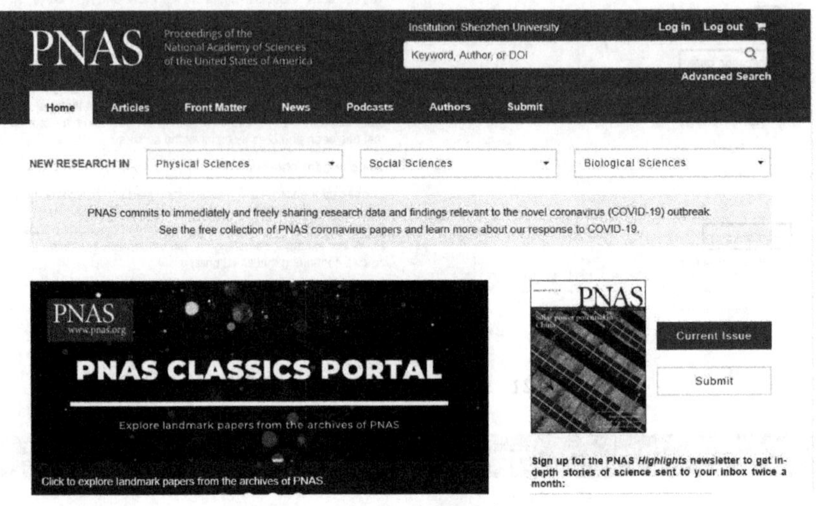

图 4-23 PNAS 数据库主界面

4.5.2.1 基本检索

基本检索的检索框位于 PNAS 数据库首页上方，默认对整篇文献进行检索，直接在检索框中输入检索词，如文章的关键词、作者和 DOI 号等，点击搜索符号进行搜索，只要包含该检索词的论文都会被检索出来。

4.5.2.2 高级检索

点击 PNAS 数据库检索框下方的“Advanced Search”按钮进入高级检索界面，如图 4-24 所示，界面分为四个部分。“Citation”部分可输入文献所在期刊的年、卷、页码和 DOI 号；“Authors，Keywords”部分可以根据需要输入作者、标题和摘要等信息；“Format Results”部分可设置结果显示；“Limit Results”部分可限制时间和文献类型。所有条件设置完成后，点击界面下方的“Submit”进行检索。

4.6 ScienceDirect 数据库

4.6.1 数据库简介

ScienceDirect 是全球著名的科技全文数据库之一，收录了数学、物理、化学、天文学、医学、生命科学、商业及经济管理、计算机科学、工程技术、能源科学、环境科学、材料科学、兽医学、社会科学等 4 大类 24 个学科的超过 2500 多种期刊，全文文献数

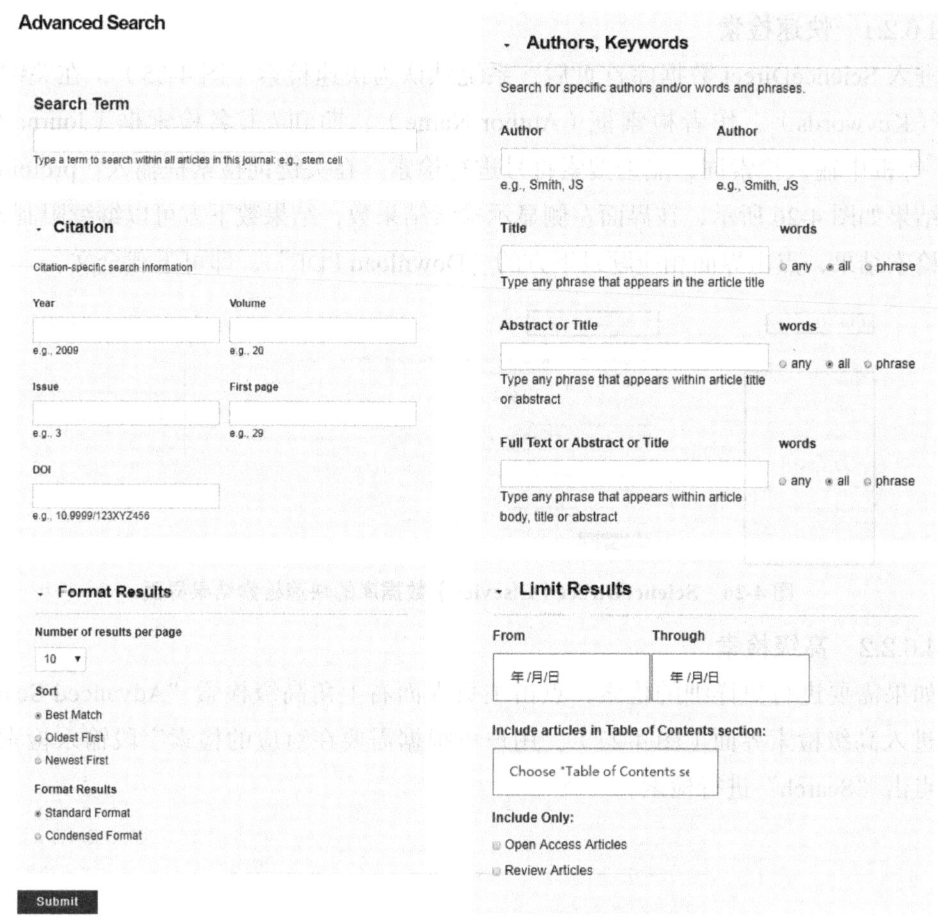

图 4-24　PNAS 数据库的高级检索界面

量超过 1100 万篇。ScienceDirect 是由荷兰的全球著名学术期刊出版社 Elsevier 将其公司旗下出版的期刊和图书数字化得到的全文数据库，它的使用界面直观友好，用户可快速链接到 Elsevier 出版社丰富的电子资源，如期刊全文、单行本电子书、参考工具书、手册以及图书系列等。

4.6.2　检索方法

打开网页 https://www.sciencedirect.com/，进入数据库主界面。从资源栏下数据库及电子期刊的外文资源完全列表中找到“ScienceDirect（Elsevier）”，点击进入数据库主界面。主界面提供快速检索区和高级检索“Advanced Search”（图 4-25）。

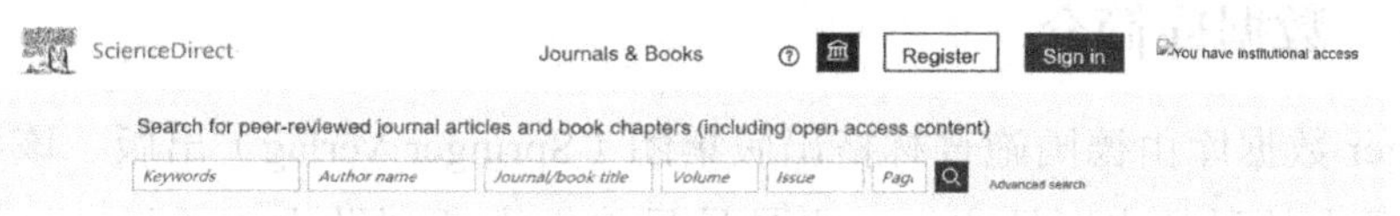

图 4-25　ScienceDirect（Elsevier）数据库主界面

4.6.2.1 快速检索

进入 ScienceDirect 数据库首页后，系统默认为快速检索（图 4-25），在关键词检索框（Keywords）、作者检索框（Author Name）、期刊 / 书名检索框（Journal/book title）等框中输入检索词，点击搜索符号进行检索。在关键词检索框输入“protein”，检索结果如图 4-26 所示，在界面左侧显示检索结果数，结果数下方可以继续限制条件，精炼检索结果，点击界面相应题录下方的“Download PDF”，即可下载全文。

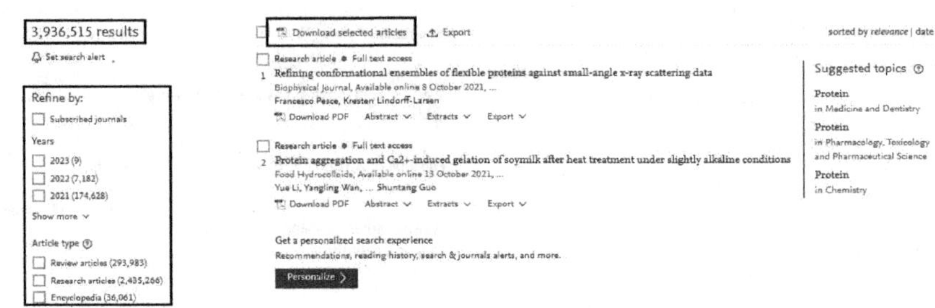

图 4-26 ScienceDirect（Elsevier）数据库的快速检索结果界面

4.6.2.2 高级检索

如果需要进行更详细的检索，点击主页界面右上角高级检索“Advanced Search”按钮进入高级检索界面（图 4-27）。用户可根据需要在对应的检索字段输入检索词，最后点击“Search”进行检索。

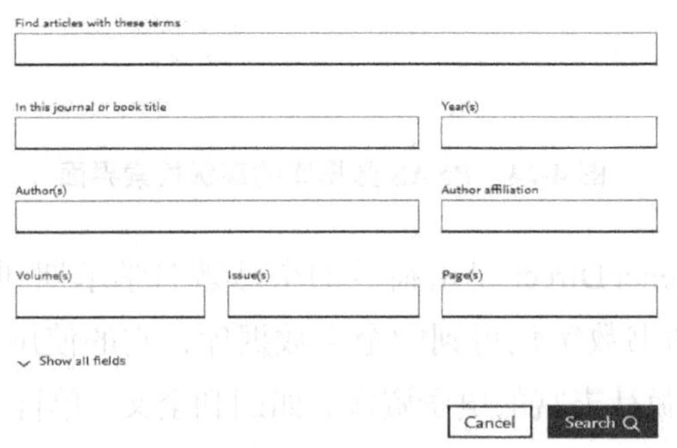

图 4-27 ScienceDirect（Elsevier）数据库的高级检索界面

4.7 Springer 电子期刊数据库

4.7.1 数据库简介

Springer 数据库由德国施普林格出版集团（Springer Verlag）出版。该出版集团既是世界上最大的科技出版社之一，也是最早将纸本期刊做成电子版发行的出版社。

Springer 数据库具有完备的科学、技术和医学在线资源，收录文献超过 800 万篇，包括图书、期刊、参考工具书和实验指南等，内容涉及生命科学、医学、数学、化学；材料科学、计算机科学、地球；环境科学、工程学、物理；天文学、行为科学、商业经济；人文社科等 25 个学科。

4.7.2　检索方法

打开网页 https://link.springer.com/，从资源栏的数据库及电子期刊的外文资源完全列表中找到“Springer 电子期刊”，点击进入数据库主界面（图 4-28）。数据库主界面主要分为三个区，分别为检索区（上方）、学科分类区（左下方）和内容类型区（右下方），在学科分类区和内容类型区点击各自相关的链接按钮可进入相应界面。

图 4-28　Springer 电子期刊数据库主界面

4.7.2.1　简单检索

进入 Springer 电子期刊数据库主界面后系统显示默认的简单检索状态，在数据库主界面上方的检索框输入检索词或检索式，点击搜索符号进行检索。

例如查找 LEA 蛋白相关的文章，在检索框中输入“LEA protein*”，点击检索，检索结果如图 4-29 所示，检索结果数有 17006 条，结果内容广泛，用户可根据需要点击界面左侧“Refine Your Search”下方的“Content Type”（内容类型）、“Discipline”（学科）、“Subdiscipline”（子学科）和“Languague”（语言）选项下的相关按钮，精炼检索结果，结果排序方式可选择“Sort By”右边的“Relevance”（相关性）、“Newest First”（最新发表）、“Oldest First”（最早发表）和“Date Published”（出版日期）。

4.7.2.2　高级检索

主界面的简单检索框右侧有个设置按钮（图 4-29），左键单击此按钮，在下拉框中选择“Advanced Search”即可进入高级检索界面（图 4-30）。在高级检索界面的检索框中输入相应的检索词，选择发布的时间，点击“Search”按钮后即可获得检索结果。

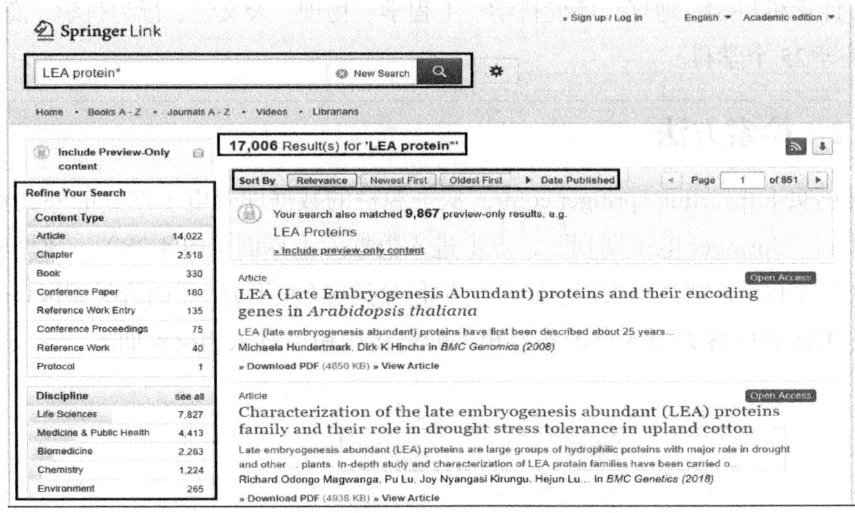

图 4-29　Springer 电子期刊数据库基本检索结果界面

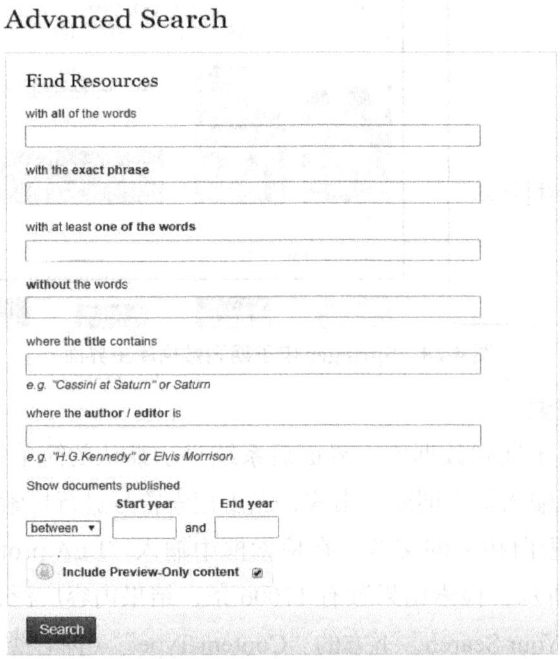

Advanced Search

Find Resources

with all of the words

with the exact phrase

with at least one of the words

without the words

where the title contains

e.g. "Cassini at Saturn" or Saturn

where the author / editor is

e.g. "H.G.Kennedy" or Elvis Morrison

Show documents published

Start year　End year

between　and

Include Preview-Only content

Search

图 4-30　Springer 电子期刊数据库高级检索界面

4.7.2.3　书籍与期刊检索

在主界面的简单检索框下方，点击图 4-31 中的“Journal A-Z”按钮可快速进入期刊检索，跳转界面后首先选择需要查找到的期刊首字母，选中并点击进入期刊的主界面，如图 4-32 所示，在右上方的检索框中输入检索词，即可在期刊内进行检索。

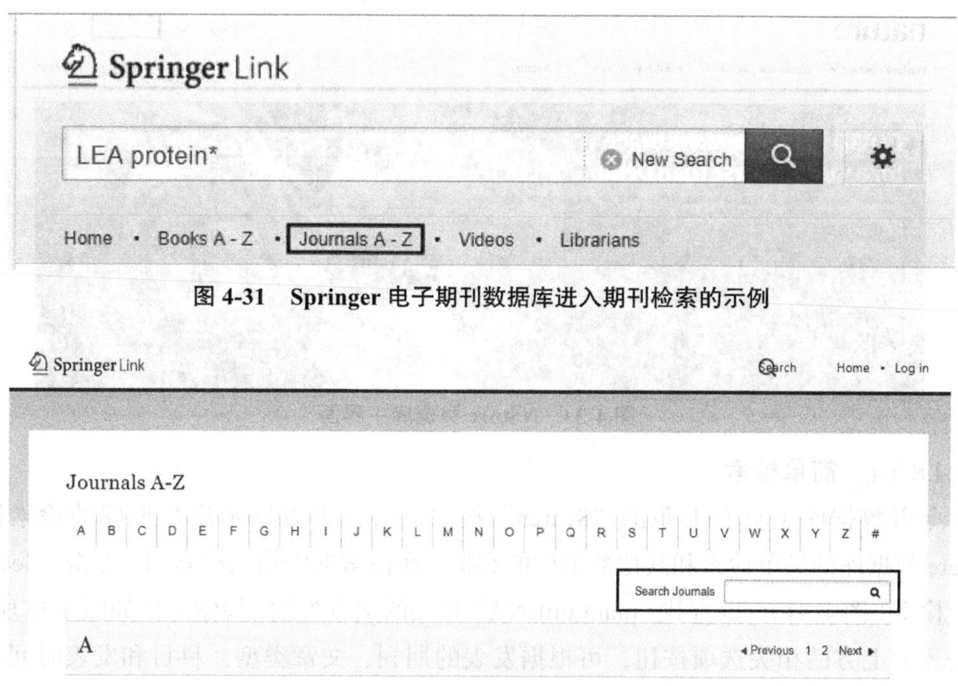

图 4-31　Springer 电子期刊数据库进入期刊检索的示例

图 4-32　Springer 电子期刊数据库期刊检索界面

4.8　*Nature* 周刊及相关出版物

4.8.1　数据库简介

英国的《自然周刊》（*Nature Weekly*）创刊于 1869 年，是历史悠久、全球知名的科学期刊之一。*Nature* 周刊一直致力于出版最优质的各学科研究成果，已连续 8 年在多学科领域影响因子排名第一，是国际性、跨学科的周刊类科学杂志。截至 2020 年，*Nature* 已经创立了 51 个冠名《自然》的系列期刊（*Nature* Branded Journals），俗称 *Nature* 子刊。*Nature* 子刊的起步高，自创刊就产生巨大的影响力，在一个或多个学科分类中排名第一的 *Nature* 子刊高达 22 个，在影响因子排名前 20 的期刊中，有 10 种都是 *Nature* 子刊。根据研究的类型，*Nature* 子刊可分为研究型和综述型期刊，其中研究型期刊有 31 个，多为原创性研究报告，综述型期刊有 20 个，多为重要研究工作的综述或评论。

4.8.2　检索方法

点击进入 Nature 数据库主界面（图 4-33）。

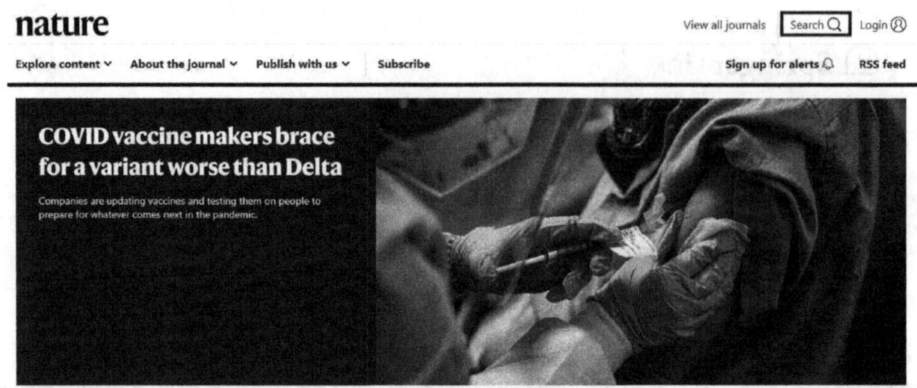

图 4-33　Nature 数据库主界面

4.8.2.1　简单检索

点击数据库主页右上角的“Search”按钮，会在下方展示出数据库的检索区，Nature 数据库的简单检索和其他数据库的类似，在检索框中输入检索词，点击“Search”进行检索（图 4-34）。以查找“plant miRNA”相关的文章为例，检索结果如图 4-35 所示，点击界面上方的相关选项按钮，可根据发表的期刊、文章类型、科目和发表时间进一步筛选结果。

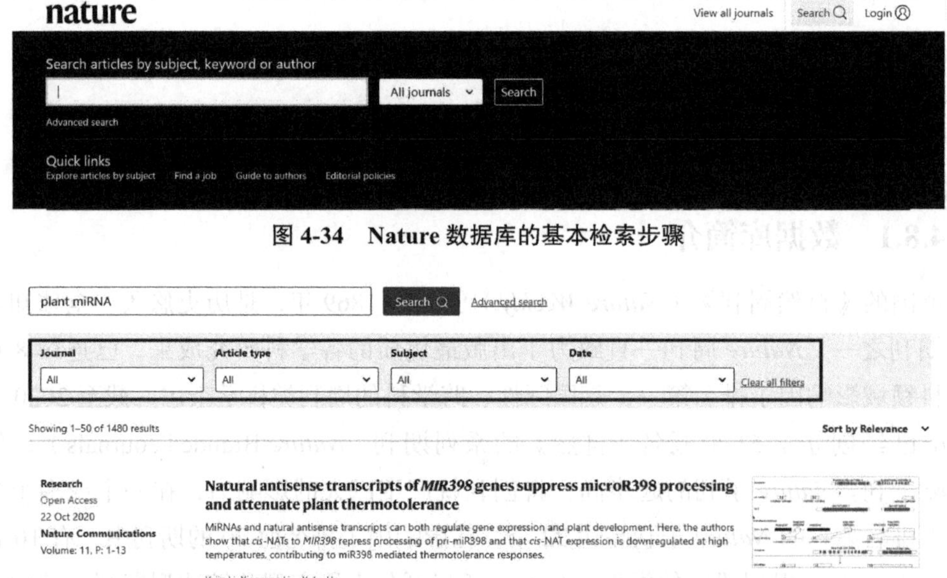

图 4-34　Nature 数据库的基本检索步骤

图 4-35　Nature 数据库以“plant miRNA”为例的基本检索结果示例

4.8.2.2　高级检索

如果需要进行更详细的检索，点击简单检索框下面的“Advanced search”按钮进入高级检索界面（图 4-36），用户可根据需要在对应的检索字段输入对应的检索词，最后点击“Search”进行检索。

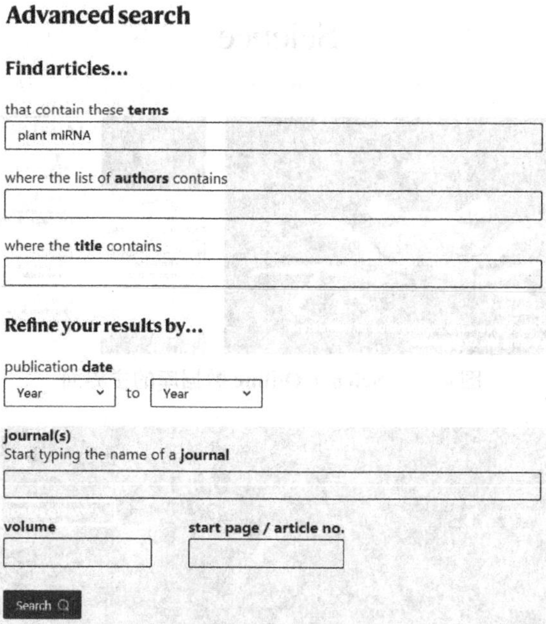

Advanced search

Find articles...

that contain these **terms**

plant miRNA

where the list of **authors** contains

where the **title** contains

Refine your results by...

publication **date**

Year to Year

journal(s)

Start typing the name of a **journal**

volume **start page / article no.**

Search

图 4-36　Nature 数据库的高级检索步骤

4.9　Science Online 数据库

4.9.1　数据库简介

Science Online（科学在线）是《科学》杂志的网络数据库，由美国科学促进会（American Association for the Advancement of Science，简称 AAAS）出版，内容涉及生命科学及医学、自然科学、工程学，以及部分人文社会科学。数据库包括 *Science*、*Science Now*、*Science Next Wave*、*Science Careers*、*Science E-marketplace* 等多个期刊。*Science* 由爱迪生于 1880 年创建，既是国际学术界著名的综合性科学期刊，也是 Science Online 最主要的部分，它的影响因子在所有科技类出版物中排名第一。Science Online 数据库收录了 *Science* 自 1997 年至今的所有期刊，内容涉及自然科学各个领域。

4.9.2　Science Online 数据库的主界面

登录深圳大学图书馆主页（http://www.lib.szu.edu.cn），从资源栏下数据库及电子期刊的外文资源完全列表中找到“Science Online 数据库”，点击进入数据库主界面（图 4-37），点击数据库下方的相应选项即可浏览其下包含的资源。基础检索从点击右上角“SEARCH”进入（图 4-38）。

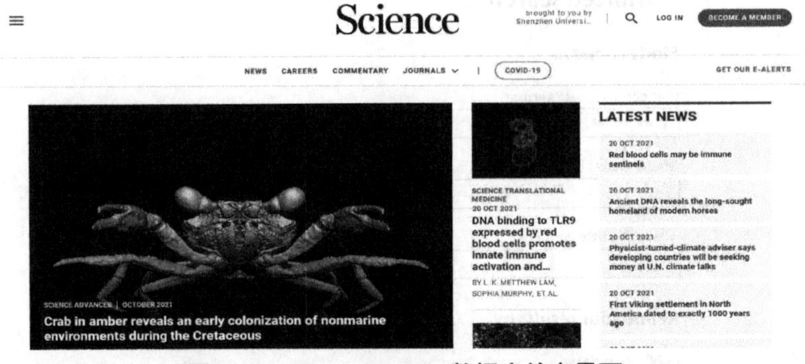

图 4-37　Science Online 数据库的主界面

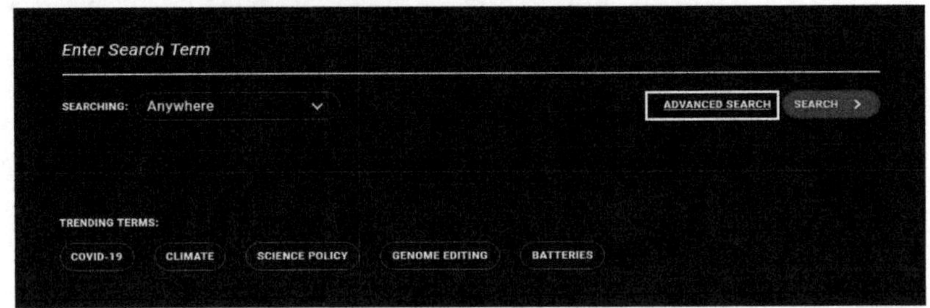

图 4-38　Science Online 数据库的基础检索界面

4.9.3　Science Online 数据库的高级检索

Science Online 数据库的检索方式与其他数据库类似，这里简单介绍一下该数据库的高级检索。点击界面右上角的“SEARCH”按钮即可出现该数据库的高级检索“ADVANCED SEARCH”按钮，点击进入高级检索界面（图 4-39）。在界面上方的检索框中输入检索词或检索式，选择界面左侧的“FILTERS”下方选项限制检索范围，点击“SEARCH”按钮进行检索，点击界面右上角“RELEVANCE”，用户可以根据需要选择检索结果的排序方式，再点击检索结果的链接即可查看全文。

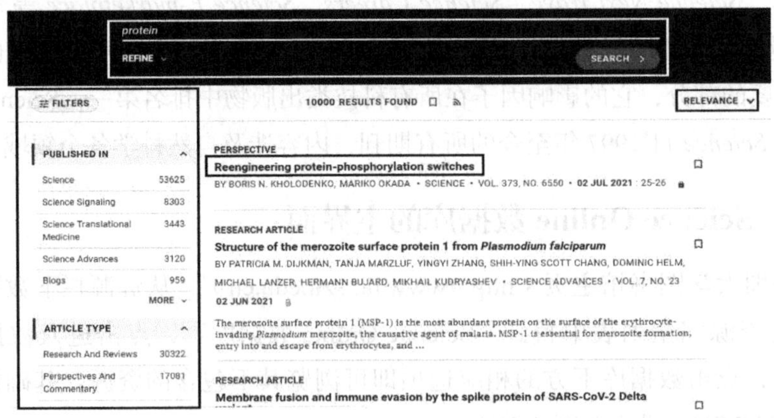

图 4-39　Science Online 数据库的高级检索界面

第 5 章　特种文献检索

5.1　会议文献检索

5.1.1　会议文献的概念

会议文献有广义和狭义两层含义，广义是指学术会议上产生的各种文献，包括会议论文、会议期间的有效文件、报告、讨论稿及征求意见稿之类的文献；狭义的会议文献一般仅指会议论文。这里所说的会议文献的概念，即专指会议论文。

许多专家学者喜欢通过学术会议发布自己的最新研究成果，因此，从大量会议征文中筛选出来的会议论文一般内容比较新颖、时效性强、专业性强、学术性强，往往能代表本学科领域的学术水平和最新发展动向。

5.1.2　会议文献检索

5.1.2.1　中国知网会议论文库

直接在浏览器输入网址（https://www.cnki.net/）进入中国知网（图 5-1），在检索框下点击“会议”即可进入会议论文全文数据库检索界面（图 5-2）。

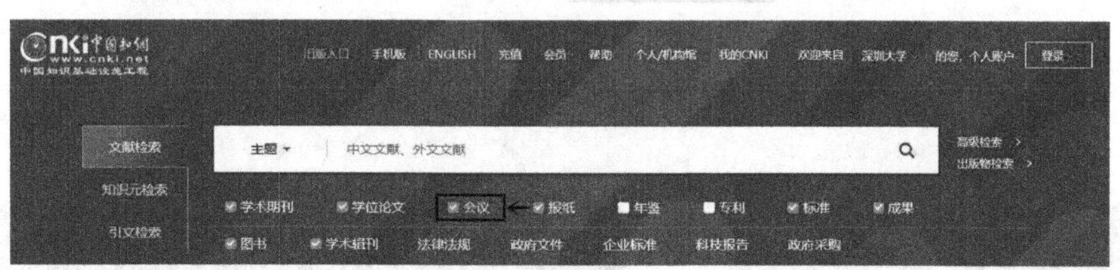

图 5-1　中国知网主界面

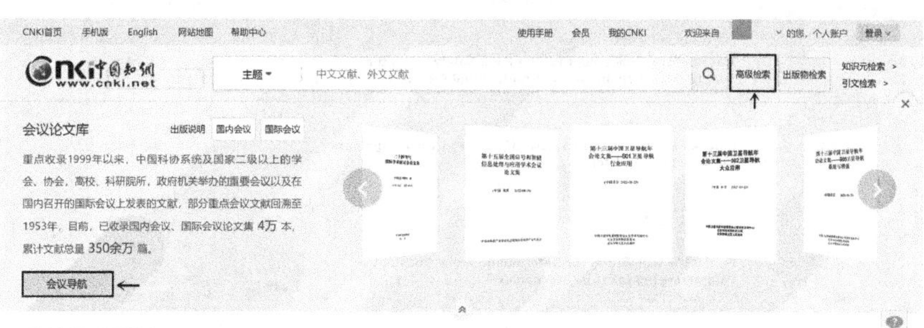

图 5-2　中国知网会议论文全文数据库检索界面

中国知网会议论文库包括《中国重要会议论文全文数据库》和《国际会议论文全文数据库》，收录中国科协、国家二级以上学会、高校、科研院所和政府机关举办的重要国内会议和国际会议上发表的文献，目前共收录国内和国际会议论文集4万本，累计文献总量340余万篇。因此，在检索会议论文时，中国知网会议论文库不失为一种有用的检索工具。

在数据库检索界面上方分别有“高级检索”“专业检索”“作者发文检索”“句子检索”和“一框式检索”按钮，以中国知网会议论文库的高级检索为例，用户可根据需求在检索框内输入特定的检索条件。例如，检索关于“生物技术”2015—2020年的国际会议文献，如图5-3所示，在会议时间的检索框内，选择“2015-01-01”和“2020-12-31”；会议名称的检索框内输入“生物技术”，会议级别上选择“国际”，最后再点击右下方的“检索”按钮即可进行检索，检索结果如图5-4所示，用户可点击感兴趣的会议文献题录，查看全文或者全文下载。

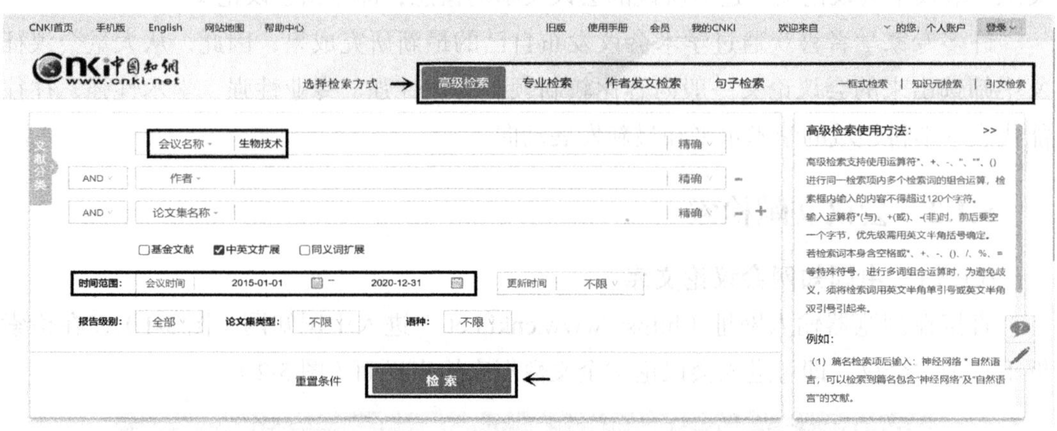

图 5-3　有关“生物技术”国际会议文献检索举例界面

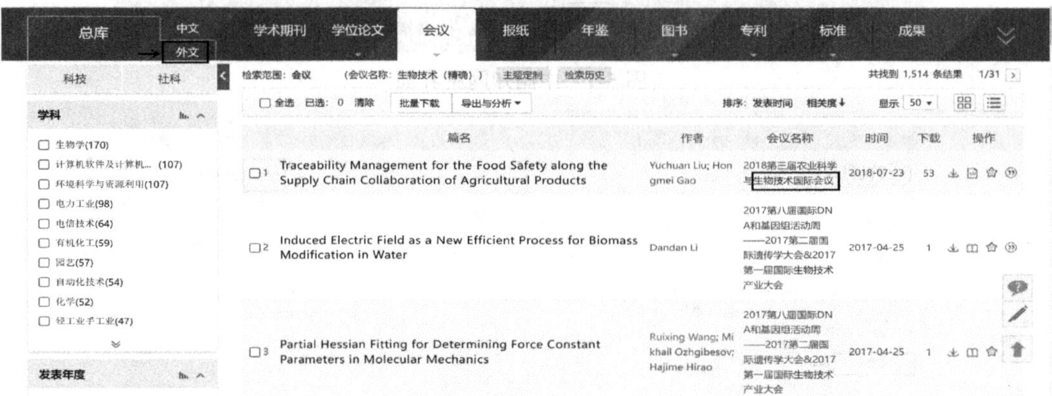

图 5-4　有关“生物技术”国际会议文献检索结果界面

5.1.2.2　中国学术会议文献数据库（China Conference Proceedings Database）

随着社会的发展和进步，信息库在不断更新，搜索引擎在不断优化。想要了解的内容存在不同的数据库之中，需要提升通过各种方式掌握信息的能力。与此同时，怎样合理运用各种不同的数据库，怎样辨别数据信息的有用性等要求我们要不断提升自身的思维能力和辨别能力，在不被信息时代淘汰的同时能够积极参与到时代发展的潮流中。会议文献除了可以在中国知网中检索以外，还能在很多数据库中进行检索，如中国学术会议文献数据库，具体操作方法如下。

直接在浏览器输入网址（http://c.wanfangdata.com.cn/conference）即可进入中国学术会议文献数据库（图 5-5），该数据库的会议资源包括中文会议和外文会议，外文会议主要来源于 NSTL 外文文献数据库。截至 2021 年，收录的学术会议论文全文共计 766 万篇，并以每年 20 余万篇的速度增加。

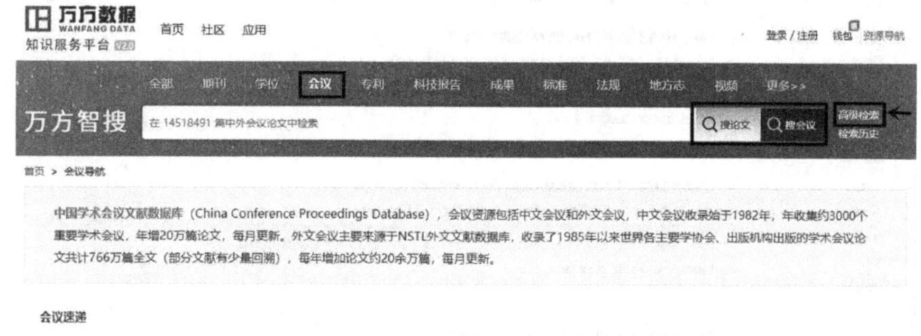

图 5-5　中国学术会议文献数据库首页

用户在使用该数据库进行会议文献的检索时，可以点击检索框右侧的“高级检索”按钮进入高级检索界面，以得到更准确的检索结果（图 5-6）。在该界面，用户还可以根据需要选择高级检索、专业检索或者作者发文检索。

图 5-6　中国学术会议文献数据库高级检索界面

该数据库检索方法与中国知网类似，以检索有关 2015 年至今发表的主题为生物工程的会议文献为例，如图 5-7 所示，在主题的检索框内输入“生物工程”，在发表时间上选择“2015”和“至今”，最后点击“检索”按钮，即可获得图 5-8 所示的检索结果。

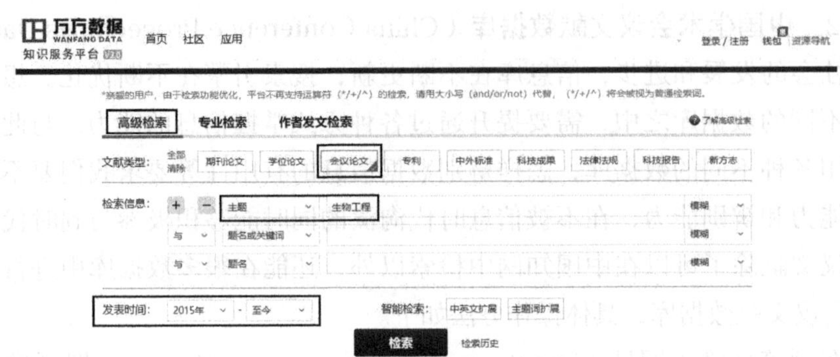

图 5-7 中国学术会议文献数据库高级检索示例

图 5-8 中国学术会议文献数据库高级检索结果示例

5.2 学位论文检索

5.2.1 学位论文的概念

学位论文是高等院校或者研究机构的学生为取得学位资格而提交的学术性研究论文。学位论文一般分为三种，即学士论文、硕士论文和博士论文，其中，硕士论文和博士论文一般是在导师指导下经过较长时间的研究完成，而且要经过相应研究领域的专家审查，具有一定的独创性和学术价值，是一种重要的信息资源。

5.2.2 学位论文检索

5.2.2.1 中国知网学位论文全文数据库

中国知网学位论文全文数据库是国内资源完备、质量上乘、检索简便、出版迅速且动态更新的中国博硕士学位论文全文数据库。该数据库包括《中国博士学位论文全文数据库》和《中国优秀硕士学位论文全文数据库》两部分，收录了 500 余家博士培养单位的博士学位论文共计 40 余万篇和 780 余家硕士培养单位的硕士学位论文共计 450 余万篇，最早可回溯至 1984 年，内容覆盖基础科学、工程技术、农业、医学、哲学、人文和社会科学等领域。

直接在浏览器地址栏输入 https://kns.cnki.net/kns8?dbcode=CDMD，进入中国知网主界面（图 5-9）。

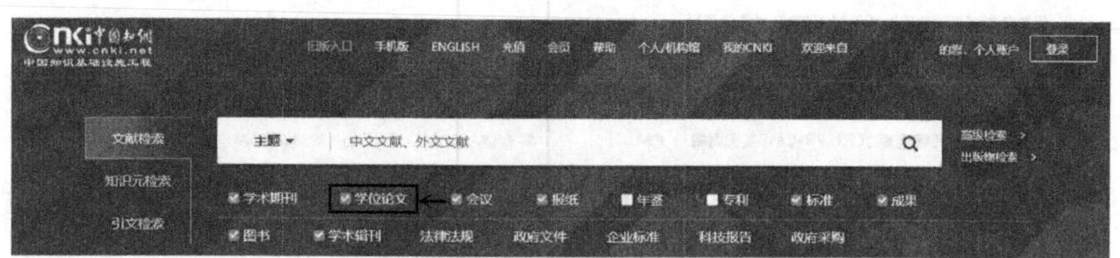

图 5-9　中国知网主界面

在中国知网学位论文全文数据库检索界面（图 5-10）的右上方点击“高级检索”，也可选择“专业检索”“句子检索”等不同检索方式。以检索学位授予单位为“深圳大学”，主题与“基因”相关的学位论文为例（图 5-11），以“主题”为检索项，在检索框里输入“基因”，在学位单位的检索框里输入“深圳大学”，最后点击右下方的“检索”按钮即可开始检索，检索结果如图 5-12 所示。

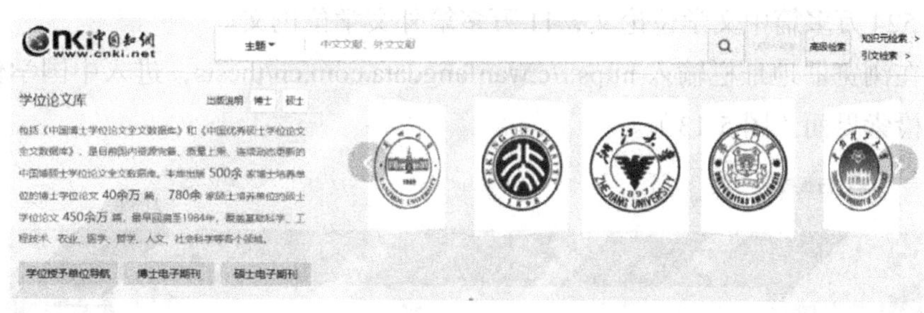

图 5-10　中国知网学位论文全文数据库检索界面

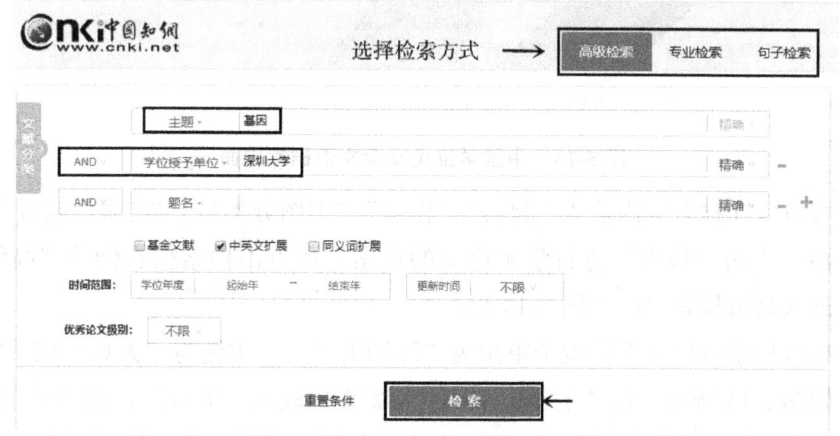

图 5-11　中国知网学位论文全文数据库高级检索示例

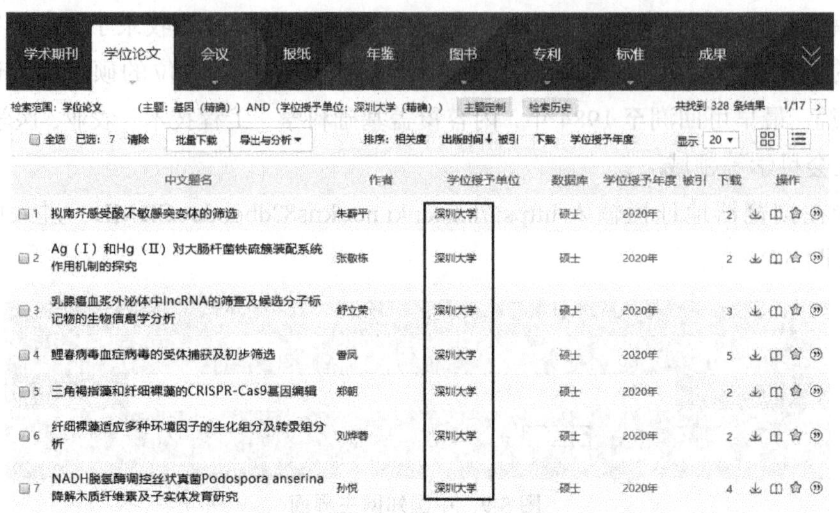

图 5-12 中国知网学位论文全文数据库检索结果示例

5.2.2.2 中国学位论文全文数据库

中国学位论文全文数据库由万方数据股份有限公司出版，除中文学位论文外，也收录了部分外文学位论文。数据库内容覆盖各个学科，包含基础科学、理学、工业技术、人文科学、社会科学、医药卫生、农业科学、交通运输、航空航天和环境科学等。目前收录 524 万多篇中文学位论文，11 万多篇外文学位论文。

直接在浏览器地址栏输入 https://c.wanfangdata.com.cn/thesis，进入中国学位论文全文数据库检索界面（图 5-13）。

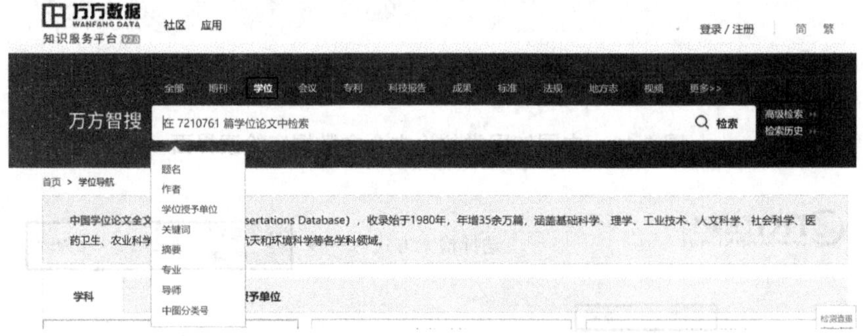

图 5-13 中国学位论文全文数据库界面

用户可直接在检索框内输入“题名”“作者”“中图分类号”“专业”或者“关键词”等相关字段，点击“检索”进行学术论文的检索，或点击检索框右侧的“高级检索”按钮进行进入高级检索界面（图 5-14）。

万方高级检索以检索学位授予单位为“深圳大学”，主题与“大豆”相关的学位论文为例，如图 5-15 所示，在“主题”字段的检索框内输入“大豆”，在“学位 - 学位授予单位”字段的检索框输入“深圳大学”，点击“检索”按钮即可得到检索结果（图 5-16）。

图 5-14　中国学位论文全文数据库高级检索界面

图 5-15　中国学位论文全文数据库检索示例

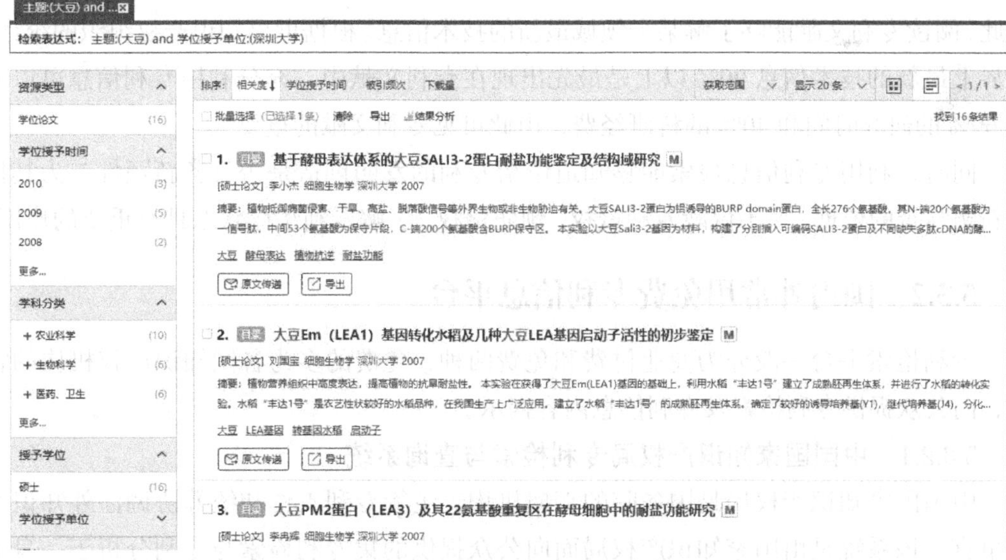

图 5-16　中国学位论文全文数据库检索结果示例

5.3 专利文献检索

5.3.1 专利与专利文献

5.3.1.1 专利

专利是一个国家对本国或外国科学技术领域中的发明用法律给予保护，凡获得此种保护权力的发明称为专利。这种保护权利不是永久的，专利申请人只有在一定时间范围内享有专利权。有时人们也把专利文献称为专利。专利实质上是一种知识产权，这种知识产权的所有人原则上可以使用和处理其财产，他人未经许可而使用其财产的行为是非法的。科学是神圣的，从事科学研究是一项神圣且艰难的工作，每一项成果的背后都是一个或多个研究者辛勤的汗水，我们应该尊重他人的劳动成果，不盗版、不抄袭。事物在发展，研究需紧随，保护研究者的成果，更是保护一颗热爱科研的心。专利就是保护他人知识产权的其中一种方式。

5.3.1.2 专利文献

专利文献有广义和狭义之分。广义的专利文献包括专利申请、审批过程产生的各种文件以及专利工具书等；狭义的专利文献则专门指专利说明书。通常所说的专利文献，一般取其狭义概念。专利的种类在不同的国家有不同规定，中国专利分为发明专利、实用新型专利和外观设计专利三种。

专利文献具有实用性、新颖性和创造性，它能够及时地反映发明成果，具有标准化的编写格式，且能够详细地说明和介绍专利中每一个具体的技术细节和工艺过程。因此，阅读专利文献能够了解某个领域最新的技术信息。根据世界知识产权组织的统计，世界上最新的技术信息 90% 以上是最先出现在专利文献中，充分利用专利信息可以节约 60% 的研究时间和 40% 的科研经费，由此可见专利文献的重要性。

同时，利用专利信息检索能够知道申请专利的发明创造是否具备新颖性，为其提供新颖与否的依据，对于保障专利授权、预防侵权、了解专利法律状态具有重要的作用。

5.3.2 国内外常用免费专利信息平台

专利检索平台一般分为商业付费和免费两种，免费的多为各国知识产权机构的官网，向公众提供专利检索及专利信息内容揭示。

5.3.2.1 中国国家知识产权局专利检索与查询系统

中国国家知识产权局是国务院的直属机构，主管专利工作和统筹协调涉外知识产权事宜。该系统是由国家知识产权局面向公众提供的集专利检索与专利分析于一身的免费综合专利服务系统。系统涵盖了 1985 年 9 月 10 日以来我国公布的全部中国专利信息，并提供各种说明书全文及外观设计图形。此外，网站还收录了 103 个国家、地区和组织的专利数据，以及引文、同族、法律状态等数据信息，涵盖了中国、美国、日本、韩国、英国、法国、德国、瑞士、俄罗斯、欧洲专利局和世界知识产权组织等。数据每周更新一次。

打开浏览器，输入网址：http://www.cnipa.gov.cn/ 即可进入中国国家知识产权局（China National Intellectual Property Adminstration，CNIPA）的主界面（图 5-17）。使用前先注册账号，登录后可进行常规检索、高级检索、导航检索、药物检索、命令行检索和专利分析等。

图 5-17　中国国家知识产权局主界面

（1）用户注册

鼠标下滑图 5-17 页面至“政务服务”板块，在“专利”部分点击“专利检索”，进入“使用前必读”页面后点击“同意”，即可进入专利检索及分析系统（Patent Search and Analysis of SIPO）主界面（图 5-18）。用户可在系统界面右上方点击“免费注册”链接进行用户注册，注册后可使用该系统的全部功能。

图 5-18　专利检索及分析系统主界面

（2）常规检索

用户通过上述步骤注册登录后，进入专利检索及分析系统主界面，默认为常规检索。在常规检索模块下，检索模式默认为自动识别输入内容的检索字段。在输入栏左侧有两个功能按钮，分别是设置数据范围和检索字段，用户可根据需要进行设置（图 5-19、图 5-20）。在输入框下方，系统列举了几个输入方式的注意事项。例如，支持逻辑运算符 AND 和 OR，默认逻辑运算符为 AND。新用户在进行专利信息检索前，可参考检索规则。

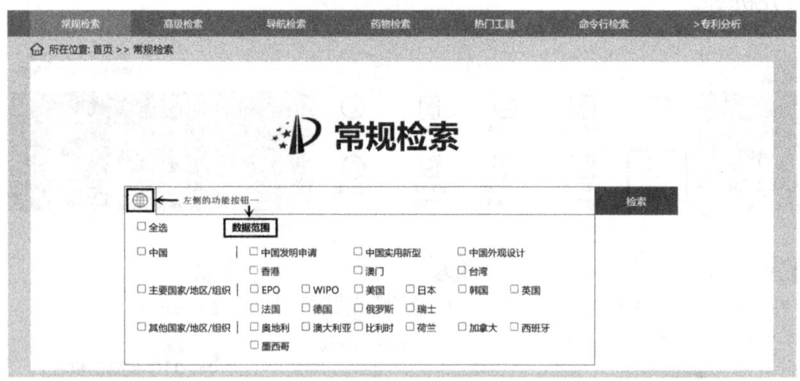

图 5-19　专利检索及分析系统常规检索的数据范围选择界面

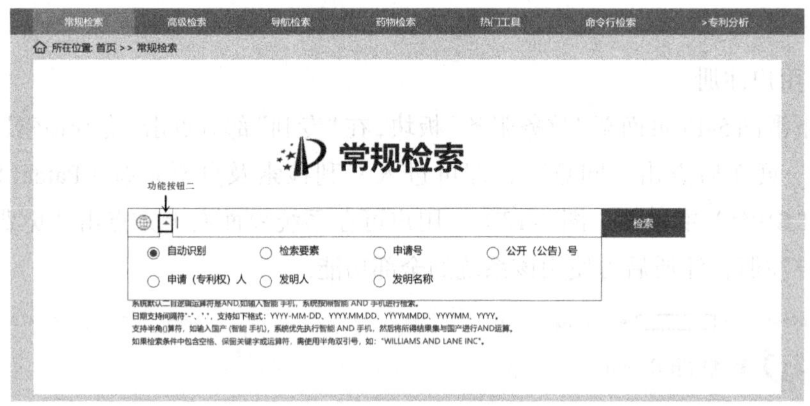

图 5-20　专利检索及分析系统常规检索的检索字段选择界面

（3）高级检索

点击界面上方的“高级检索”按钮，进入高级检索界面（图 5-21），需要注意的是，只有注册过的用户才能使用高级检索功能。以检索“流式细胞仪”的相关专利信息为例，在发明名称的输入框内输入“流式细胞仪”，点击下方“检索式编辑区”的“生成检索式”按钮，最后点击“检索”，即可获得检索结果。此外，用户还可以通过申请号、申请（专利权）人和关键词等字段的组合构建更多个性化的检索式，左侧边栏的主要国家及地区标签也可以限定检索数据的范围。

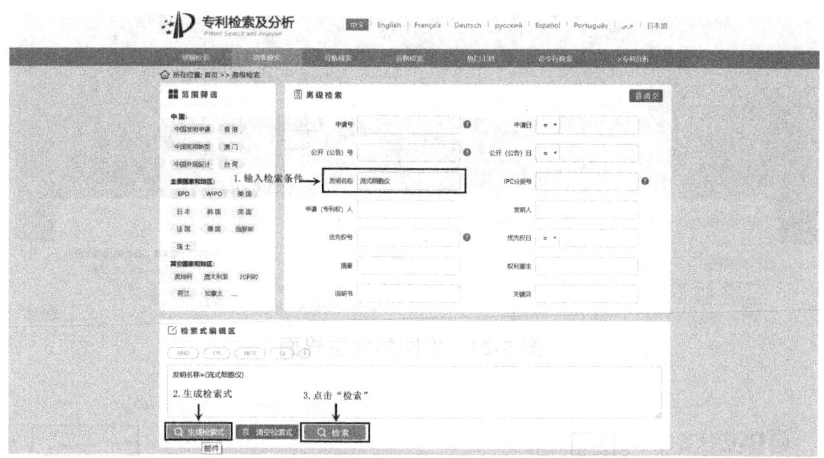

图 5-21　专利检索及分析系统高级检索示例

有关“流式细胞仪”的检索结果如图 5-22 所示，在该界面，系统默认显示每条检索结果的著录项目、附图、申请号、IPC 分类号和发明人等相关信息，点击每条题录的下方的“详览”按钮可以浏览该专利的摘要、权利要求书、说明书、同族信息、引证信息和法律状态信息的全部内容。

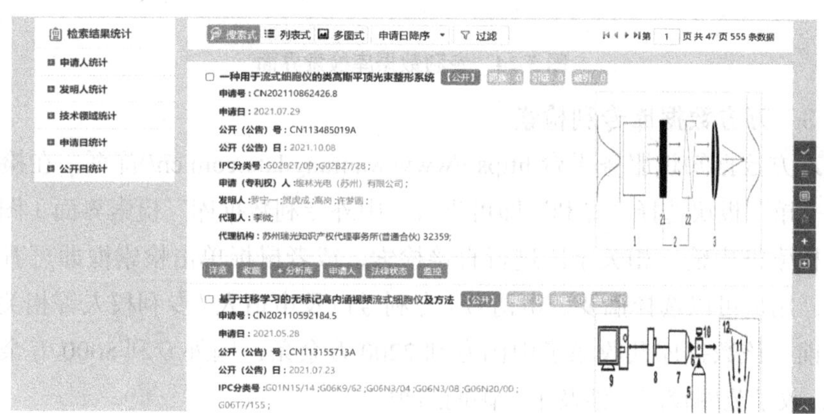

图 5-22　有关“流式细胞仪”的高级检索结果界面

5.3.2.2　中国知网 CNKI 专利检索

登录中国知网 CNKI: https://www.cnki.net/，如图 5-23 所示。在检索框下点击“专利”，即可进入“专利数据库”检索界面（图 5-24）。专利数据库包含中国专利和海外专利，点击高级检索下方的“海外专利”可进入海外专利检索界面；同样，点击“中国专利”可以进入中国专利检索界面。专利数据库中的文献来源于国家知识产权局知识产权出版社，因此，该数据库也可以作为检索专利信息的检索工具。专利数据库的检索方式分为高级检索、知识元检索和引文检索，检索方式可参考其他类型的文献检索。此外，用户还可以通过点击检索框左侧的“主题”按钮，选择关键词、专利名称、申请号以及申请人等进行检索。

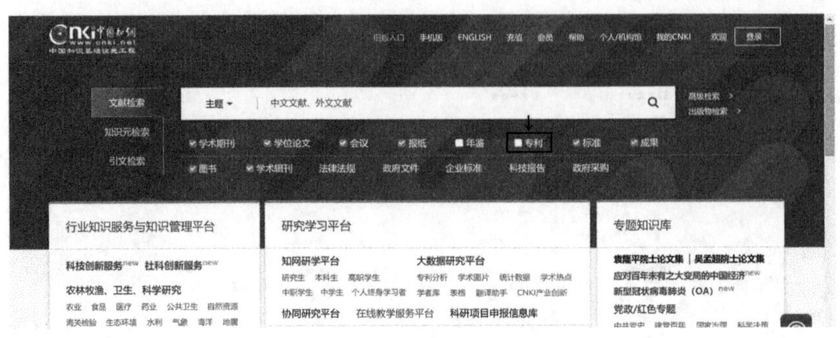

图 5-23　中国知网主界面

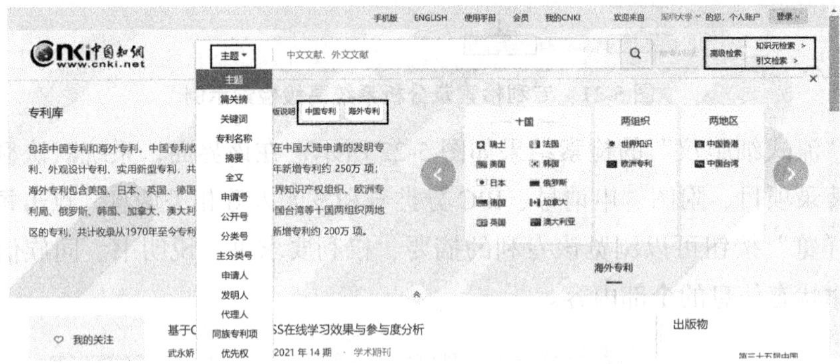

图 5-24　专利数据库检索界面

5.3.2.3　万方数据库专利检索

登录万方数据知识服务平台 https://www.wanfangdata.com.cn/ 首页，在检索框下方“数字图书馆”板块选择“专利”即可进入“中外专利数据库”检索界面（图 5-25）。用户可在检索框内输入相关字段进行直接检索，或者鼠标单击检索框即可看到图 5-25 所示界面，用户可以选择摘要、申请号 / 专利号以及申请人 / 专利权人等相关限定进行检索。目前，该数据库共收录了中国专利 2200 万余条，国外专利 8000 万余条，年增 200 万条，收录范围较广，涉及十一国两组织。

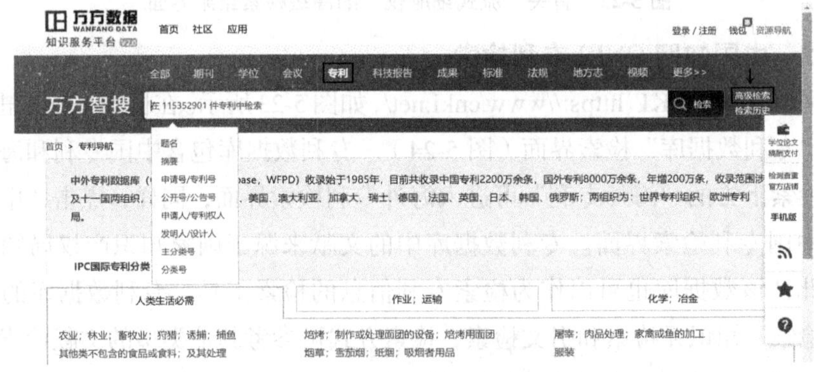

图 5-25　中外专利数据库检索界面

用户还可以通过点击检索框右侧的“高级检索”按钮进入高级检索界面（图 5-26）

进行检索，同时用户可在该界面切换成其他的检索方式，例如“专业检索”和“作者发文检索”。

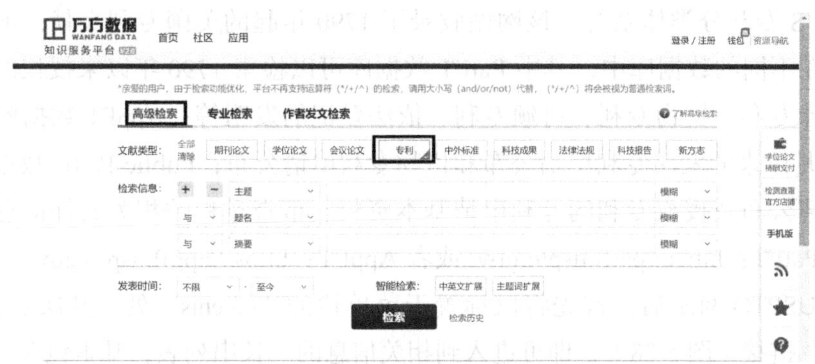

图 5-26　中外专利数据库高级检索界面

5.3.2.4　欧洲专利局专利检索简介

打开浏览器，输入网址 https://worldwide.espacenet.com/，即可进入欧洲专利局主界面，用户可以在搜索框右侧“Office/Language”选择语言类型，此外，用户可在检索框内输入相关字段进行直接检索，或者通过点击“Advanced search”进行高级检索（图 5-27）。欧洲专利局于 1977 年 10 月 7 日正式成立，是一个政府间组织，其主要有受理、检索、审查及专利的核准程序等几个职责。在该系统能够检索欧洲专利组织任何成员国、欧洲专利局和世界上其他一些国家和地区专利组织的专利数据。数据类型包括题录数据、文摘、文本式的说明书及权利要求，扫描图像存贮了专利说明书的首页、附图、权利要求及全文。值得注意的是不同国家（或组织）的数据范围和数据类型也不完全相同。

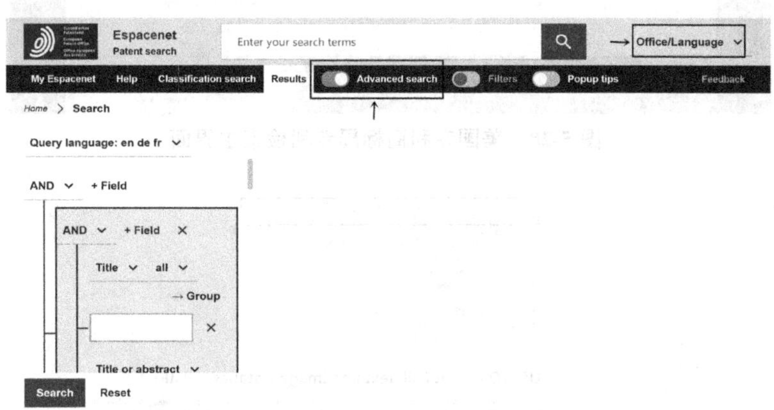

图 5-27　欧洲专利局专利检索界面

5.3.2.5　美国专利商标局专利检索简介

美国专利商标局（USPTO）是美国商务部下的一个机构，成立于 1802 年，美国专利商标局网站（https://www.uspto.gov/）是 1999 年 4 月美国专利商标局（USPTO）

开始建立的政府性官方网站，该网站向公众提供全方位的专利信息服务，其中除了提供专利数据库服务外，还提供丰富的其他相关信息，如专利概述、专利申请、文献公布程序、US 专利分类体系等。该网站收录了 1790 年起的美国专利文献，不同的专利信息收录在不同的数据库中，其中 PatFT 数据库可以检索 1790 年以来授权的美国发明专利、设计专利、植物专利、再颁专利、依法登记的发明等；AppFT 数据库可以检索 2001 年 3 月以来的发明专利申请公布和植物专利申请公布；Public PAIR 数据库可以检索专利申请公布及授权专利的专利申请基本资料、审查过程的相关文件信息等。其访问地址为 PatFT：https://patft.uspto.gov/ 或者 AppFT：https://appft.uspto.gov。

登录 USPTO 网站后，首先将鼠标置于菜单栏的“Patents”处，其次点击“Search for patents”链接（图 5-28），即可进入到相关信息的一长串列表，基本包含了从刚涉足专利知识的新人到资深专利检索分析和法律事务人员需要了解的一切信息，点击每个相应的子链接即可进入具体的检索界面（图 5-28）。用户既可点击进入 PatFT 数据库或者 AppFT 数据库，也可以点击“Searching Full Text Patents”进入专利全文检索页面，专利全文检索分为 3 个入口：快速检索（Quick Search）、高级检索（Advanced Search）和专利号检索（Patent Number Search）（图 5-29），用户可根据自身的需求进行选择。

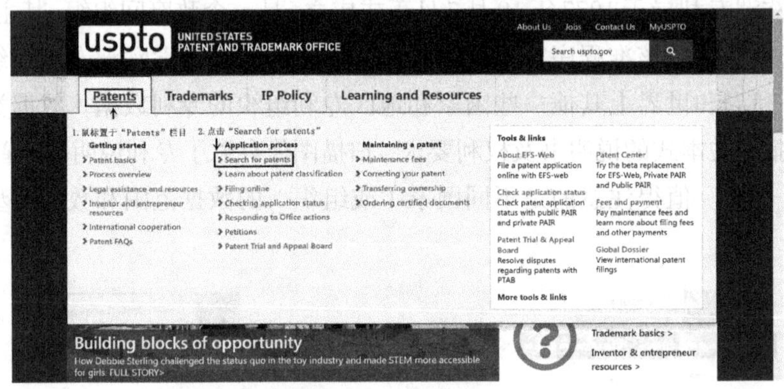

图 5-28 美国专利商标局专利检索主界面

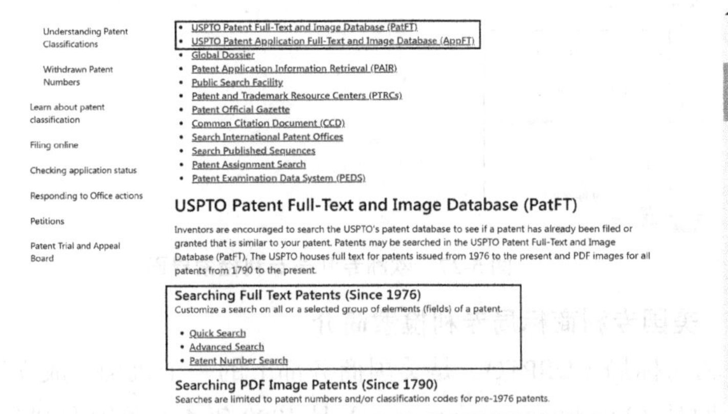

图 5-29 美国专利商标局专利检索选择界面

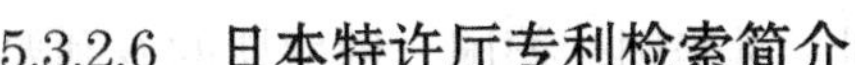

5.3.2.6　日本特许厅专利检索简介

日本特许厅网址为 https://www.j-platpat.inpit.go.jp/，提供可供公众查询下载专利文献的信息服务平台（J-PlatPat 平台），自 2015 年向公众免费提供使用，平台上收录的专利文本基本已转化为文本格式。平台可查询和下载自 1885 年以来的特许（发明）、实用新型、外观设计、商标、审判和上诉等信息。在日本特许厅专利检索网站，可以选择显示语言，在此以英文显示语言示例。如图 5-30 所示，在“Quick Links”菜单栏中，点击“J-PlatPat”进入信息服务平台检索系统，即可进行专利检索（图 5-31），“all law categories”表示按全部分类进行检索，“Patents/Utility Models”主要检索特许专利及实用新型专利，“Designs”主要检索日本外观设计专利，“Trademark”主要检索日本商标。

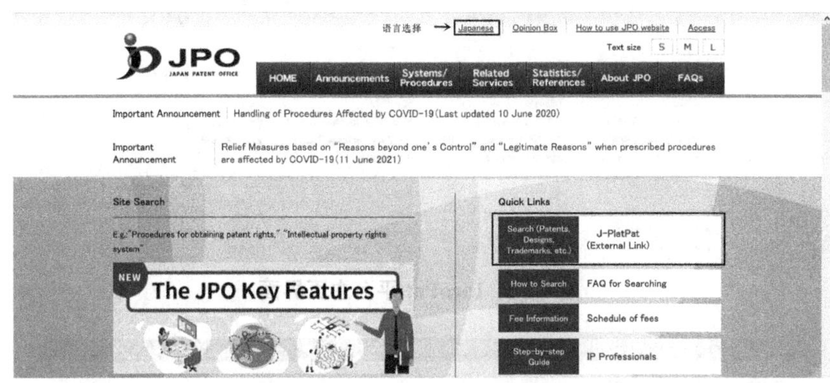

图 5-30　日本特许厅网站主页

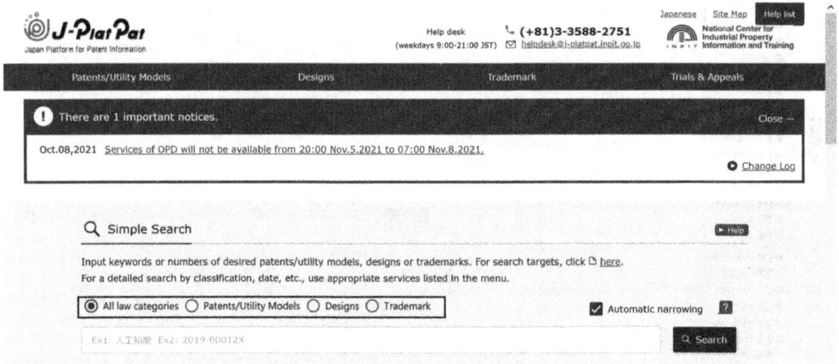

图 5-31　日本特许厅专利检索系统

5.3.3　常用商业专利分析工具

5.3.3.1　IncoPat 平台简介

IncoPat 全球科技分析运营平台网址为 https://www.incopat.com/，其收录了全球 112 个国家 / 组织 / 地区 1 亿多件基础专利数据，对 22 个主要国家的专利数据进行特殊收录和加工处理，提供中英文双语检索全球专利，对美国、德国、俄罗斯的专利要求和说明书做了全文中文翻译。其中，对于中国大陆的专利，IncoPat 收录了中文和英文的著录信息，非中文专利不仅收录了英文著录信息和部分小语种的标题和摘要信息，还将英文标题和摘要翻译成中文，从而实现了中、英文检索和浏览全球专利的功能。IncoPat 需要登录之后方能进行检索，其检索分为简单检索、高级检索和语义检索，在高级检索界面，用户可选择关键词、分类号等具体信息组合生成检索式后进行检索，也可以使用布尔逻辑进行检索，见图 5-32、图 5-33。

图 5-32　IncoPat 平台主页界面

图 5-33　IncoPat 平台检索界面

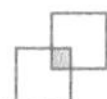

5.3.3.2　德温特专利索引数据库

德温特专利索引（Derwent Innovations Index，DII）是世界上国际专利信息收录最全面的索引数据库之一。该数据库收录自 1963 年以来，全球 47 个专利机构超过 2000 万条基本发明专利。该库专利的题目及文摘都由专家用客户更容易理解的语言进行了修改。检索系统提供了准确迅速的检索途径，可通过专利权人名称、专利权人代码、德温特手工代码、化合物名称检索、被引专利检索、高级检索等进行检索。德温特专利索引数据库是 Web of Science 平台（https://www.webofscience.com/）的一个子库，用户进入 Web of Science 平台后点击“所有数据库”，在此处可选择 DII 库，见图 5-34。

图 5-34　Web of Science 平台中选择 DII 子库示例

5.3.3.3　Derwent Innovation 专利检索及分析工具

Derwent Innovation（德温特创新平台：http://www.lib.szu.edu.cn/zh-hans/er/dii）不仅加入了专利全文、法律状态信息等内容，还提供可视化和多样化的分析功能，包括：专利地图、文本聚类、引证分析、对专利记录进行分组分析的预定义图表和自定义图表、提供专利原文下载、数据导出、多级文件夹、自动预警和监控等功能。Derwent Innovation 需要登录账户后才能使用，如有需求可以向图书馆提交申请后获得使用权限。

5.3.3.4　Innography 专利分析数据库

Innography（http://www.lib.szu.edu.cn/zh-hans/er/innography）是一个高端专利分析数据库，数据源非常丰富，除了专利全文外，还涵盖法律状态、同族专利、引证、专利强度等信息。Innography 可以将专利—商业—法律等各方面信息结合在一起形成结构化分析方案和可视化图标形式直观地呈现出来，还囊括了先进的分析方法，如专利强度分析、相似专利分析、语义检索和聚类分析等。通过这些商业数据有助于评估公司的市值和规模，分析和对比专利权人的综合实力，了解市场竞争现状和趋势。

IncoPat、DI 和 Innography 这三个专业的全球专利检索与分析工具，都是通过账号密码登录使用。这三个库的使用难度系数相对较高，需要有一定的检索和分析基础。

5.3.4 其他专利信息平台

5.3.4.1 IP 南方中心公共服务平台

IP 南方中心公共服务平台（http://www.sipc26.com/search?tab_id=0）可通过手机号注册使用。平台提供一般检索和高级检索，用户可根据自身需求切换检索数据范围，见图 5-35。

图 5-35 IP 南方中心公共服务平台系统

5.3.4.2 度衍网

度衍网（https://www.uyanip.com/）是一个原创设计专利集聚交易平台，专注于专利检索、专利交易和专利管理等服务。度衍网的界面十分简洁，其能够及时对当前权利人信息进行整理，有效地降低漏检率。度衍网有充分的检索条目，检索可分为组合分类查找、二级检索和高级检索，检索结果包括专利类型、申请人、授权年、法律状态、法律事件、IPC 分类、外观分类等，包含专利所有信息。当一篇专利需要对照图片来更好地理解专利文字介绍时，利用度衍网能够实现将专利详情 PDF 图文分开，能够在同一屏幕上同时显示图文，并且可以自由调整图文大小，使图文一一对应，在查看专利图文时省去了上下翻看的麻烦。此外，度衍网支持下载专利详情 PDF 文档、分析图表，用户还可以利用其对应的功能对当前搜索关键字进行多维度分析，得到种类丰富的图表，以此来满足用户各方面的需求，见图 5-36。

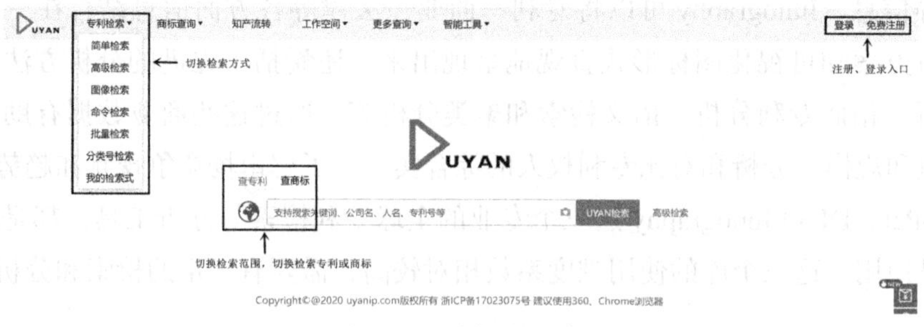

图 5-36 度衍网系统

5.3.4.3　Soopat 专利检索平台

Soopat 专利检索平台（http://www.soopat.com/）可检索中国专利和世界专利，注册后，可阅读下载专利全文（图 5-37）。SooPaT 网站起初是免费的，最近 SooPaT 的一些功能开始尝试收费服务，但如果普通用户想要检索的是国内专利，这部分检索依然是免费的。如果普通用户想要检索新世界专利，这时很多功能就会被限制，需要付费才能使用。Soopat 的另一个完全免费功能是专利分析功能，能够用专利图表表示分析结果，如对专利申请人、申请量、专利号分布等进行分析。

图 5-37　Soopat 专利检索平台系统

5.3.4.4　专利信息服务平台 - 知识产权出版社

专利信息服务平台 - 知识产权出版社（http://search.cnipr.com/）需注册使用。该系统由知识产权出版社开发，能够对中国专利（中国发明专利、中国实用新型专利和中国外观设计专利等）和外国专利（包括日本、美国、英国等 98 个国家和组织）进行检索。支持用户对中国专利全文、失效及运营信息等进行专业检索（图 5-38），用户可以根据自身需求，自行定义私有的专利库以达到实时监控最新专利的变化。该平台针对英文专利还专门开发了机器翻译模块，可以对检索到的英文专利进行即时翻译。首页右上角进入注册登录，首页为简单检索，点击高级检索进入高级检索界面（图 5-39）。

图 5-38　专利信息服务平台 - 知识产权出版社系统主页界面

图 5-39　专利信息服务平台 - 知识产权出版社系统检索界面

5.3.4.5　佰腾网

佰腾网（http://so.baiten.cn/）由常州佰腾科技公司研发，具有独立知识产权。佰腾网数据更新及时，能够对专利最新的基本信息、费用信息和法律状态等进行检索，该平台拥有收藏夹功能，用户可自行将重要专利根据自身需求及时添加到收藏夹，由于知识的快速发展，很多专利具有一定的相似程度，逐个查看不仅浪费时间，同时也考验记忆力，利用佰腾网的对比查看分析功能（高级功能都需付费），可以帮助用户快速了解两篇或多篇专利的异同之处，避免了来回翻看的麻烦。用户可通过网页右上角进行注册登录（图 5-40），佰腾网专利检索界面如图 5-41 所示。

图 5-40　佰腾网专利检索首页

图 5-41　佰腾网专利检索界面

5.3.4.6 专利之星检索系统

中国专利信息中心专利之星检索系统（https://cprs.patentstar.com.cn/Search/Index）是由国家知识产权局中国专利信息中心主办的专利检索分析工具。该库简便易用，检索方式多样，包含了智能检索、表格检索、专家检索、号单检索和分类检索。专利之星检索系统可检索并获取中国专利和世界专利的 PDF 全文。首页右上角有注册登录入口，上方提供多种检索方式，如智能检索、表格检索、专家检索和分类检索等，见图 5-42。

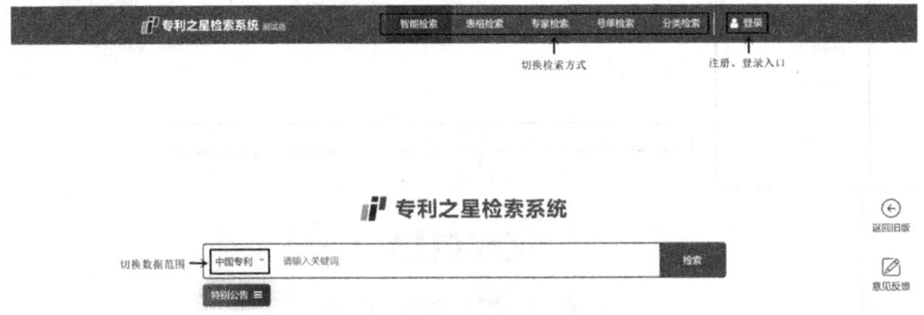

图 5-42 专利之星检索系统界面

5.3.4.7 其知网

其知网 - 知识产权专业服务平台（qzhip.com）提供简单检索及高级检索两种方式，同时提供专利缴费监控、专利代理、专利质检等服务（图 5-43），高级检索界面如图 5-44 所示。

图 5-43 其知网检索界面

图 5-44 其知网高级检索界面

5.3.4.8 IPRDB

IPRDB（https://www.iprdb.com/）拥有全球 105 个国家和地区的近 1.3 亿组知识产权数据，数据内容涵盖专利文献、商标、著作权、版权、地理标识、法律裁判文书和核心期刊论文等。用户注册登录后可以进行数据检索（图 5-45），但是数据导出、分析等高级功能都需付费使用。

图 5-45　IPRDB 检索系统主页

5.3.4.9 Patenthub

Patenthub 专利检索平台（https://www.patenthub.cn/）是北京南冥科技有限公司研发的专利检索平台。该平台需要注册登录才能使用（图 5-46），数据导出、分析等高级功能都需要付费。

图 5-46　Patenthub 专利检索平台检索界面

5.3.4.10 润桐专利检索

润桐专利检索（https://www.rainpat.com/）平台提供专利简单检索、表格检索、IPC 分类检索、外观分类检索等检索方式（图 5-47），该平台的特色是可以进行专利权转移检索。

图 5-47　润桐专利检索界面

5.4　标准文献检索

5.4.1　标准文献的概念

标准文献的概念同样有广义和狭义之分，广义是指与标准化工作有关的一切文献，例如，标准形成过程中的各种档案，揭示报道标准文献信息的目录、索引、宣传推广标准的手册及其他出版物等。狭义是指按规定程序制订并且经公认权威机构批准，在特定范围（领域）内必须执行的特种文献，包括一整套的规格、定额、规则、技术要求的文件。王阳明说，心外无物，心外无理。办事的标准都在自己的内心，就是自己的良知，多用自己的良知去看待做人做事，自然就有一个标准尺度，不需要向外去求标准。但是，在日常的学习、生活和工作中，仅有自身的标准是不够的，尊重他人标准，遵从行业标准，事物才能更好地发展。

5.4.2　标准文献检索

5.4.2.1　标准数据总库

进入中国知网 https://www.cnki.net/ 主界面（图 5-48），在检索框下方点击“标准”即可进入“标准数据总库”检索界面（图 5-49）。

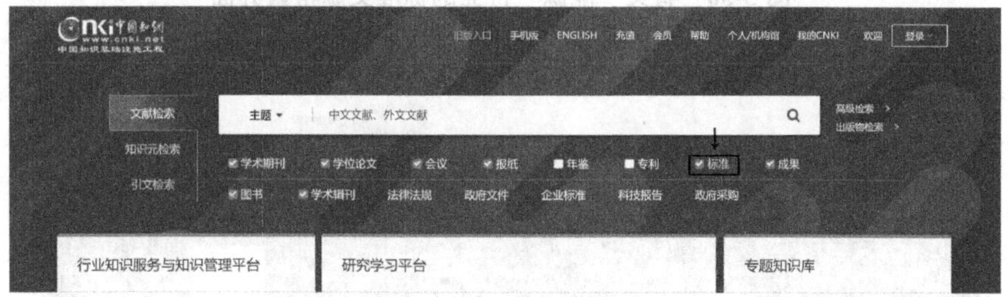

图 5-48　中国知网主界面

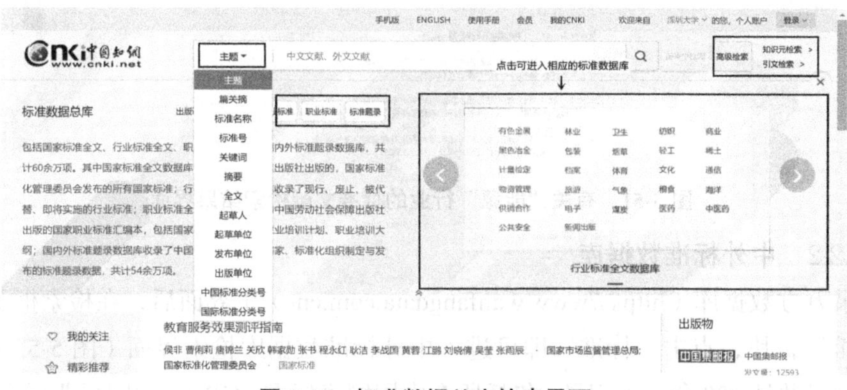

图 5-49　标准数据总库检索界面

标准数据总库是国内数据量较大、收录相对完整的标准数据库。用户可在图 5-49 界面的检索框中输入标准名称、标准号等进行简单检索。检索方式分为高级检索、知识元检索和引文检索。此外，用户可根据检索需求在该数据库检索框下面点击切换进入国家标准全文数据库、行业标准全文数据库、职业标准全文数据库以及国内外标准题录数据库。

例如，用户需检索有关“能源”行业的标准文献（图 5-50），首先在界面检索框下方切换至行业标准全文数据库，在标准名称的输入栏输入“能源”，点击界面右下方的“检索”按钮即可得到相应的检索结果（图 5-51），用户可点击下载需要的标准文献全文。

图 5-50　有关“能源”行业的标准文献检索界面

图 5-51　有关“能源”行业的标准文献检索结果界面

5.4.2.2　中外标准数据库

登录万方数据库（https://www.wanfangdata.com.cn/）主界面后，在检索框下方“数字图书馆”板块，点击“标准”即可进入中外标准数据库检索界面（图 5-52）。该数据库收录了共计 200 余万条记录，包括所有中国国家标准（GB）、中国行业标准（HB）、以及中外标准题录摘要数据。

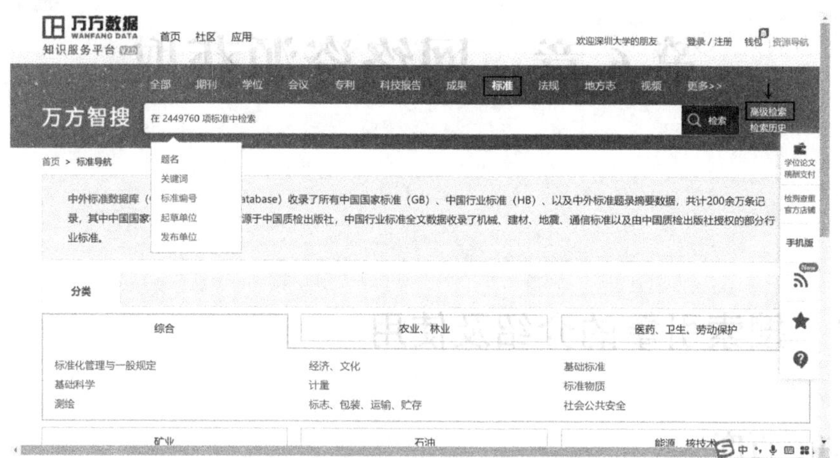

图 5-52　中外标准数据库检索界面

中外标准数据库的检索方式与其他数据库的检索方式类似，用户既可以在检索框内输入题名、关键词或者标准编号等进行简单检索，也可以点击输入框右侧的“高级检索”按钮进入高级检索界面（图 5-53）。高级检索方式可选择题名、关键词、标准编号、发布单位等检索字段的逻辑“与”或“非”关系的模糊或精确匹配关系来进行检索。

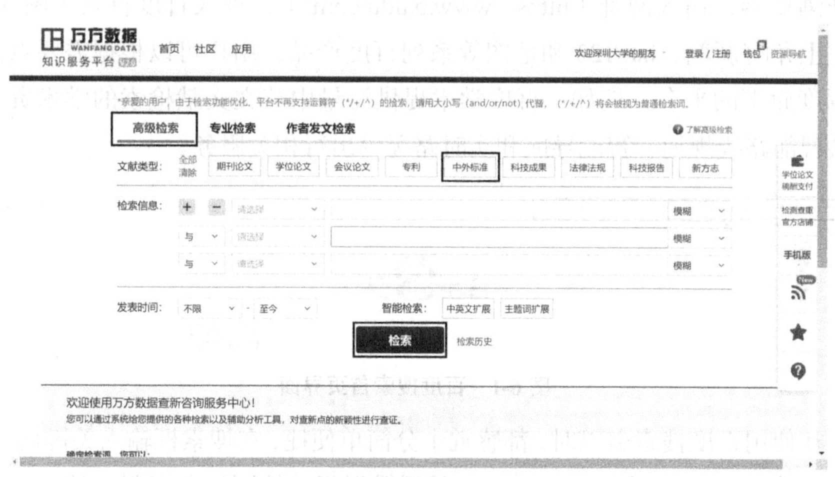

图 5-53　中外标准数据库高级检索界面

第 6 章　网络资源获取

6.1　搜索引擎的介绍及使用

6.1.1　百度

6.1.1.1　百度简介

百度在线网络技术（北京）有限公司于 2000 年 1 月在北京中关村创立，目前已成为全球最大的中文搜索引擎，也是中国最大的以信息和知识为核心的互联网综合服务公司。

6.1.1.2　基本检索技术

打开浏览器，输入网址（https://www.baidu.com/），进入百度首页（图 6-1）。在界面的左上角有新闻、hao123 和地图等系列百度产品，用户可以根据需要点击相应产品进入百度旗下的平台。例如，百度学术提供海量中英文文献检索的学术资源，百度地图提供智能路线规划、智能导航和实时路况等出行相关服务。

图 6-1　百度搜索首页界面

用户在使用百度搜索引擎时，都感觉十分简单便捷，在搜索框输入关键词，点击“百度一下”，或者按一下回车键（Enter）即可得到相关的网站和资料。然而，当输入多个关键词或者查询内容过于冗长，得到搜索结果并不能让用户满意，这时就需要用到百度的运算符来让搜索结果更加精确。这里介绍几个百度的基本检索技术。

（1）“与”运算

百度搜索的“与”就是“AND”的意思，使用的运算符是空格或加号“+”，即 AB 或 A+B。例如，用户如果要搜索猕猴桃和西瓜的相关信息，在输入栏里可以输入猕猴桃 西瓜或者猕猴桃 + 西瓜。搜索结果同时含有两个检索词（图 6-2、图 6-3）。

图 6-2　“与”运算符合“空格”的使用示例

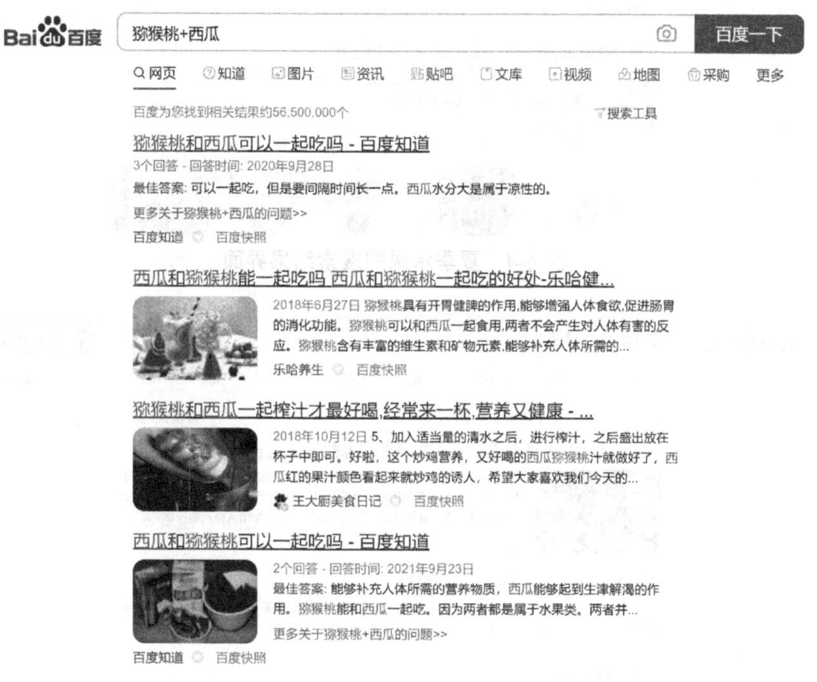

图 6-3　“与”运算符号“+”的使用示例

（2）“非”运算

用户在搜索时，如果想要排除含有某些词语的资料，以缩小查询范围，可以使用“非”运算。其运算符为减号“–”，且减号前面须留有一空格。检索式 A–B 表示在搜索 A 的同时，屏蔽关于 B 的信息。例如，用户要搜索夏季水果，在输入栏里输入：夏季水果，得到的搜索结果中会出现一些关于桃子的网页（图 6-4）；如果用户想要搜索排除了桃子的其他夏季水果的信息，可以在输入栏里输入：夏季水果 – 桃子，搜索结果如图 6-5 所示。

夏季水果 百度一下

网页 图片 知道 采购 文库 贴吧 资讯 地图 视频 更多

百度为您找到相关结果约49,500,000个 搜索工具

推荐夏季十种应季水果

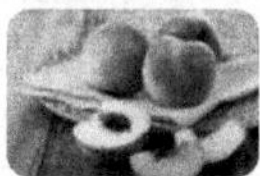

2017年7月11日 下面,小编就来给大家盘点一下,夏天应季的水果吧! 桃子 夏季正是桃子上市的季节,而民间也素有"桃养人"的说法,于是,不少人便觉得桃子可以撒开欢来吃,以便让身体好好地得到滋养。 然...

搜狐网 百度快照

夏天有什么水果? - 百度知道

14个回答 - 回答时间: 2020年6月23日

最佳答案: 为夏季之水果，果肉味甜，能降温去暑。2、芒果 一种原产印度的漆树科常绿大乔木，成熟时黄色，味甜，果核坚硬。芒果...

百度知道 百度快照

夏天的水果有哪些?

15个回答 2021年03月03日

最佳答案：现代研究表明，桑葚含有丰富的糖类、有机酸、维生素、矿物质等，具有调...

夏天有哪些水果

36个回答 2019年11月06日

最佳答案：火龙果是夏季减肥的首选水果,它不仅能清热去火,对防治便秘也非常有效。...

更多同站结果>

水果品类大全-水果批发进货渠道-利润率高

水果采购批发,尽在阿里巴巴!找水果就上阿里巴巴,产品齐全,样式众多,一手货源,优惠多,利润大!

图 6-4　夏季水果的搜索结果界面

夏季水果 -桃子 百度一下

网页 采购 知道 文库 资讯 贴吧 视频 地图 图片 更多

百度为您找到相关结果约92,500,000个 搜索工具

立夏时节,这8种金牌水果别错过,消暑解渴营养高,轻松度过夏季

2020年5月4日 立夏时节，这8种金牌水果别错过，消暑解渴营养高，轻松度过夏季 立夏节气的即将到来，意味着我们已经步入初夏，天气开始逐渐变得炎热，容易流汗，多吃新鲜水果可以帮助人体及时补水，...

味谷的厨房 百度快照

夏季的应季水果有哪些 - 百度经验

2020年4月25日 夏季的应季水果有哪些? 简介 夏天马上就要到了，在夏季天气炎热，身体一定要保持水分，而吃水果是最简单有效的补水方式。夏季的一些水果不仅美味，也有很多的健...

百度经验 百度快照

夏季六大须知水果 - 百度经验

2016年08月19日 - 夏季六大须知水果 简介 炎炎的夏日，水果是必不可少的，但是你对...

夏季水果时间表 - 百度经验

2017年04月05日 - 夏季水果时间表 简介 从小到大，每天每夜我们都要品尝各种水果...

更多同站结果>

桃_买土壤检测仪器,上「阿里巴巴」1688.com批发网_GY1234数显水

品牌: yueqing jingcheng 分类: 土壤检测仪器 现价: 230元起批

找GY1234数显水果硬度计蔬菜果实桃子李成熟度葡萄苹果梨工厂批发货源,就上1688.com批发网,全球仪表仪器采购批发平台,品类齐全,优质的售后服务!

查看更多相关信息>>

图 6-5　排除桃子的夏季水果搜索结果界面

（3）“或”运算

“或”运算也可称为“并”运算，使用的运算符为“|”，即“A | B”，注意竖线两边有空格。例如，用户要搜索猕猴桃或雪梨的相关信息，可以在输入栏输入：猕猴桃 | 雪梨，搜索结果如图 6-6 所示。

图 6-6　猕猴桃或雪梨的搜索结果界面

（4）精确匹配

当输入的查询内容过长，百度搜索在分析过后，可能会将查询词拆分，因此得到的搜索结果并不是用户所需要的精确结果。为了不让百度拆分查询词，可以给查询内容加上英文状态下的双引号（""）和中文状态下的书名号（《》）。

例如，用户在搜索有关文献检索与论文写作的资料时，当在输入栏里输入：文献检索与论文写作，搜索结果里会出现关键词被拆分或者是相关性较低的信息，例如图 6-7 所示。当在输入栏里输入："文献检索与论文写作"或者《文献检索与论文写作》，搜索结果就全是关于文献检索与论文写作的资料（图 6-8、图 6-9）。

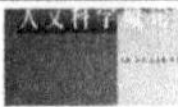

图 6-7 文献检索与论文写作的搜索结果界面

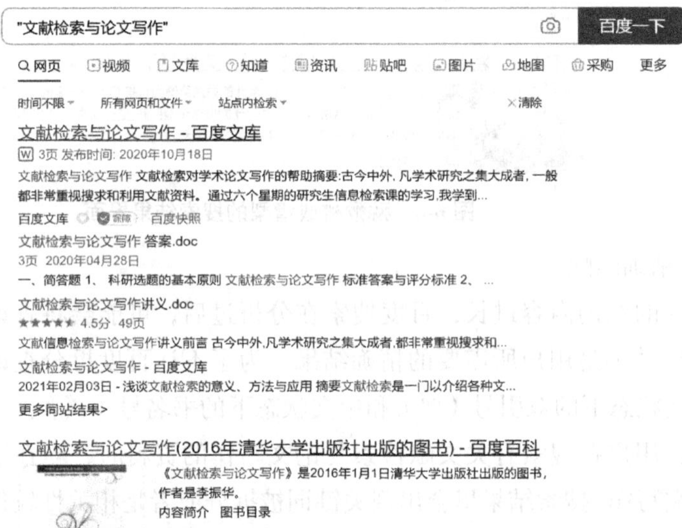

图 6-8 “文献检索与论文写作”的搜索结果界面

图 6-9　《文献检索与论文写作》的搜索结果界面

（5）文档类型限制

由于普通的网页呈现出来的查询内容缺少正式感和说服力，因此，部分用户更倾向于查看 Word、Excle、Powerpoint、Adobe PDF 和 RTF 等文档类型的资料。百度搜索恰好就具有限定文档类型的功能，用户只需在查询词后加上“filetype:+ 文档类型”，检索式：A filetype:+doc/xls/ppt/pdf/all。注意查询词与 filetype 之间须有空格，“all”代表所有文档类型。例如，用户只想搜索有关生物的 doc 文档，可在输入栏中输入：生物 filetype:+doc，搜索结果如图 6-10 所示。

图 6-10　有关生物的 doc 文档搜索结果界面

6.1.1.3 高级搜索

除了以上介绍的几种百度的基本搜索技术外，还有百度快照、相关搜索和指定搜索网站和标题内容等搜索技巧。如果用户记不住繁杂的搜索语法，又希望利用百度进行更准确的搜索，就可以使用百度的高级检索功能。

在百度首页界面右上角有一个“设置”按钮，如图 6-11 所示，点击“设置”，在其下拉框中选择“高级搜索”，点击后会弹出高级搜索的对话框（图 6-12），用户不仅可以搜索结果中包含全部关键词、包含完整关键词、包含任意关键词、不包括关键词，还可以限定时间、文档格式、关键词位置和站内搜索。

图 6-11 百度首页界面的高级搜索入口

图 6-12 百度的高级搜索界面

6.1.2 Google

6.1.2.1 Google 简介

Google 支持 132 种语言，具有在线翻译功能，具有搜索速度快且准确率高的优点。

6.1.2.2 检索方法

用户在 Google 主页（https://www.google.cn/）的检索框中输入检索词，点击下方的“Google 搜索”或者按回车键即可（图 6-13）。如果点击“手气不错”，该系统可直接引导到与检索词最为相关的结果。

图 6-13 Google 主页

Google 常用的基本检索技巧与百度大同小异。例如，在要搜索的检索词上加上双引号（""）可进行精确搜索；通过减号（如球类运动—篮球）缩小范围，去掉一些无关的搜索；通过文档搜索命令 filetype（如 filetype:pdf 生物），查找所需要的文档相应格式；通配符搜索（例如：* 植物）中 "*" 可以代替多个字符。如果用户对搜索语法不熟悉，可在高级检索界面中进行检索，也能得到更为准确的检索结果。

6.2 文献全文传递

随着网络技术的迅速发展以及世界科技期刊的价格飞涨，学术资源的传递与共享是大势所趋。随着我国经济能力的提升和国家政策的支持，出现了越来越多的学术资源平台，用户能够通过各种途径满足自身学习与生活的需求，应该合理利用这些免费资源来提升自身的专业能力，为祖国的发展与建设发光发热。文献全文传递的目的就是使个人或者组织机构在互联网上免费获得具有学术研究价值的社会科学或者自然科学领域的电子资源，促进科学研究和知识创新。当人们在百度学术、PubMed、SpringerLink 或 Nature 等数据库或者杂志查找文献时，总会遇到某篇文献不能免费下载全文的情况，这时就需要一个网络免费学术资源平台。

6.2.1 广东省科技图书馆

广东省科技图书馆是为广东地区用户提供虚拟参考咨询与文献传递服务的平台，打开浏览器，输入网址（http://www.stlib.cn/index.html），即可进入广东省科技图书馆主页（图 6-14）。在主页界面检索框的下方有“原文传递”按钮，点击即可进入登录界面（图 6-15）。

图 6-14　广东省科技图书馆主页

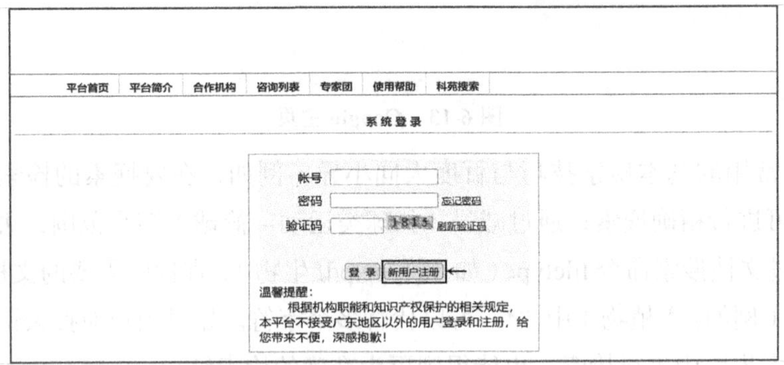

图 6-15　原文传递平台用户登录界面

用户登录账号后，即可进入如图 6-16 所示的界面，在界面上方的搜索框内输入题名，检索到文献后点“原文请求”，即可生成申请单。或者点击界面右下方“网上咨询”模块的“原文请求”按钮，进入如图 6-17 所示的界面，尽量准确输入所需文献的题名、作者、来源期刊、年卷期、起止页码和全文链接等信息，提交后即可等候回复。原文上传速度与获取文献的难易度相关。容易获取的原文只需几分钟即可获取，而馆际获取的原文可能需要数日才会有结果。用户可在“我的工具箱”模块点击“我的原文请求结果”查看文献全文的获取进度。值得注意的是，普通用户每天最多可以申请 3 篇原文。

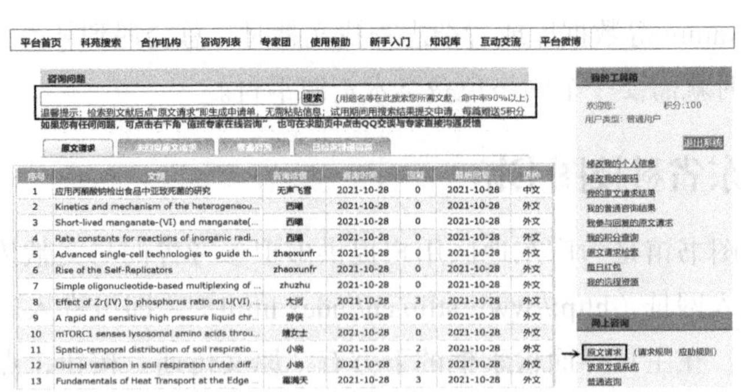

图 6-16　原文传递平台咨询界面

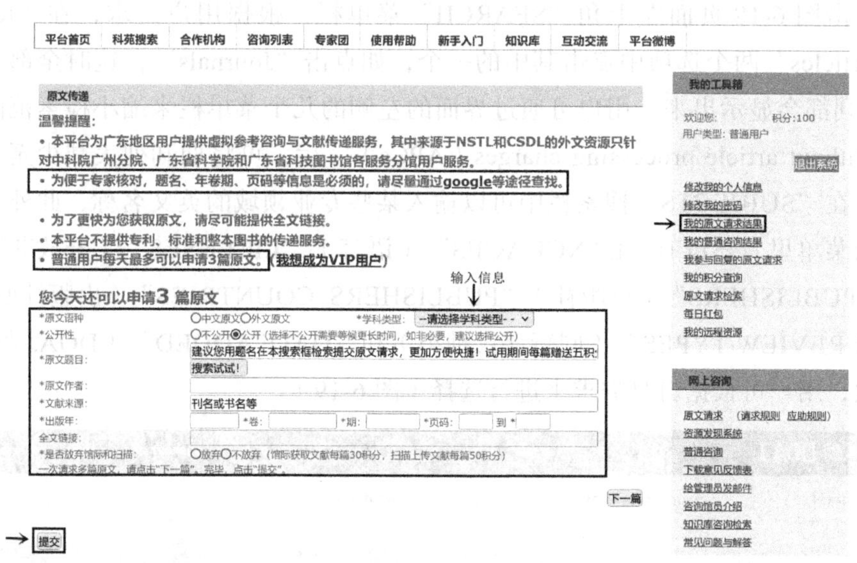

图 6-17　原文传递检索界面

6.2.2　DOAJ 开放获取期刊目录平台

2003 年 5 月，瑞典隆德大学图书馆联合 SPARC（The Scholarly Publishing and Academic Resources Coalition）建立了 DOAJ（Directory of Open Access Journals）开放存取期刊目录。截至 2021 年 10 月，该平台收录了 17047 种期刊，668 多万篇论文。平台收录的均为学术性和研究性的期刊，具有免费、高质量、自由获取全文等特点。

打开浏览器，输入网址（https://www.doaj.org/），即可进入 DOAJ 首页（图 6-18）。在检索框上方选择“Journals”或者“Articles”，可进行期刊查询和论文检索，查询时在检索框内直接输入期刊或论文名称、主题等，点击搜索按钮即可。

图 6-18　DOAJ 开放存取期刊目录首页

点击图 6-18 页面左上角“SEARCH”菜单栏，根据用户需求，在“Journals”和“Articles”两个选项中点击其中的一个，如点击“Journals”，这时全部 17057 种 OA 期刊都会显示出来。用户可通过界面的左侧的几个菜单栏来缩小检索范围，如点击“Without article processing charges（APCs）”后，可将期刊列表减少至 11912 种期刊。在“SUBJECTS”搜索栏中可以输入某些专业领域的英文名称，此外，在屏幕左侧的菜单里，还设有“LANGUAGES”（语言）“LICENSES”（开放获取版权协议）“PUBLISHERS”（出版社）“PUBLISHERS′COUNTRIES”（出版社所在国家）“PEER REVIEW TYPES”（同行评议种类）和“DATE ADDED”（DOAJ 收录年份）等选项，用户可根据自身需求来进行选择（图 6-19）。

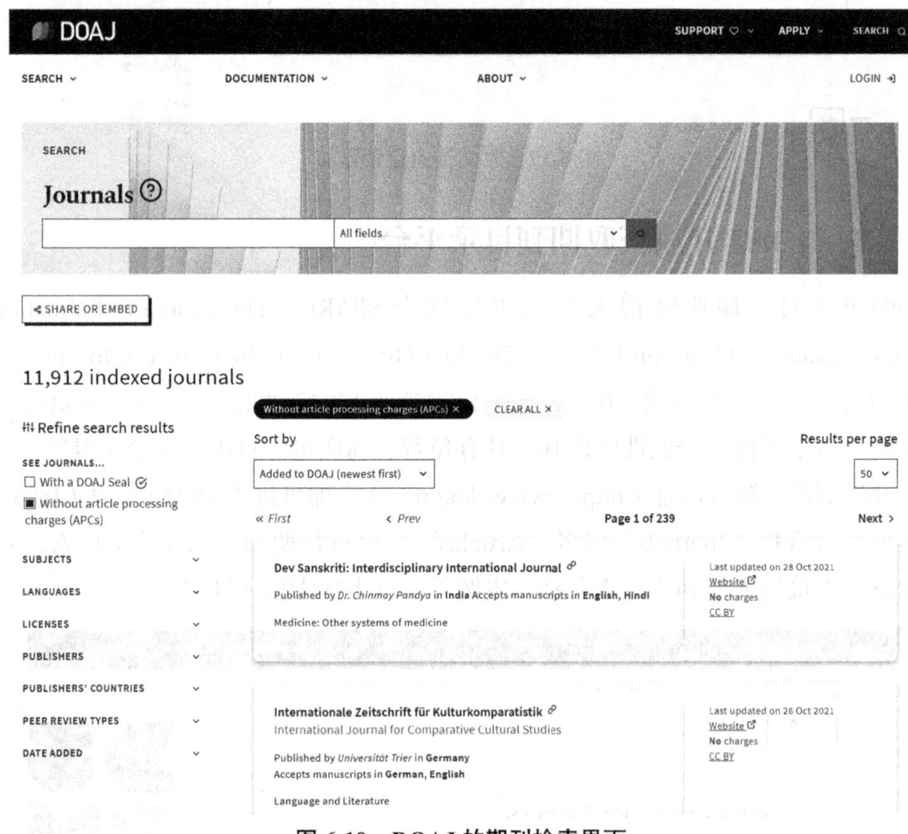

图 6-19 DOAJ 的期刊检索界面

6.2.3 中国科技论文在线

打开浏览器，输入网址（http://www.paper.edu.cn/），进入中国科技论文在线首页（图 6-20）。该网站提供了各种科技期刊论文全文及国外免费数据库的链接，目前已有首发论文 10 万多篇，期刊论文 120 多万篇等供用户免费阅读、下载。此外，中国科技论文在线还提供在线发表论文栏目，只要作者所投论文遵守国家相关法律，在学术范围内有一定学术水平，符合中国科技论文在线的基本投稿要求，就可被该网站接收。因此，该平台不仅为科研人员提供一个方便、快捷的交流平台，还使新成果得到及时推广，科研创新思想得到及时交流。

图 6-20　中国科技论文在线首页

第 7 章　其他文献资源服务平台

文献资源服务平台按照其服务模式可以分为各级文献共享服务平台，以及开放获取平台。

7.1　文献共享服务平台

7.1.1　国家科技图书文献中心

国家科技图书文献中心（简称 NSTL 网络服务系统），网址为 http://www.nstl.gov.cn。NSTL 网络服务系统成立于 2000 年 6 月，主要开展理、工、农、医各学科领域科技文献资源的采集、加工、开发和收藏。NSTL 目前已成为我国最大的科技文献信息保障和服务机构，文献类型包括国内外期刊、会议记录、科技报告、参考工具书、学位论文、专利与标准等。学科领域涵盖自然科学、工程技术和生命科学等各个学科领域，同时也包含与科技创新密切相关的管理、经济、金融等学科和图书馆学、情报学等学科。系统向全国用户提供科技文献检索、文献传递、网络参考咨询、国际科学引文数据库以及外文回溯期刊全文检索等多种文献信息服务（图 7-1）。

图 7-1　国家科技图书文献中心 NSTL 网络服务系统主页

7.1.2　省级文献共享服务平台

广东省文献资源共建共享协作网（gdlink.net.cn）由广东省立中山图书馆牵头研发并投入使用，由各级图书馆收集本地区地方文献，以统一的格式上传至服务器，建立网上查询系统，是我国建立的第一个地区性跨系统文献资源共享平台。该平台是由广东省公共、教育、科技系统图书馆联合建成珠江三角洲数字图书馆联盟，而该网站就是其联盟网站，目前拥有图书 120 万余种，期刊论文 3000 余万篇，用户通过登录该网站就能获得免费的网上参考咨询和文献传递等服务。图 7-2 是广东省文献资源共建共享协作网首页，用户根据自身需要在菜单栏处点击相应选项可进入相应页面，如点击“珠三角数字图书馆联盟”即可进入珠三角洲数字图书馆联盟检索页面（图 7-3），用户可选择书名、作者、主题词等字段进行检索，也可以点击“高级检索”进行检索。

图 7-2　广东省文献资源共建共享协作网首页

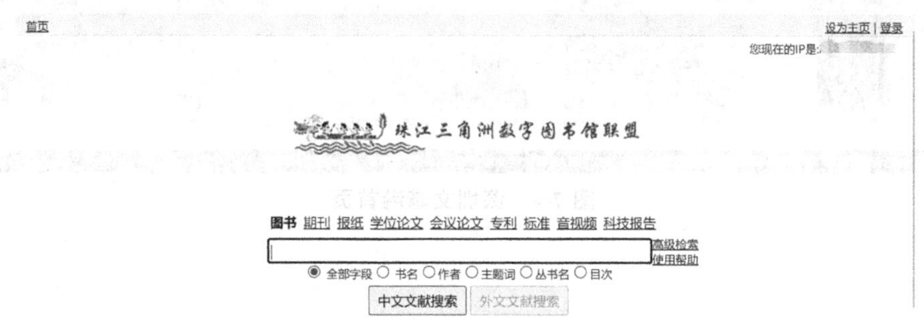

图 7-3　珠三角洲数字图书馆联盟检索页面

7.1.3　市级文献共享服务平台

此处以深圳文献港（http://szdnet.cceu.org.cn/primo_library/libweb/action/search.do）为例进行简单介绍。深圳文献港是深圳市“图书馆之城”建设的重要组成部分，通过图书馆联合，实现文献资源整合，建立起全市多馆联合服务平台，提供覆盖领域更广、更深入的文献信息服务。目前，深圳文献港全面集成和揭示了七家图书馆［深圳大学城图书馆、深圳图书馆、深圳大学图书馆、深圳职业技术学院图书馆、南方科技大学图书馆、香港中文大学（深圳）图书馆和深圳技术大学图书馆］馆藏资源，包括1186万册（件）中外文纸本馆藏和400多种数据库。平台设有中文检索和外文检索，用户可根据自身需求进行选择。

平台特点：①文献资源出自图书馆，时时更新、内容可靠；②对9亿页的中文图书全文进行全文检索，包括310万种图书（占国内已出版的中文图书的95%以上），1.5亿条中外文期刊论文、学位论文、会议论文、专利、标准等题录信息；③揭示信息详细、展示相关知识体系、提供多面分析结果；④免费提供原文传递服务；⑤统一服务，让读者一站式发现、了解和获取文献信息；⑥一站式集成揭示了深圳市高校及部分科研机构专家学者的学术论文、专利、科研项目等信息，从不同层面对学者的科研成果进行可视化分析。成员馆的师生在各自图书馆主页上可直接访问，会员单位也可在校内IP范围内注册超星个人学习通账号（图7-4）。

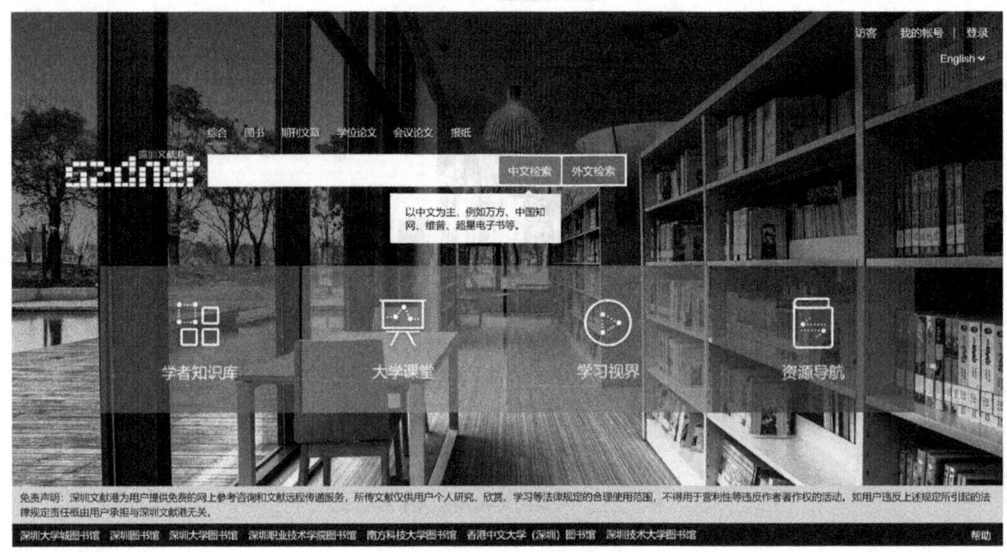

图7-4　深圳文献港首页

7.2　开放获取平台

开放获取（open access，简称OA）是一种基于互联网的不同于传统学术传播的新型机制，在充分尊重作者知识产权的前提下，免费为用户提供学术研究成果。国外较为出名的开放获取平台有瑞典的DOAJ开放获取平台、英国的CogentOA平台等。

7.2.1　DOAJ

DOAJ（开放获取期刊目录）由瑞典隆德大学于 2003 年推出，是目前全球最权威、认知度最高的开放获取期刊目录平台（图 7-5），涵盖了科学、技术、医学、社会科学和人文学科等几乎所有学科领域。截至 2021 年 3 月，该平台共收录了 1.6 万多种期刊，涉及 124 个国家，总计 574 万余篇文章，其中 1 万余篇文章可实现全文下载。DOAJ 开放获取平台的网址为 www.doaj.org。

图 7-5　DOAJ 平台界面

DOAJ 网站界面的功能模块主要由 8 个部分组成：首页、检索和浏览 DOAJ、浏览主题、申请、新闻、关于 DOAJ、出版商的信息以及元数据的上传和 API 文件。首页部分主要由检索和浏览 DOAJ、关于 DOAJ 以及最新新闻 3 个模块组成。

"检索和浏览 DOAJ"部分可以按期刊和文章两种方式进行检索，并提供了高级检索。高级检索可根据出版商类型、期刊的语言、期刊许可证、是否含有 DOAJ 印章等十多种检索条件进行搜索，各种检索条件均提供该检索条件下的期刊论文统计数。

在"浏览主题"部分，DOAJ 平台把期刊和文章统一按照美国国会图书馆的分类标准进行分类，用户可以在主题检索框中输入关键字或者单击主题结构树中的箭头来选择主题，单击其中任何一个主题都会在右边的框中显示可用记录的数量。

7.2.2　Cogent OA 开放获取平台

Cogent OA 是 Taylor & Francis 旗下的开放获取出版平台（图 7-6），平台所有出版的文章都经过严格的同行评审并最终以多种格式出版，读者可以全免费下载并阅读这些文章。平台网址为 https://www.tandfonline.com/openaccess/cogentoa。

图 7-6　Cogent OA 开放获取平台界面

7.3　预印本平台

预印本平台是一个基于互联网的数字化知识服务系统和学术交流平台。预印本平台的文章不经同行评审，发布速度快于期刊，最大限度地实现了开放自由的知识共享。科研人员在预印本平台发布研究成果，不仅可以宣传提升科研人员的影响力，还有助于确立其科研成果的优先权。

作为一种新兴的学术出版模式，预印本平台已在许多学科得到广泛应用。Science Open 发布所有学科的预印本。在生命科学领域，主要的预印本服务平台有 bioRxiv、PeerJ PrePrints 和 PrePubMed。

7.3.1　bioRxiv 平台

bioRxiv（https://www.biorxiv.org/）由冷泉港实验室运营，用于公开生命科学中未发表的预印本。作者在 bioRxiv 上发表预印本，能够及时分享他们的成果，也可在投稿之前收到有关预印本的建议和反馈，bioRxiv 发布的文章可作为参考文献被引用。预印本需在提交给期刊之前或同时发布，大多数研究期刊允许论文在出版前在 bioRxiv 等预印本服务器上发布。虽然预印本论文未经过同行评审，但是，平台会对攻击性和（或）非科学内容以及可能造成健康或生物安全风险的材料进行基本筛选，并检查是否存在剽窃行为。

bioRxiv 网站主页显示简单检索界面（图 7-7）。点击检索框下方“Advanced Search”进入 bioRxiv 的高级检索界面（图 7-8），在此页面可利用作者名、题目、关键词等多种信息进行精确检索。

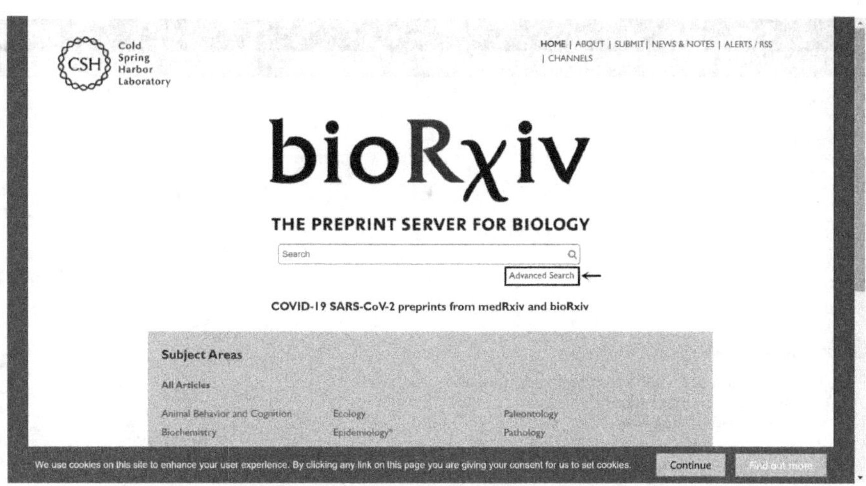

图 7-7　bioRxiv 的主页检索界面

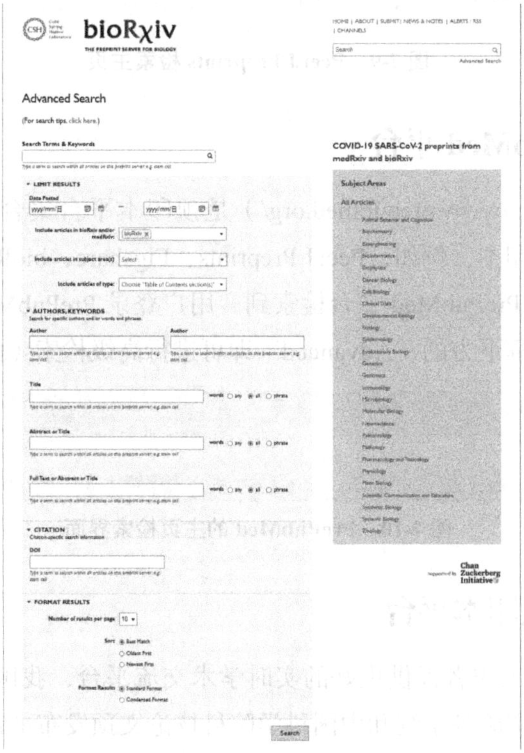

图 7-8　bioRxiv 的高级检索界面

7.3.2　PeerJ Preprints 平台

PeerJ Preprints（https://peerj.com/preprints/）也是生物科学领域的重要预印本平台之一，覆盖面广泛，涵盖了生物科学、医学和健康科学等领域。PeerJ PrePrints 是完全开放获取的。登录 PeerJ Preprints 主页，即可进行文献检索（图 7-9）。

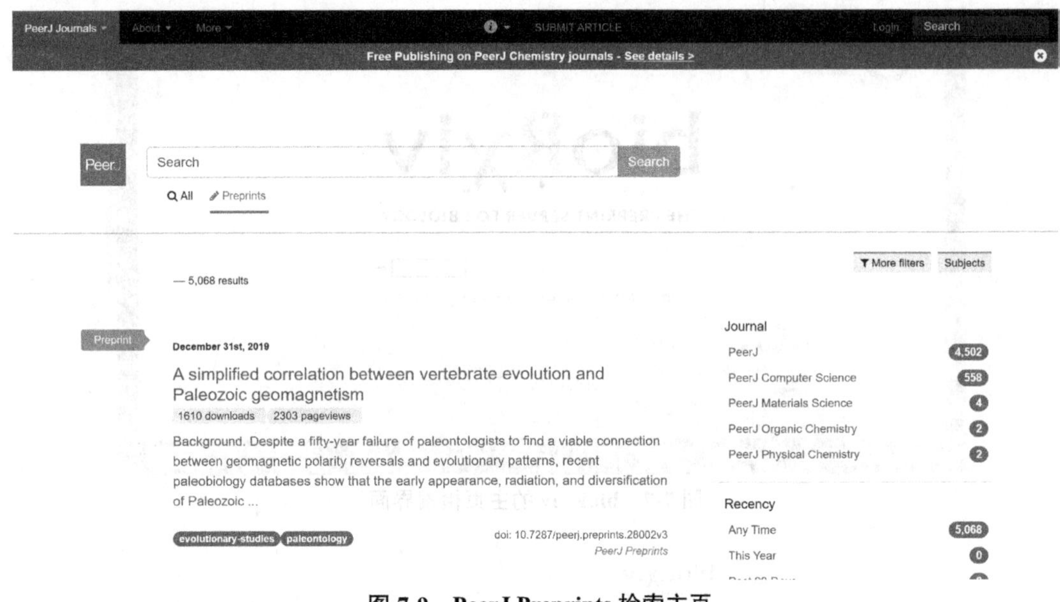

图 7-9　PeerJ Preprints 检索主页

7.3.3　PrePubMed 平台

PrePubMed（http://www.prepubmed.org/）是预印本平台集合，收录了其他一些预印本服务器的论文预印本，例如，PeerJ Preprints，Figshare，bioRxiv 和 F1000 Research 等平台的信息均可在 PrePubMed 平台检索到。用户登录 PrePubMed 平台后，即可进行简单检索，点击检索框下方的“Advanced”即可进行高级检索（图 7-10）。

图 7-10　PrePubMed 的主页检索界面

7.3.4　中国预印本平台

为了给我国科技工作者提供更好的实时学术交流平台，我国建立了多个预印本系统，例如，中国预印本服务系统和中国科学院科技论文预发布平台（ChinaRxiv）。

中国预印本服务系统（https://www.nstl.gov.cn/）由中国科学技术信息研究所与国家科技图书文献中心联合建设，为科研工作者提供预印本文献资源服务。该系统由国内预印本服务子系统和国外预印本门户子系统构成。国内预印本服务子系统主要收藏的是国内科技工作者自由提交的预印本文章，可以实现二次文献检索、浏览全文、发表评论等功能。目前包含期刊 9945 种，期刊文献 677 万余篇；会议文献 50 余万篇，报告近万篇，学位论文 9 万余篇，课件 2592 万余册。登录系统后即可进行文献检索（图 7-11）。

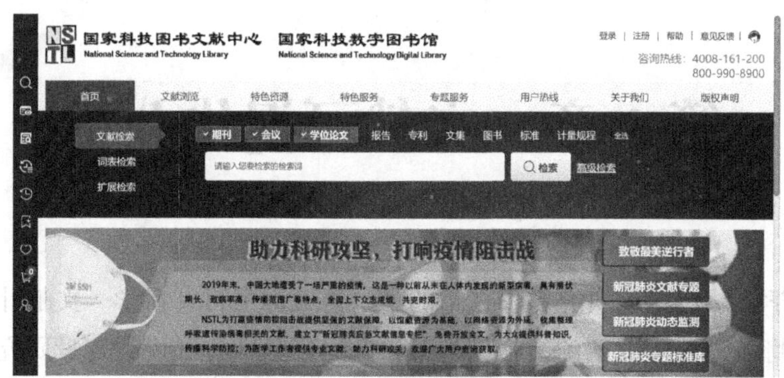

图 7-11　中国预印本服务系统的主页检索界面

ChinaXiv（http://www.chinaxiv.org）立足中国，建设可靠、规范的自然科学领域的中国科研论文开放仓储库，按国际通行模式规范运营。平台面向全国科研人员，接收中英文科学论文的预印本存缴和已发表科学论文的开放存档，支持中国高水平科研论文的快速预发布，有效支撑中国科学家的科研首发权。截至 2021 年 8 月，共发表 1.52 万篇论文。登录 ChinaXiv 平台即可进行简单检索（图 7-12），点击检索符合右侧的“高级检索”，可限制检索词出现的位置和发表年限（图 7-13）。

图 7-12　ChinaXiv 平台主页的检索界面

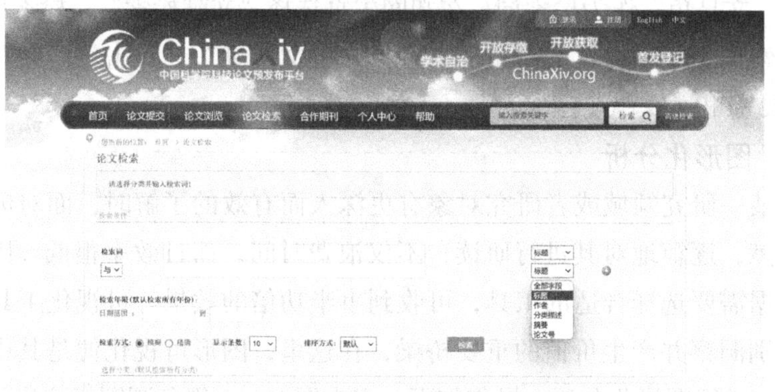

图 7-13　ChinaXiv 平台的高级检索界面

第 8 章　文献可视化分析

运用数学方法定量地研究各种文献的学科，又称书目计量学。文献计量学是通过定量手段，将各种不同类型的文献作为对象，运用数学方法进行定量研究，找出其发展规律的新兴学科。文献计量学的理论与方法在各领域得到了应用，为各学科的主题研究提供了有价值的启发和参考。

8.1　中国知网文献分析

8.1.1　数据库简介

中国知网是世界上最大的连续动态更新的中国学术期刊全文数据库，内容以学术、技术、政策指导、高等科普及教育类期刊为主，内容覆盖自然科学、工程技术、农业、哲学、医学、人文、社会科学等各个领域。中国知网可分析学术趋势、指数检索和学科学术热点检索。

8.1.2　文献检索

打开浏览器，输入网址（https://www.cnki.net/），即进入中国知网界面。检索关于"文昌鱼"的历年全部中文文献，并进行数据分类可视化分析。

8.1.2.1　初级检索

选择以"文昌鱼"作为检索词，在知网主页选择"文献检索"，检索项默认为"主题"，在检索词栏中输入"文昌鱼"，选择"中文文献"，点击"搜索"。通过初级检索获得 842 条相关文献（图 8-1）。

8.1.2.2　图形化分析

当要对某一研究领域或者研究对象有更深入而有效的了解时，面对庞杂的信息或者海量的文献，逐篇地对其进行研读，不仅浪费时间，而且效率很低。因此，需要转换方式，根据需要选择合适的工具，可收到事半功倍的效果。可视化工具是人们从关联数据中识别洞察并产生价值的重要桥梁，在这里，图形可视化便是其中一种方式。在中国知网中进行图形化分析，操作如下：点击图 8-1 中黑色圆圈标注出的可视化图标

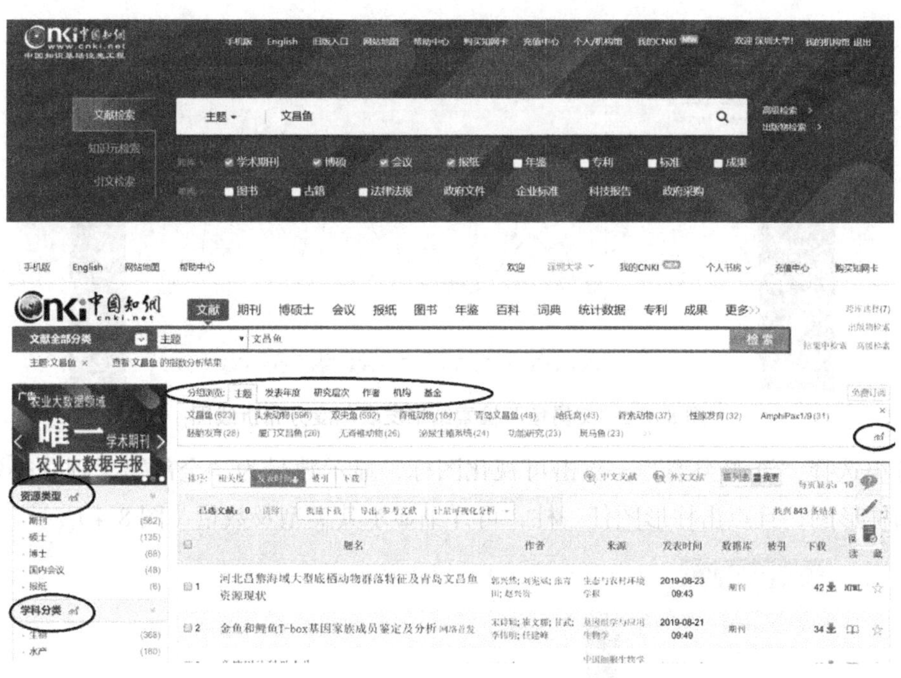

图 8-1　“文昌鱼”检索结果

“ ”，可分别获得各分组的数据分类图表。分组有主题、发表年度、研究层次、作者、机构、基金、文献类型、资源类型、学科分类、文献来源、关键词等 11 个选择项。

分组选择“主题”，点击可视化图标，显示数量选择“10”，则获得发表文献数量相关最多的 10 个主题扇形图，且点击扇形图任一扇形单元，可详细显示其数量和比例（图 8-2）。

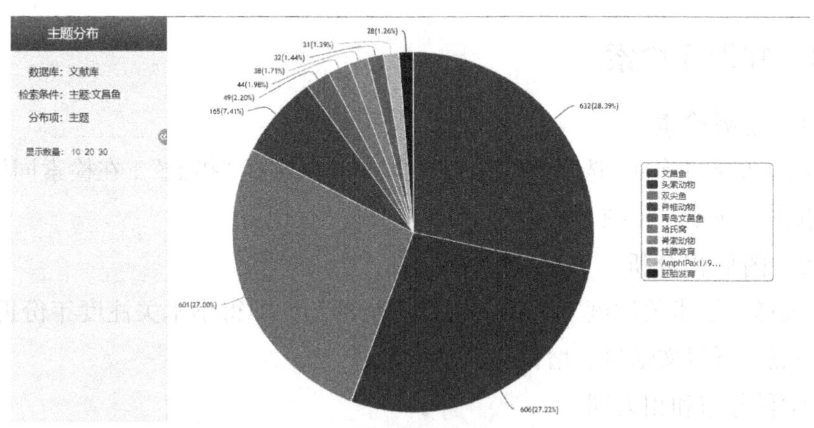

图 8-2　“文昌鱼”检索结果主题分布扇形图（彩图见文前插页）

分组选择“发表年度”，点击可视化图标，显示数量选择“30”，则获得发表文献数量相关最多的 30 个年份数据折线图，且点击折线图任一点，可详细显示其年份及数量（图 8-3）。

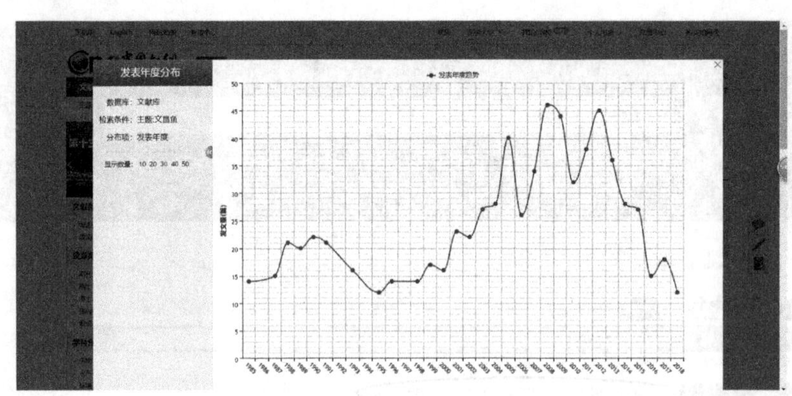

图 8-3 “文昌鱼”检索结果发表年度分布折线图

分组选择“资源类型”，点击可视化图标，显示数量为“全部”，则获得资源类型分布柱形图，且点击柱形图任一柱，可详细显示其类型及数量（图 8-4）。

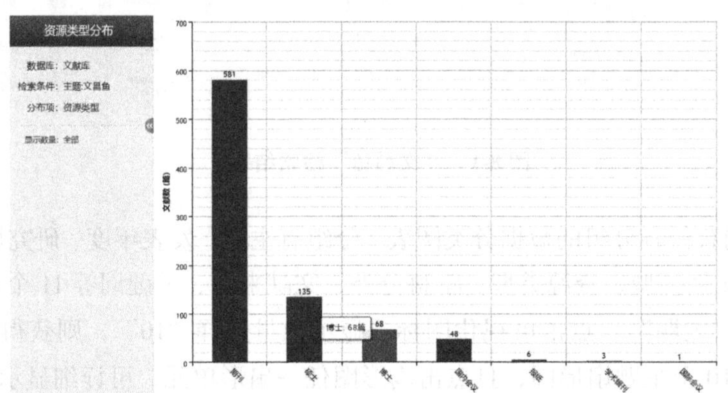

图 8-4 “文昌鱼”检索结果资源类型分布柱形图

8.1.3 知识元检索

8.1.3.1 初级检索

登录中国知网的首页，选择“知识元检索”，类型选择“指数”，在检索词栏输入“文昌鱼”，点击“搜索”（图 8-5）。

8.1.3.2 图形化分析

（1）选择“学术关注度”，年份选择“全部”，即得学术关注度年份折线图，且点击任意一点，可得文献量、增长率等具体信息。

（2）学科分布和相关词

在上述分析界面的下方，可见学科分布和相关词分析结果。

（3）机构分布柱形图

在界面底部，为研究进展和机构分布，研究进展总结了最早文献、最新文献和经典文献，机构分布列出发表“文昌鱼”文献最多的十家机构（图 8-6 ~ 图 8-8）。

图 8-5　“文昌鱼”知识元检索指数分布示例

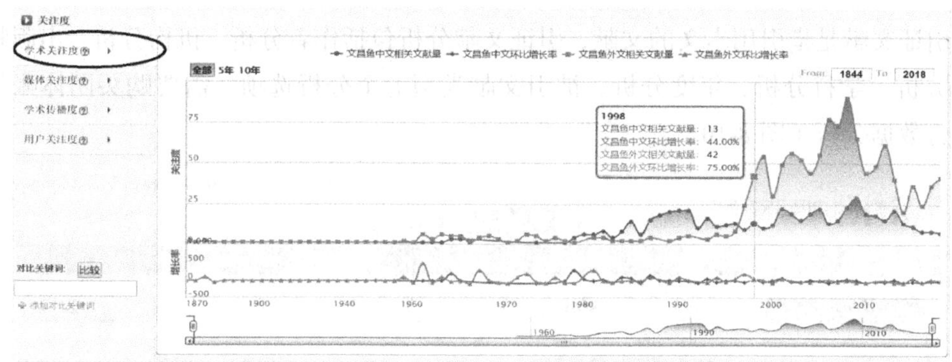

图 8-6　“文昌鱼”的学术关注度年份变化折线图

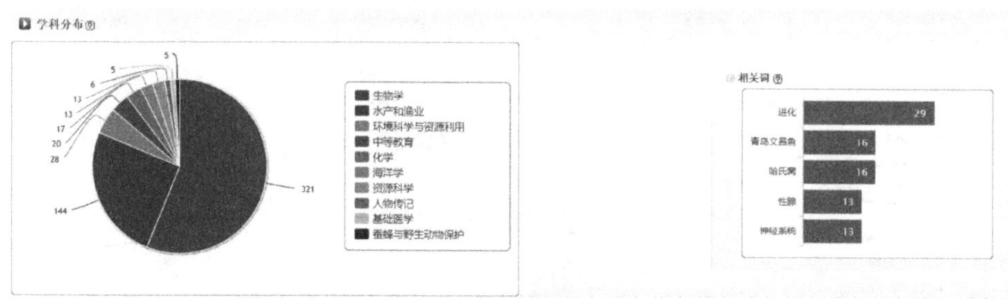

图 8-7　“文昌鱼”的学科分布扇形图和相关词柱形图（彩图见文前插页）

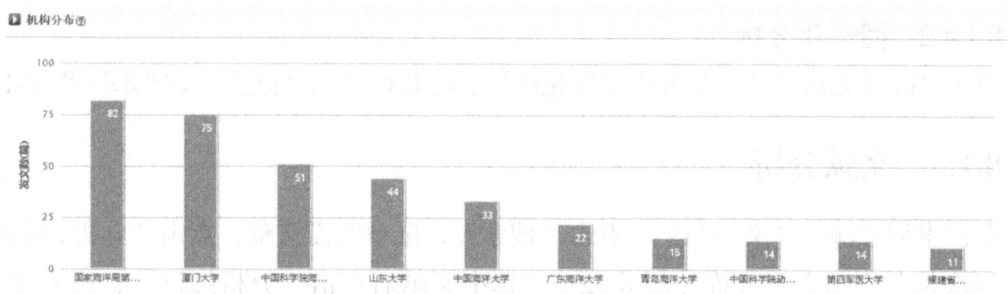

图 8-8　“文昌鱼”文献发表机构分布柱形图

8.1.4 引文检索举例

8.1.4.1 初级检索

中国知网首页选择“引文检索”，在检索词栏输入“文昌鱼”，点击“搜索”，操作界面如图 8-9 所示。

图 8-9 “文昌鱼”引文检索

引证文献是指引用本文的文献，引证文献分析包括作者分析、机构分析、出版物、基金分析、学科分析、年度分析、被引文献类型七个分析选项。需要购买团体账号才可进行数据分析（图 8-10）。

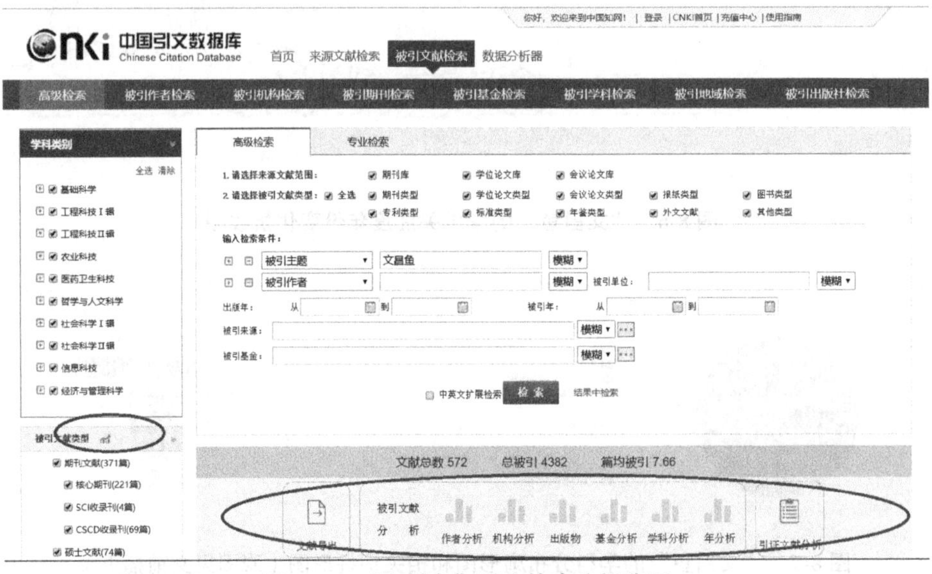

图 8-10 “文昌鱼”引文检索分析选项

8.1.4.2 图形化分析

点击“被引文献类型”旁边的可视化图标，可获得被引文献类型扇形图（图 8-11）。

8.1.5 文献分析

在检索词栏输入“文昌鱼”，点击“搜索”，选中所需文献，点击“分析 / 阅读”，进入多次检索文献汇聚界面（图 8-12）。选中文献后点击“分析阅读”，进入文献分析中心（图 8-13）。

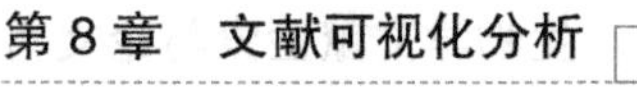

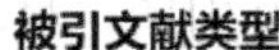

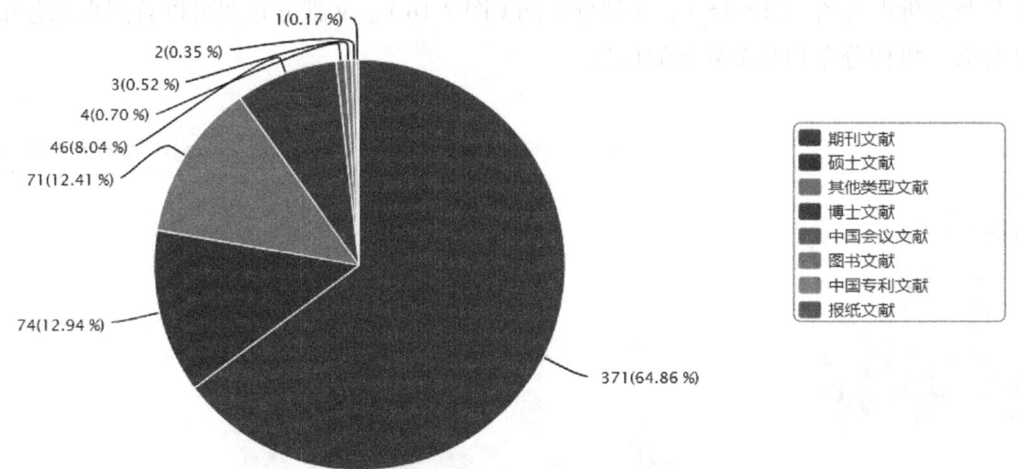

图 8-11 “文昌鱼”引文文献类型分布（彩图见文前插页）

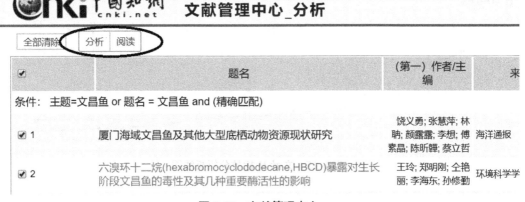

(20) 清除 导出 / 参考文献 分析 / 阅读 找到 582 条结果 浏览1/30 下一页

☑	篇名	作者	刊名	发表时间	被引	下载	预览	分享
☑ 1	厦门海域文昌鱼及其他大型底栖动物资源现状研究	饶义勇; 张慧萍; 林聃; 颜露露; 李想; 傅素晶; 陈昕韡; 蔡立哲	海洋通报	2015-10-15	3	289	HTML	+
☑ 2	六溴环十二烷(hexabromocyclododecane,HBCD)暴露对生长阶段文昌鱼的毒性及其几种重要酶活性的影响	王玲; 郑明刚; 仝艳丽; 李海东; 孙修勤	环境科学学报	2011-05-06	15	581	HTML	+

图 8-12 “文昌鱼”检索界面

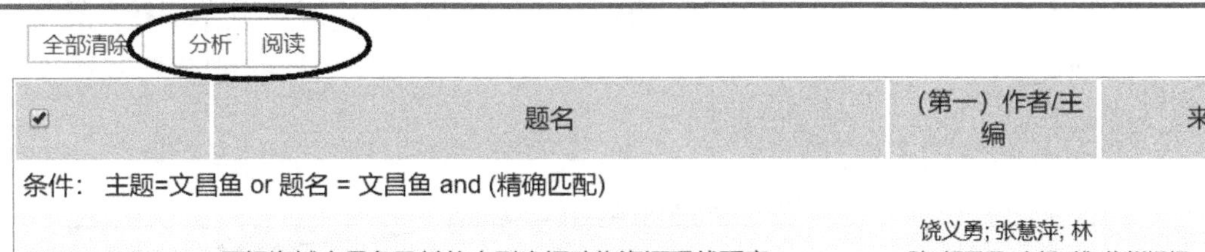
cnki 中国知网 cnki.net 文献管理中心_分析

全部清除 分析 阅读

☑	题名	(第一) 作者/主编	来
条件: 主题=文昌鱼 or 题名 = 文昌鱼 and (精确匹配)			
☑ 1	厦门海域文昌鱼及其他大型底栖动物资源现状研究	饶义勇; 张慧萍; 林聃; 颜露露; 李想; 傅素晶; 陈昕韡; 蔡立哲	海洋通报
☑ 2	六溴环十二烷(hexabromocyclododecane,HBCD)暴露对生长阶段文昌鱼的毒性及其几种重要酶活性的影响	王玲; 郑明刚; 仝艳丽; 李海东; 孙修勤	环境科学学

图 8-13 文献管理中心

进入文献分析中心，可以看到文献互引图，呈现文献引证关系（图 8-14），文献 H 指数分析折线图（图 8-15），文献分布图（图 8-16）。文献分布图可以看到来源分布、年分布、机构分布和基金分布的信息。

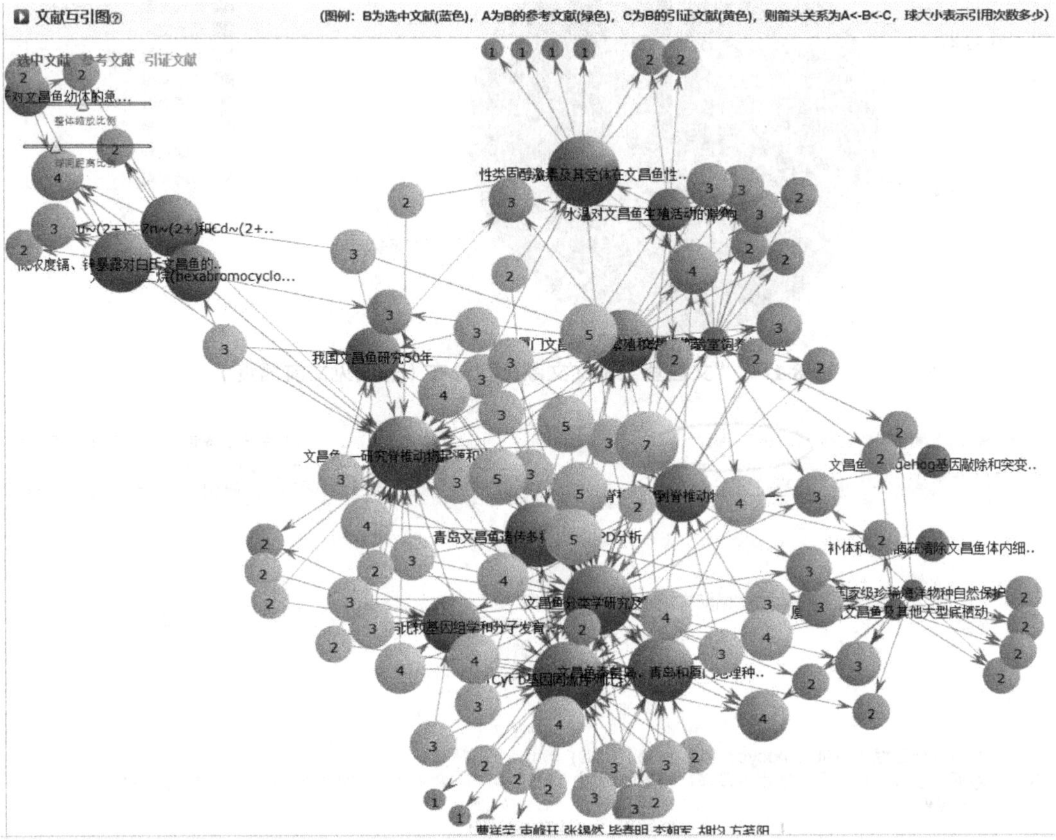

图 8-14　文献互引图（彩图见文前插页）

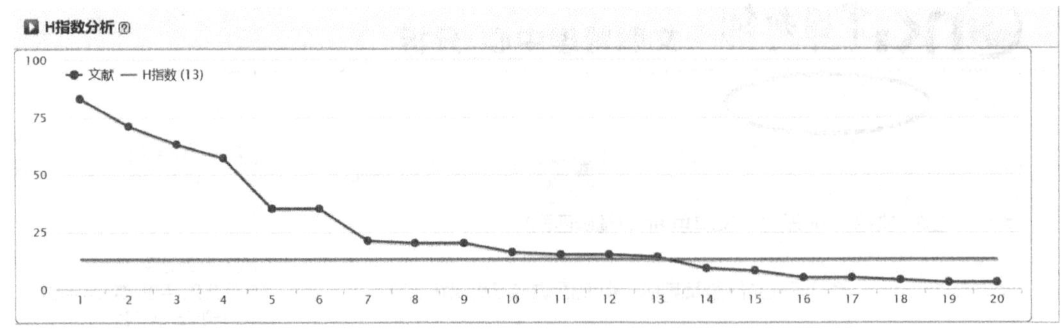

图 8-15　文献 H 指数分析折线图

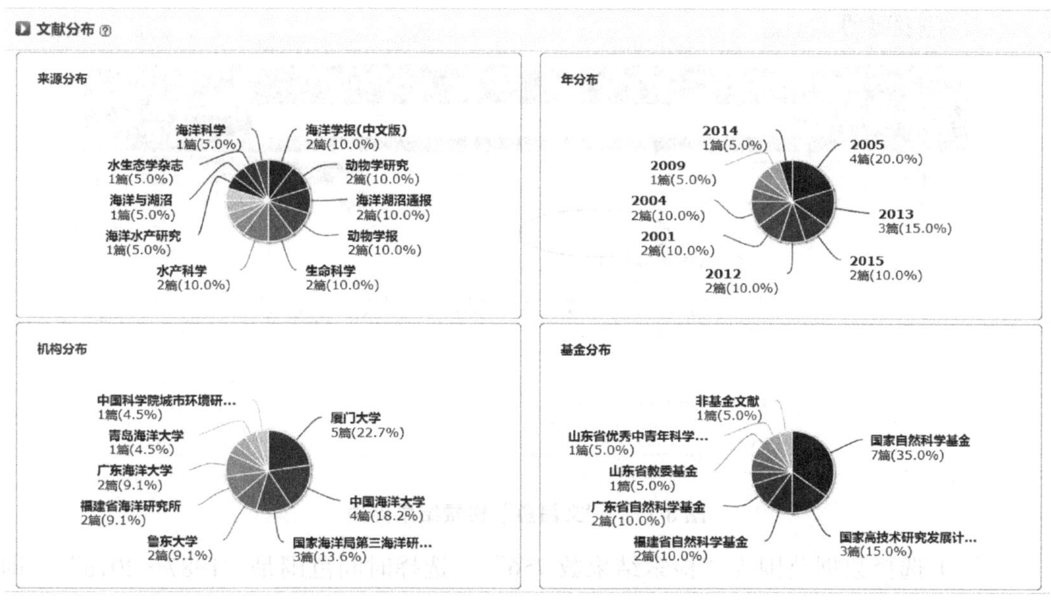

图 8-16　文献分布图

8.2　万方数据库文献分析

8.2.1　数据库简介

万方数据库涵盖了自然科学、工程技术、医药卫生、农业科学、哲学政法、社会科学和科教文艺等学科，可进行知识脉络检索等功能。

8.2.2　文献检索举例

检索关于“文昌鱼”的历年全部中文文献，并进行数据分类可视化分析，包括初级检索与图形化分析两个步骤。

8.2.2.1　初级检索

打开万方首页，文献类型选择“全部”，在检索词栏输入“文昌鱼”，点击“搜索”，通过初级检索获得 756 条相关文献（图 8-17）。

8.2.2.2　图形化分析

点击图中黑色圆圈标注出的可视化图标“ ”，可进入“万方分析”界面，可获得各分组的数据分类图表。分组有年份、作者、机构、学科、期刊、基金、资源类型和关键词等选择项。

图 8-17 “文昌鱼”检索结果界面

（1）选择数据范围为“检索结果数 756”，选择时间范围是“1987—2018”，即得发表文献数量年份折线图，且点击任意一点，可得年份、文献量及其所占百分比等具体信息（图 8-18）。

年份	文献量	百分比
1996	6	0.81%
1995	4	0.54%
1994	5	0.68%
1993	2	0.27%
1992	4	0.54%
1991	0	0%
1990	3	0.41%
1989	3	0.41%
1988	6	0.81%

图 8-18 “文昌鱼”的文献发表量年份变化折线图

（2）选择数据范围为“检索结果数 756”，选择时间范围是“1990—2018”，选择分类类型是“被引频次”，即得被引频次作者分布柱形图，且点击任意一柱形，可得作者、机构和被引频次等详细数据（图 8-19）。

（3）选择数据范围为“检索结果数 756”，选择时间范围是“1990—2018”，即得资源类型扇形图，且点击任意一个扇形，可得年份、文献量及其所占百分比等具体信息（图 8-20）。

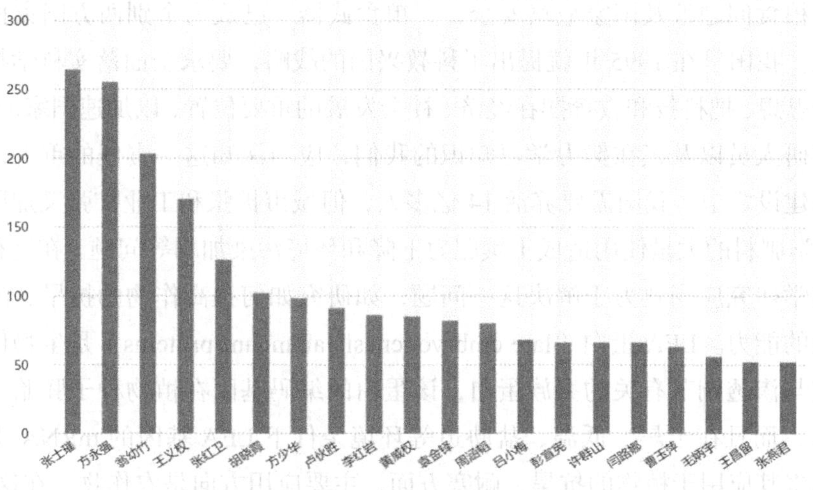

图 8-19　“文昌鱼”的作者被引频次柱形图

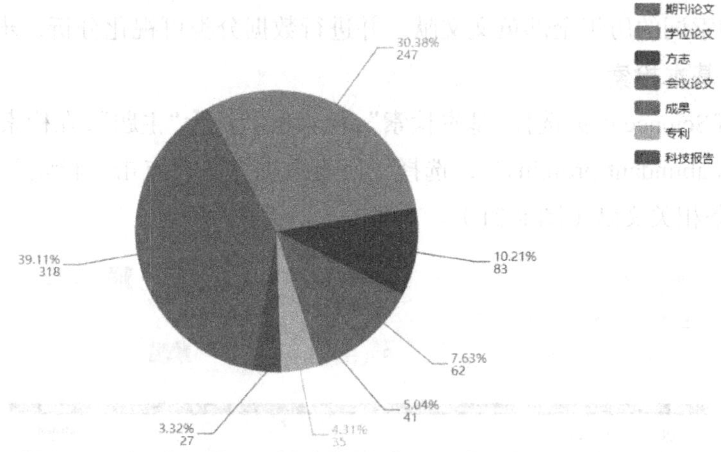

图 8-20　“文昌鱼”检索结果的资源类型扇形图（彩图见文前插页）

8.3　Web of Science

8.3.1　数据库简介

除了可进行文献检索外，用户还可在 Web of Science 平台可“分析检索结果”和“创建引文报告”。

8.3.2　文献检索举例

科学研究是探索未知，探索可能，探索未来，它应该朝着能够促进人类进步的方向发展。粮食问题涉及国家战略安全，“粮食武器”已成为个别西方国家控制我国的重要手段。我国早在1995年就提出了科教兴国的战略，要求全面落实科学技术是第一生产力的思想，把科技和教育摆在经济、社会发展的重要位置，以加速国家的繁荣昌盛。因此，科研人员以及正在努力学习知识的我们，应当深知这一责任的重大，应积极参与到强国建设之中。我国需要养活14亿多人，但城市扩张和工业扩张又加剧了耕地的流失，化学肥料的大量使用造成土壤肥力下降和环境污染加剧等问题。在这种情况下，我们的科学研究应当致力于解决这一问题，如研究如何提高作物的抗旱、耐寒或耐盐碱等方面的能力。LEA蛋白（late embryogenesis abundant proteins）是生物体中广泛存在的一类与渗透调节有关的家族蛋白，该蛋白的编码基因在植物种子胚胎发育晚期表达量丰富，而且在干旱、低温、盐胁迫等环境条件下LEA基因的mRNA也会大量累积。可以将其应用于植物的抗旱、耐寒方面，主要应用方向是农作物。在这里以“late embryogenesis abundant proteins”为检索词，对Web of Science的文献检索方式进行举例，检索关于该检索词的历年全部英文文献，并进行数据分类可视化分析，步骤如下。

8.3.2.1 基本检索

在Web of Science首页选择“基本检索”，检索项默认为“主题”，在检索词栏输入“late embryogenesis abundant proteins”，选择“所有数据库”，点击“检索”，通过基本检索获得1361条相关文献（图8-21）。

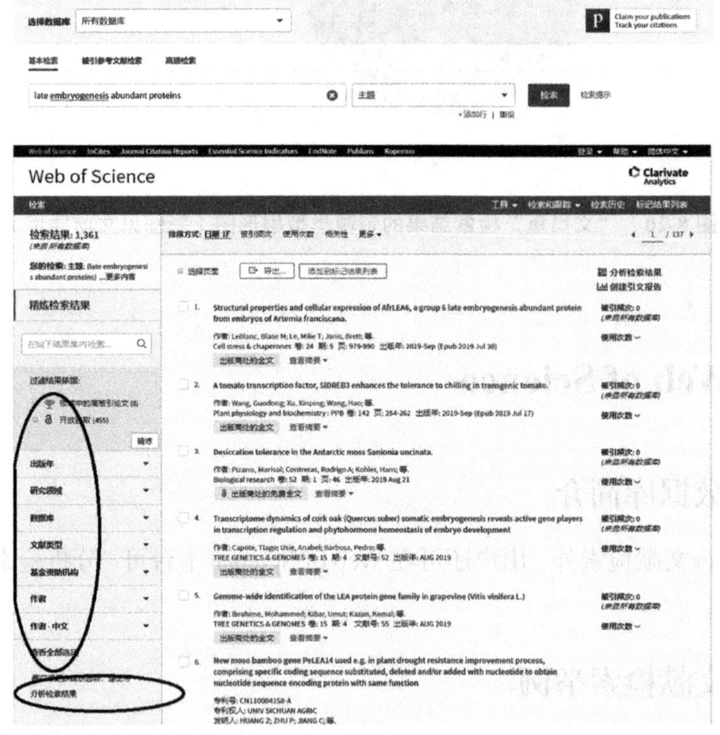

图 8-21 “late embryogenesis abundant proteins”检索结果界面

8.3.2.2　图形化分析

点击“分析检索结果”，结果分析选择项包括研究方向、出版年、数据库、文献类型、作者、国家 / 地区、来源出版物、会议名称、团体 / 机构作者、语种、机构和基本分类等。

（1）选择“研究方向”，可视化图像选择“柱状图”，检索结果数选择“10”，可得发表文献数量最多的 10 个研究方向柱状分布图（图 8-22）。

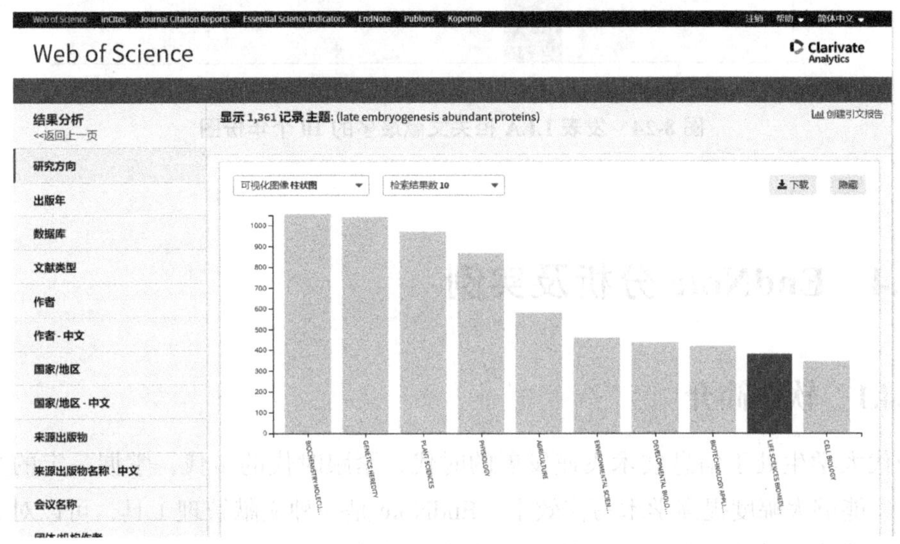

图 8-22　LEA 研究方向柱状图

（2）选择“国家”，可视化图像选择“树状图”，检索结果数选择“10”，即获得发表文献数量最多的 10 个国家（图 8-23）。

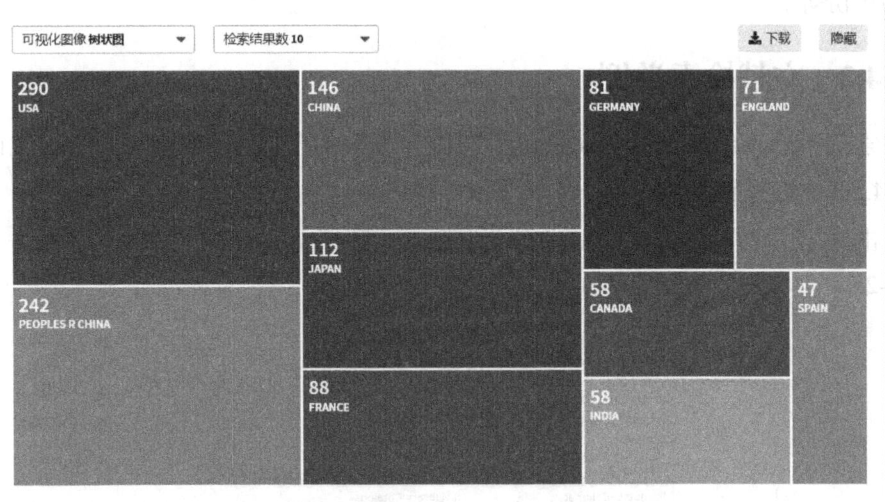

图 8-23　各国发表 LEA 相关文献的数据图

（3）选择“出版年”，可视化图像选择“柱状图”，检索结果数选择“10”，可得发表文献数量最多的 10 个年份柱状图（图 8-24）。

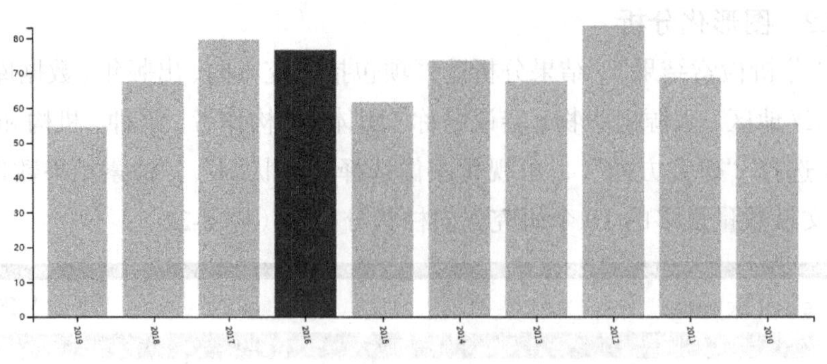

图 8-24　发表 LEA 相关文献最多的 10 个年份图

8.4　EndNote 分析及实例

8.4.1　软件简介

当代大学生处于信息技术飞速发展的时代，紧跟时代的步伐，掌握一定的文献管理工具，能够大幅度提高学术写作效率。EndNote 是一种文献管理工具，可以对文献进行分类、排序、检索、笔记整理等管理功能，同时具备一定的统计分析功能，可在管理文献的同时提高对文献概貌的了解。如可以利用 Subject Bibliography 对所收集的文献进行基于字段的统计分析。可统计的字段包括参考文献类型、作者、关键词、出版地、语言和年份等。

8.4.2　文献检索举例

检索关于“reactive oxygen species” 2019 年发表的全部英文文献，并进行统计分析。

8.4.2.1　**选择数据库**

点击“🔍”图标，选择需要进行文献搜索的数据库，如“PubMed”，点击“确认”（图 8-25）。

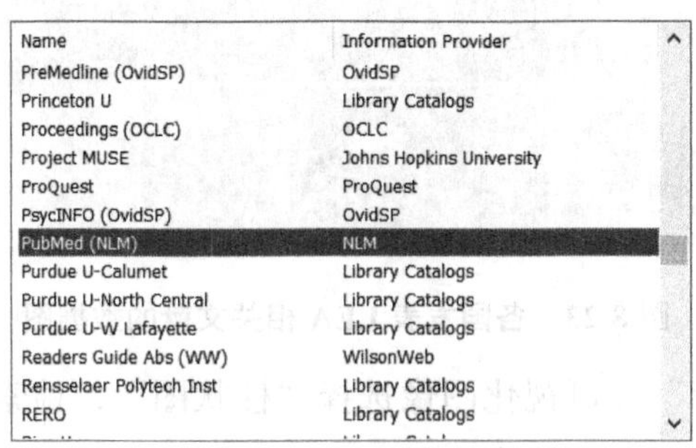

Name	Information Provider
PreMedline (OvidSP)	OvidSP
Princeton U	Library Catalogs
Proceedings (OCLC)	OCLC
Project MUSE	Johns Hopkins University
ProQuest	ProQuest
PsycINFO (OvidSP)	OvidSP
PubMed (NLM)	NLM
Purdue U-Calumet	Library Catalogs
Purdue U-North Central	Library Catalogs
Purdue U-W Lafayette	Library Catalogs
Readers Guide Abs (WW)	WilsonWeb
Rensselaer Polytech Inst	Library Catalogs
RERO	Library Catalogs

图 8-25　数据库信息展示

8.4.2.2　文献检索

在检索栏中选择“Title”“Contains”“reactive oxygen species”和“Year”“Contains”“2019”，布尔逻辑关系选择“AND”（图 8-26）。点击“Search”，显示搜索结果有 681 篇文献，点击“OK”，检索结果如图 8-27 和图 8-28 所示。

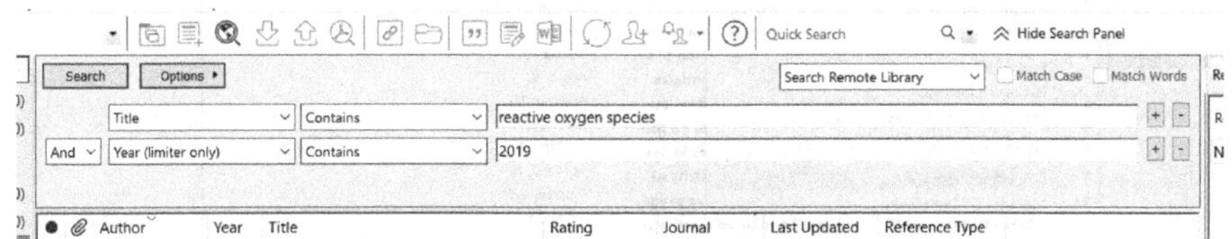

图 8-26　检索栏输入检索词

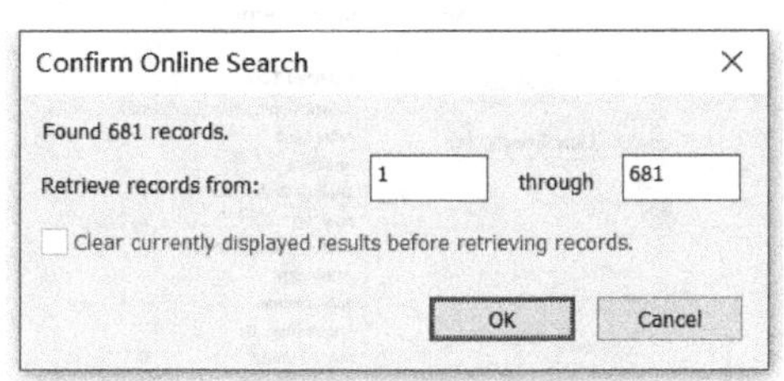

图 8-27　检索文献数量显示

Author	Year	Title	Rating	Journal	Last Updated	Reference Type
He, Z.; Li, Z.; ...	2019	The NAC Protein from Tamarix hispi...		Plants (Bas...	2019/10/7	Journal Article
Jang, Y.; Cho...	2019	Auraptene Mitigates Parkinson's Dis...		Int J Mol Sci	2019/10/7	Journal Article
Agidigbi, T. ...	2019	Reactive Oxygen Species in Osteocla...		Int J Mol Sci	2019/10/7	Journal Article
Bath, N. M.; ...	2019	Significant Reduction of Murine Ren...		Transplant ...	2019/10/7	Journal Article
Lichvarova, ...	2019	Parvalbumin expression in oligoden...		Sci Rep	2019/10/7	Journal Article
Sheng, T.; O...	2019	Reactive oxygen species explicit dosi...		Proc SPIE I...	2019/10/7	Journal Article
Munro, D.; P...	2019	Comparative studies of mitochondri...		Aging Cell	2019/10/7	Journal Article
Lee, S. Y.; Ju,...	2019	Reactive oxygen species induce epit...		Mol Med Rep	2019/10/7	Journal Article
Yusupov, M.;...	2019	Transport of Reactive Oxygen and N...		Oxid Med C...	2019/10/7	Journal Article
Chen, B. X.; ...	2019	Coumarin-Induced Delay of Rice See...		Front Plant ...	2019/10/7	Journal Article
Nishi, E. E.; ...	2019	Melatonin attenuates renal sympath...		Hypertens ...	2019/10/7	Journal Article
Wei, R.; Enak...	2019	Activation of KEAP1/NRF2/P62 sign...		Sci Rep	2019/10/7	Journal Article
Lee, J. R.; Le...	2019	The inhibition of chloride intracellul...		Exp Mol Med	2019/10/7	Journal Article
Xiao, L.; Gu, ...	2019	Orthogonal Activation of RNA-Cleav...		Angew Che...	2019/10/7	Journal Article
Yi, Z.; Jiang, ...	2019	Glutathione peroxidase 3 (GPX3) su...		J Cell Bioch...	2019/10/7	Journal Article
Lee, B.; Lee, ...	2019	Silver nanoparticles induce reactive ...		Int J Nano...	2019/10/7	Journal Article
Grayczyk, J. ...	2019	Staphylococcus aureus Lipoic Acid S...		Infect Imm...	2019/10/7	Journal Article
Biswas, M. S....	2019	Reactive oxygen species and reactiv...		Plant J	2019/10/7	Journal Article
Mao, W.; He,...	2019	Andrographolide sensitizes Hep-2 h...		Anticancer ...	2019/10/7	Journal Article
Manfrin, A.; ...	2019	Reactive Oxygen Species Production ...		Environ Sci ...	2019/10/7	Journal Article
Urbonaviciut...	2019	Low Production of Reactive Oxygen ...		Trends Mol ...	2019/10/7	Journal Article
Carney, B. C.;...	2019	Reactive Oxygen Species Scavenging...		J Surg Res	2019/10/7	Journal Article
Rai, S.; Rai, R...	2019	Alr2321, a multiple stress inducible ...		Aquat Toxi...	2019/10/7	Journal Article
Khan, M. Y.; ...	2019	Regulation of cadmium toxicity in ro...		Plant Physi...	2019/10/7	Journal Article
Liou, Y. F.; Ch...	2019	Thymoquinone suppresses the prolif...		Environ Tox...	2019/10/7	Journal Article
Di Luccia, B.;...	2019	ILC3s integrate glycolysis and mitoc...		J Exp Med	2019/10/7	Journal Article
Zhou, Z.; Xu,...	2019	Nuclear Nrf2 Activity in Laryngeal C...		J Cancer	2019/10/7	Journal Article
Yasuda, S.; S...	2019	Cycloartenyl Ferulate and beta-Sitos...		J Oleo Sci	2019/10/7	Journal Article
Qi, C.; Shao, ...	2019	The cardioprotective effects of icari...		Int Immun...	2019/10/7	Journal Article

图 8-28　检索结果部分截图

8.4.3　统计分析

新建分组，命名为“ROS 2019”，导入搜索到的 660 篇文献。然后选择“Tools”下的“Subject Bibliography”，在“Subject Fields”选择“Author”和“Keywords”，单击“OK”，便能得到对于检索结果进行的作者、关键词的分析结果（图 8-29）。统计结果按照字母和时间排序（图 8-30）。

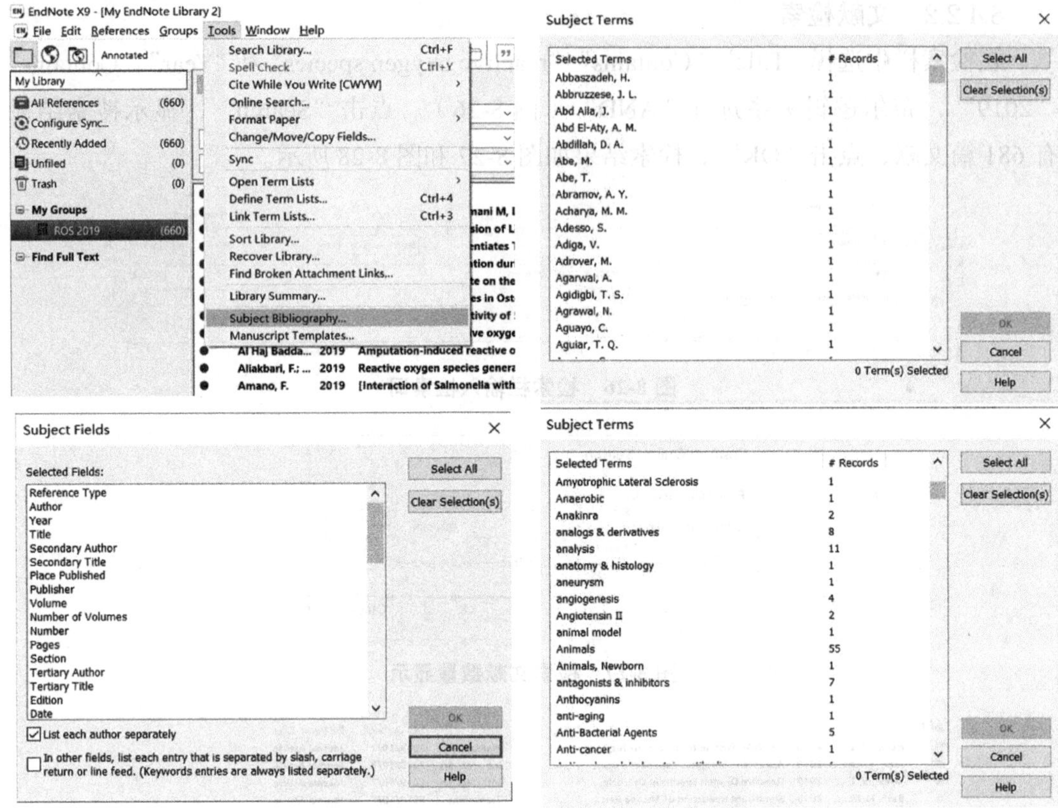

图 8-29　EndNote 的分析功能示例　　图 8-30　EndNote 的作者、关键词分析结果示例

8.5　CiteSpace 软件

8.5.1　CiteSpace 的简介

科学知识是抽象且不断发展的，掌握恰当的方法或者利用适当的工具，就能够探寻事物的发展规律。制作科学知识图谱是探究这些科学知识发展规律的方法之一，它把不可度量的东西以图像的方式表现出来。CiteSpace 是在科学计量学、数据和信息可视化背景下逐渐发展起来的一款多元、分时、动态的引文可视化分析软件，能够将文献之间的关系以科学知识图谱的方式可视化地展现在操作者面前，能够帮助研究者找到所要了解领域的研究热点、前沿、重要学者和研究机构，还能展示出特定时间跨度内新研究课题的突然激增情况。

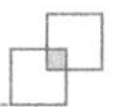

8.5.2　关键名词术语

（1）共词分析法

每一篇论文都会列出关键词，通过关键词可以大概知道这篇论文的核心所在，文章的主题也可以通过对关键词进行分析来窥探一二。而一篇论文给出的几个关键词不会是毫无关系的，它们存在着某种关联，这种关联可以用共现的频次来表示。共词分析法就是基于这一关联，对一组词两两统计（词汇对）它们在同一组文献中出现的次数，通过这种共现次数来度量它们之间的亲疏关系。一般认为，词汇对在同一篇文献中出现的次数越多，则代表这两个主题的关系越紧密。统计一组文献的主题词两两之间在同一篇文献出现的频率，便可形成一个由这些词汇对关联所组成的共词网络。这就体现了事物内部的各要素之间和事物之间是存在联系的，它们相互影响、相互制约、相互作用。找到事物之间的关键联系点，有助于快速地了解事物的本质，把握其核心内容。

（2）文献共被引

从名字就可以看出，“被引”可指一篇论文中的参考文献，“共被引”就是两篇或多篇论文同时所引用的参考文献。具体点说就是前面发表的两篇或多篇论文被后来一篇或多篇论文所引证，则这两篇或多篇论文构成共被引关系，同时引用这两篇或多篇论文的文献篇数叫共被引强度。例如甲文献同时引用了 C 和 D 文献，此时 C 和 D 文献是共被引关系，共被引强度为 1；再如 A 和 B 文献同时引用了 C 和 D 文献，此时 C 和 D 文献是共被引关系，共被引强度为 2。文献的共被引关系会随时间的变化而变化，通过文献共被引网络研究可以探究某一学科的发展和演进动态。

（3）作者共被引

同文献共被引相似，两位或多位作者同时被后来一篇或多篇论文所引证，这两位或多位作者则构成共被引关系，同时引用这两位或多位作者的文献篇数叫共被引强度。例如 A 文献同时引用了 C 和 D 作者，此时 C 和 D 作者是共被引关系，共被引强度为 1；再如 A 和 B 文献同时引用了 C 和 D 作者，此时 C 和 D 作者是共被引关系，共被引强度为 2。作者的共被引关系会随时间的变化而变化。

8.5.3　CiteSpace 使用流程

CiteSpace 的使用流程可以分为五个步骤。①确定想要分析的主题进行数据的下载，数据来源通常有：CNKI 中国知网、CSSCI 中国社会科学引文索引、Derwent 世界专利索引、WoS（Web of Science）等；②建立项目，同时可进行参数设置；③可视化结果；④综合图谱结果进行初步解读，这也是最重要的一步，如果对图谱满意可进行结果分析及撰写，如果对图谱不满意，则重新回到第二步，以此往复；⑤结果分析及撰写。详细使用流程可参照图 8-31。

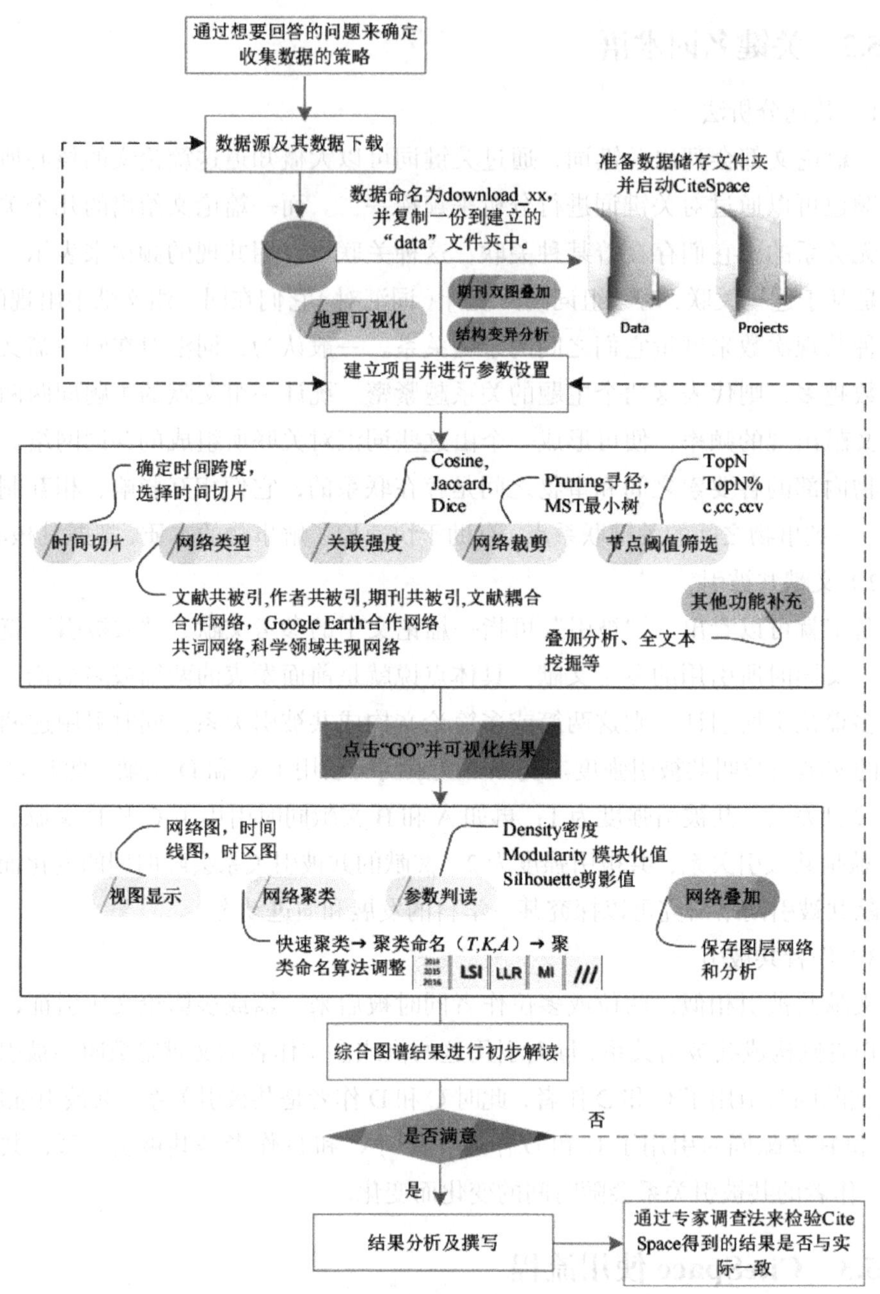

图 8-31　CiteSpace 使用流程图（图片来自李杰 . CiteSpace 中文指南）

8.5.4　CiteSpace 的安装方法一

这是需要独立安装 Java 语言的安装方式。CiteSpace 软件在 Java 环境下才能运行，因此需要先下载安装 Java 语言。

Java 的安装：第一步，下载 Java 前，需要了解计算机操作系统位数。鼠标右击

“此电脑”，单击“属性”，查看计算机属性，如图 8-32 所示，计算机操作系统位数可以在系统类型中查看。第二步，打开 CiteSpace 下载网址（http://cluster.ischool.drexel.edu/~cchen/citespace/download/），即可进入图 8-33 所示界面，继续点击图示红框，即可进入下一页面，下拉页面到图 8-34 处，在该页面可选择 Java 版本、选择计算机系统类型及选择适合计算机系统操作位数的 Java 安装包，此处选择的 Java 安装包是 Java 8 版本，系统类型为 Windows 系统，计算机系统操作位数为 ×64（若计算机系统操作位数为 ×32，可选择 ×64 版本的 Java 进行下载）。点击需要下载的文件后会出现图 8-35 所示页面，直接登录或者创建账户后登录即可下载 Java，之后根据提示进行安装。

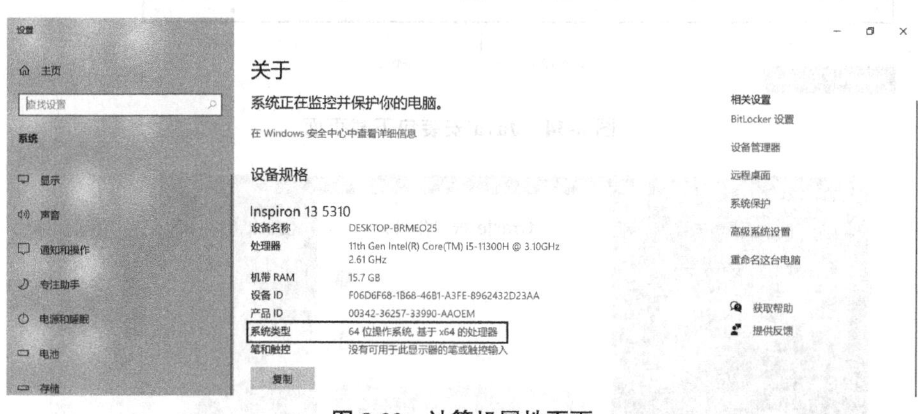

图 8-32　计算机属性页面

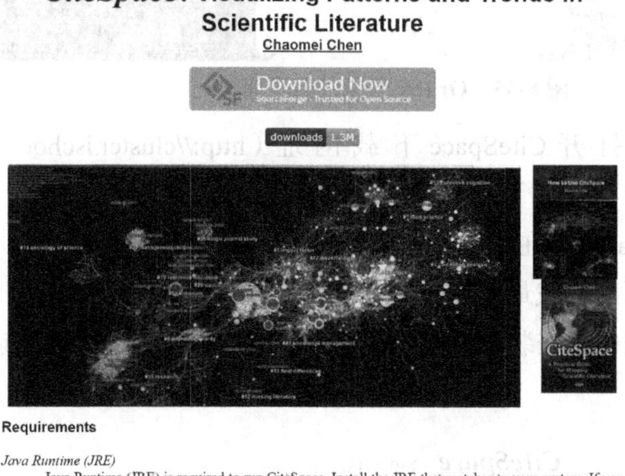

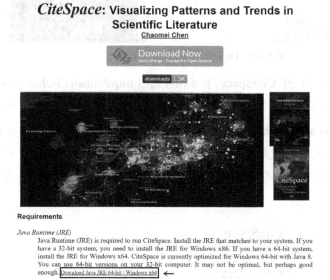

图 8-33　CiteSpace 下载主页面（彩图见文前插页）

Java 11　Java 8 ← 选择Java版本

Java SE Development Kit 8u311

Java SE subscribers will receive JDK 8 updates until at least December of 2030.

The Oracle JDK 8 license changed in April 2019

The Oracle Technology Network License Agreement for Oracle Java SE is substantially different from prior Oracle JDK 8 licenses. This license permits certain uses, such as personal use and development use, at no cost -- but other uses authorized under prior Oracle JDK licenses may no longer be available. Please review the terms carefully before downloading and using this product. FAQs are available here.

Commercial license and support are available for a low cost with Java SE Subscription.

JDK 8 software is licensed under the Oracle Technology Network License Agreement for Oracle Java SE.

JDK 8u311 checksum

Linux　macOS　Solaris　Windows ← 选择合适的电脑系统

Product/file description	File size	Download
x86 Installer	157.37 MB	jdk-8u311-windows-i586.exe
x64 Installer	170.57 MB	jdk-8u311-windows-x64.exe

↑ 选择适合电脑系统操作位数的Java安装包

Documentation Download

图 8-34　Java 安装包下载页面

图 8-35　Oracle 登录注册页面

CiteSpace 的安装：打开 CiteSpace 下载网址（http://cluster.ischool.drexel.edu/~cchen/citespace/download/），点击页面下方“Back to CiteSpace Home”，进入如图 8-36 所示界面，点击“Download”，在“Download CiteSpace”下方点击“View product”，即可进入如图 8-37 所示页面下载最新版本的安装包，选择对应安装包即可下载最新版本的 CiteSpace 软件。根据提示安装 CiteSpace，会出现图 8-38 所示界面，点击“Agree”即可打开 CiteSpace。

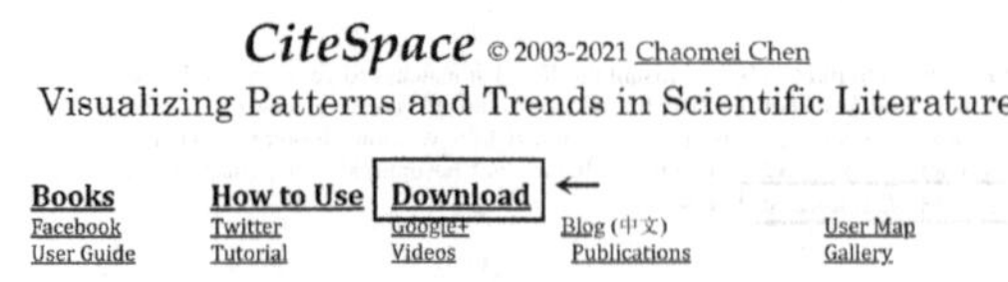

图 8-36　CiteSpace 下载页面

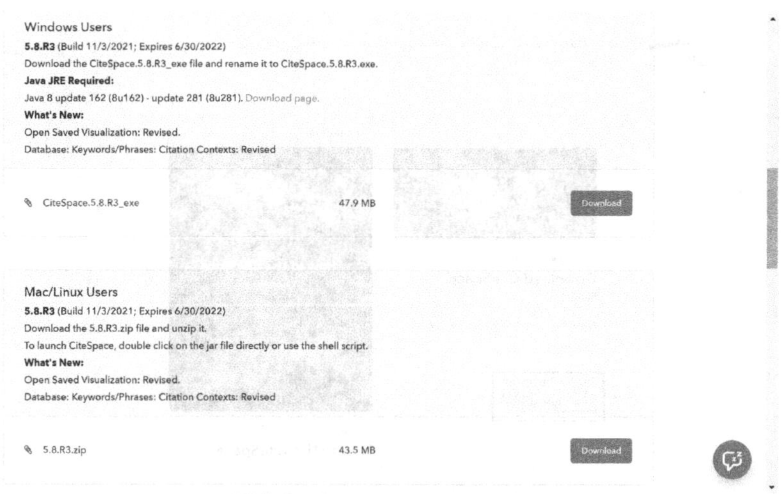

图 8-37　CiteSpace 安装包选择页面

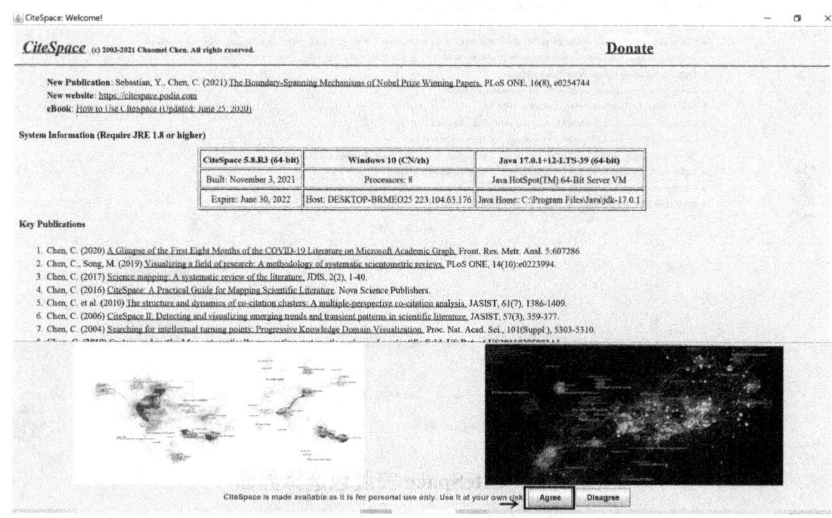

图 8-38　CiteSpace 安装界面

8.5.5　CiteSpace 的安装方法二

这是不需要独立安装 Java 语言的安装方式。CiteSpace 软件在 Java 环境下才能运行，此种安装方式在 CiteSpace 安装包中已经包含 Java 语言。

打开 CiteSpace 网址（https://citespace.podia.com/），进入图 8-39 所示 CiteSpace 下载界面，在“Download CiteSpace”下方点击“View product”，即可进入如图 8-40 所示页面下载 CiteSpace 安装包，最新版 5.8.R3 还没有该类型安装包，在这里以 5.8.R1 安装包下载为例，需要注意的是必须下载 CiteSpace.5.8.R1-installer_exe 类型的安装包，这样才不需要另外下载安装 Java。根据提示安装 CiteSpace，会出现图 8-38 所示界面，点击“Agree”即可打开 CiteSpace。

图 8-39　CiteSpace 下载界面

图 8-40　CiteSpace 安装包选择界面

8.5.6　数据的采集和转换

8.5.6.1　数据的采集与筛选

新建文件夹，命名为“data for citespace”。为方便查找，在“data for citespace”文件夹里新建一个子文件夹，建议以拟分析的主题命名，在该主题文件夹里再建 4 个子文件夹，分别命名为 data、input、output 和 project。其中，data 和 output 文件夹中的数据相同，文件夹的建立可参照图 8-41。

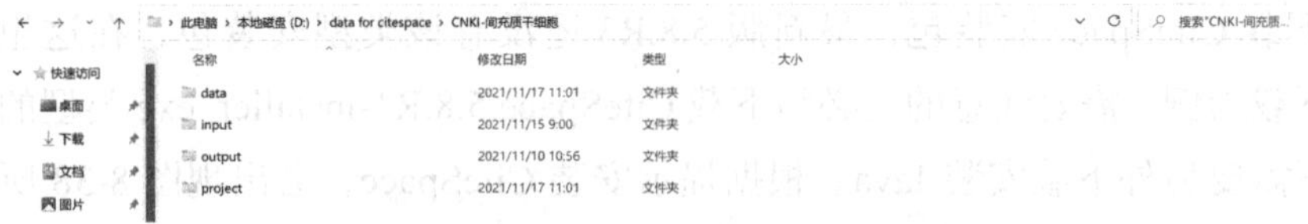

图 8-41　新建 4 个子文件夹用于保存文献

登录中国知网（cnki.net），点击“高级检索”，输入主题词，选择适当的时间范围进行检索（图 8-42）。在检索结果界面（图 8-43），选择中文或英文文献，去除报刊、交流会简报以及和主题不太相关的内容后，将目标文献以 Refworks 格式导出（图 8-44）。筛选剔除不需要的文献，可以直接将文献前面的“√”取消，或者点击已选中的文献，例如选中了 500 篇文献，点击“500”查看所选文献，可在这一步中将不需要的文献删除，点击“×”即可。

图 8-42　中国知网高级检索示例

图 8-43　中国知网高级检索结果及筛选示例

图 8-44　将目标文献以 Refworks 格式导出示例

下载完成后打开文件，将文件复制粘贴到“input”文件夹中，并将该文件名改为download_xx。如果下载的文献超过500条，会出现多个Refworks格式的文件，将这些文件按顺序命名，例如命名为download_1、download_2等，如图8-45所示。

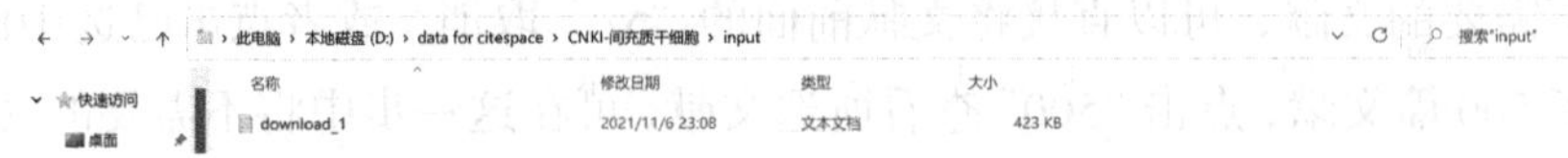

图8-45　下载的Refworks格式文献命名示例

8.5.6.2　数据的转换

CiteSpace不可以直接分析从中国知网上下载下来的数据，所以需要对下载的数据进行转换处理。首先打开CiteSpace软件，如图8-46所示，选择“Data”选项卡，然后点击“Import/Export”按键。之后在图8-47所示界面，选择“CNKI”，然后“Input Directory”选择“input”文件夹，相应地“Output Directory”选择“output”文件夹，点击“CNKI Format Conversion（2.0）”，数据就成功完成转换了，或者在“output”文件夹中出现download_xx_converted也表示转换成功，如图8-48所示。最后，将转换成功的数据复制粘贴到“data”文件夹中备份。

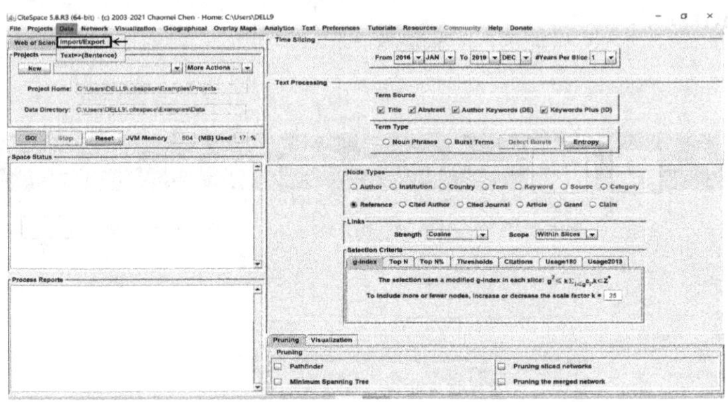

图8-46　CiteSpace主界面

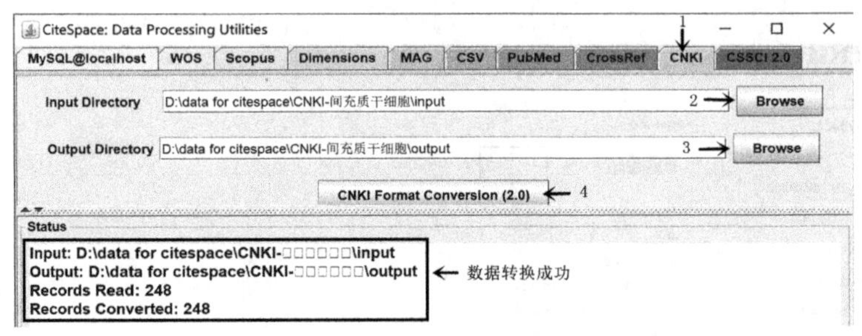

图8-47　CiteSpace数据转换

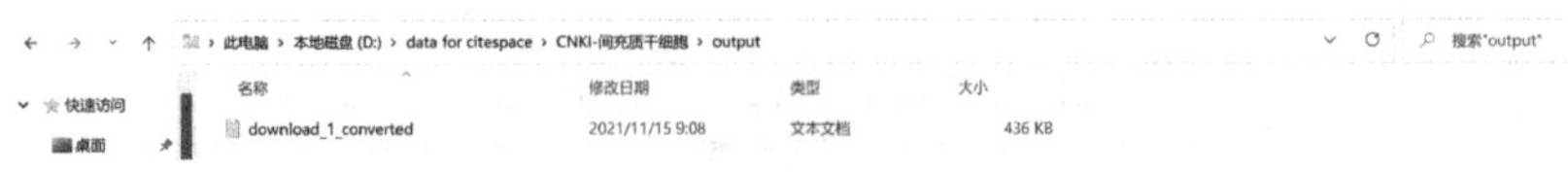

图8-48　output中数据成功转换示例

8.5.7　数据处理分析

数据转化成功后，回到 CiteSpace 主界面，选择“New”新建一个项目，如图 8-49 所示，将“Title”设置为自己拟分析的主题，“Project Home”选择“project”文件夹，同理，“Data Directory”选择“data”文件夹。在新版的 CiteSpace 里没有“CNKI”选项，选择“WoS”就可以，然后点击“Save”。

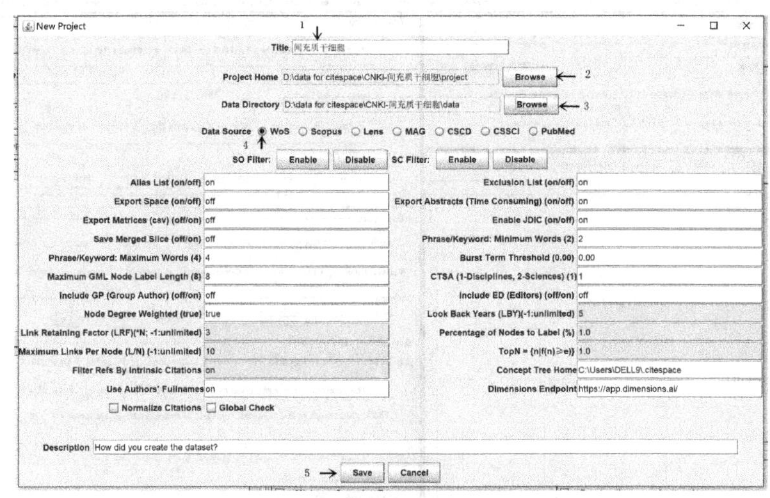

图 8-49　数据处理界面示例

保存之后，重新回到软件操作界面，在右侧的时间切片那一栏选择引文数据的起止时间点，在“Node Types”那一栏选择分析类型；通常第一次可视化不需要裁剪，在“Pruning”这一栏可以不勾选。选择好这些参数之后，点击界面左侧的“GO！”进行数据分析，如图 8-50 所示。数据分析结束后点击“Visualize”，然后点击“Continue”即可进入可视化界面，对得到的可视化图谱进行调整和分析。

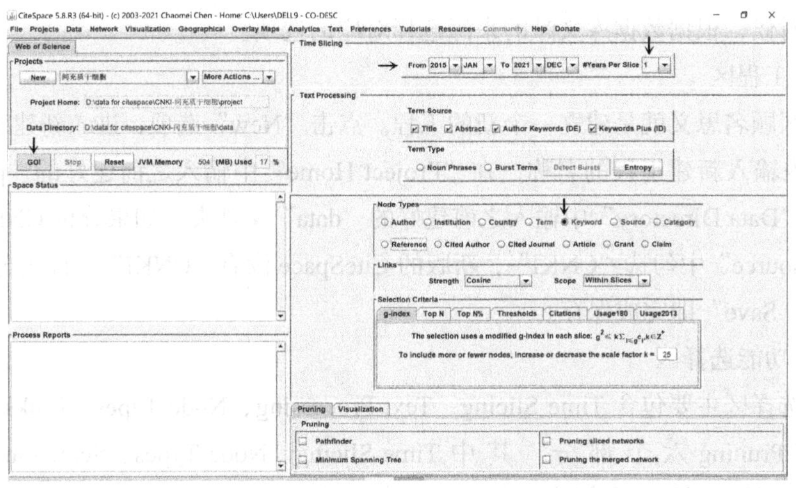

图 8-50　数据分析设定各项参数示例

8.5.8 界面功能介绍

8.5.8.1 功能参数区界面

主界面整体上可以分为 4 个主要的功能区，分别为菜单栏、工程区、运行进度区和功能选择区（图 8-51）。

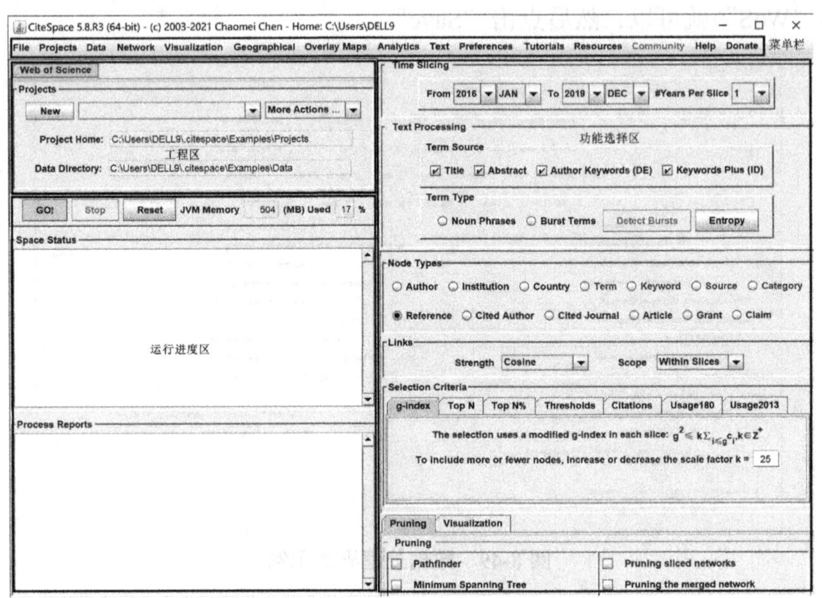

图 8-51 CiteSpace 功能参数区界面

（1）菜单栏

菜单栏常用的就是 data 选项，点击“data”选项下的“Import/Export”，进入输出处理界面。该界面包含“WOS”“Scopus”“Dimensions”“MAG”“CSV”“Cross Ref”“PubMed”“CNKI”和“CSSIC2.0”。这些选项分别对应不同的数据库和数据。在分析的时候，根据数据库文献的来源选择对应的选项。

（2）工程区

工程区顾名思义就是建立一个新的工程。点击“New”选项，进入新建工程界面。“Title”内输入新建工程的名称，在“Project Home”中输入之前建好的“project”文件夹，在“Data Directory”中输入之前建好的“data”文件夹。如果分析 CNKI 的数据，在“Data source”中勾选“CNKI”，新版的 CiteSpace 没有“CNKI”，直接选“WoS”，最后点击“Save”即完成保存。

（3）功能选择区

功能选择区主要包含 Time Slicing、Text Processing、Node Types、Links、Selection Criteria 和 Pruning 六个部分。其中 Time Slicing、Node Types、Selection Criteria 和 Pruning 是比较常用的四个部分。

① Time Slicing 部分

一般而言，Time Slicing（时间切片）的设置应该与阈值设置搭配使用才能凸显其作用。如图 8-52 所示，Time Slicing 包括时间跨度和时间分区长度 2 项参数。时间跨度指定引文（引文即论文后面的参考文献）发表的年份（PY 字段值）范围，取值由引文年份分布和分析者所关注的时间段决定。时间分区长度是对整个时间跨度的划分，以年为单位，最短为一年，最长到整个时间跨度，建议采用等长时间分区，在时间分区内引文按阈值独立筛选，各时间分区阈值可不同，这取决于阈值的设置方式。

图 8-52　功能选择区界面

② Node Types 部分

如图 8-53 所示，Node Types（节点类型）可以分为上下 2 个部分，上面一行主要是对文献进行处理，下面的一行是对引用文献的处理。

文献分析包括 Author、Institution、Country、Term、Keyword、Source 和 Category。引用文献分析包括 Reference、Cited Author 和 Cited Journal。根据需要选择一个进行分析即可，需要注意的是有些数据库是不支持引用文献分析的，如 CNKI。

图 8-53　Node Types 界面

③ Selection Criteria 部分

Selection Criteria（选择标准）用来确立选定的节点类型的选择基准，帮助用户最大限度地从数据中提取最有价值的信息。界面中常用的功能有 4 个。如图 8-54 所示为 g-index 界面，g-index 也被称为 g 指数，通俗来讲就是一个指标。g 指数是根据给定研究人员的出版物收到的引用文献分布计算得出的，计算方法为：首先把作者发表的文章按照被引次数排序，序号为 g；然后把这些序号进行平方，即 g^2；再然后把作者的文章进行累计，即 Σ；最后找到最后一个大于 g^2 的 Σ，其序号 g 就是 g 指数。即 $g^2 \leqslant \Sigma$，最后一篇 $\Sigma > g^2$ 的序号就是 g 指数，但是 CiteSpace 这里在 Σ 之前加了比例因子 k，意思是可以通过自行调整比例因子 k 值的大小，来纳入或排除更多的点。简单来说就是其中 k 值越大，图谱中出现的节点越多；k 值越小，图谱中出现的节点越少。g-index 是 CiteSpace 4 版本之后新增的一个功能。

如图 8-55 所示为 Top N 界面，Top N 是最常用的一个功能，表示在每个 Time Slicing 中提取 N 个被引次数最高的文献。N 越大生成的网络越全面。

如图 8-56 所示为 Top N% 界面，Top N% 和 Top N 类似，意为将每个 Time Slicing 中的被引文献按被引次数排序，保留最高的 N% 个节点。同时，对切片中的节点数量进行限制，默认数值分别为 10% 和 100，这样对每个切片进行了百分比的限定以后，能防止继续出现大量的节点。

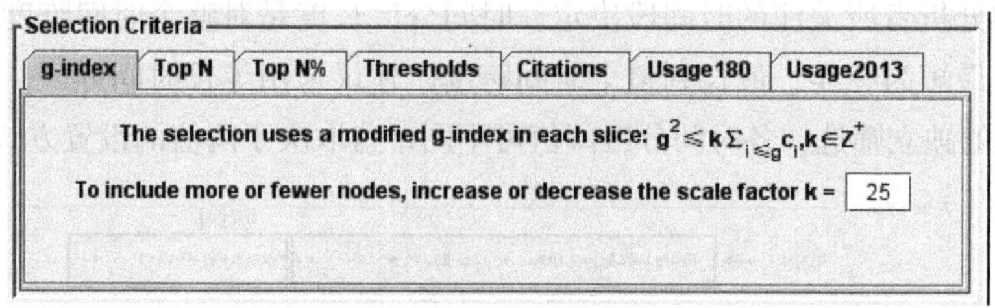

图 8-54 g-index 界面

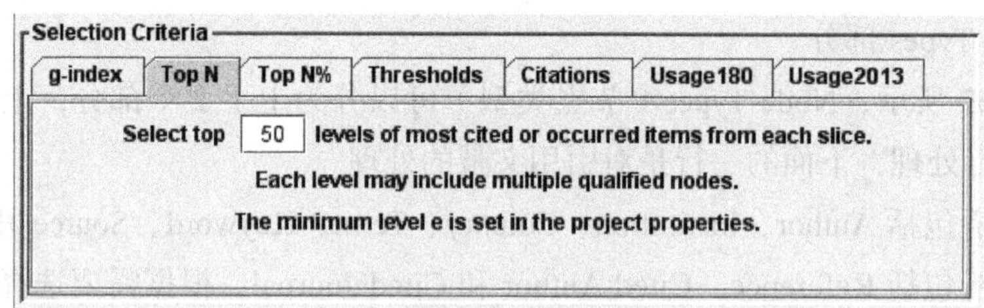

图 8-55 Top N 界面

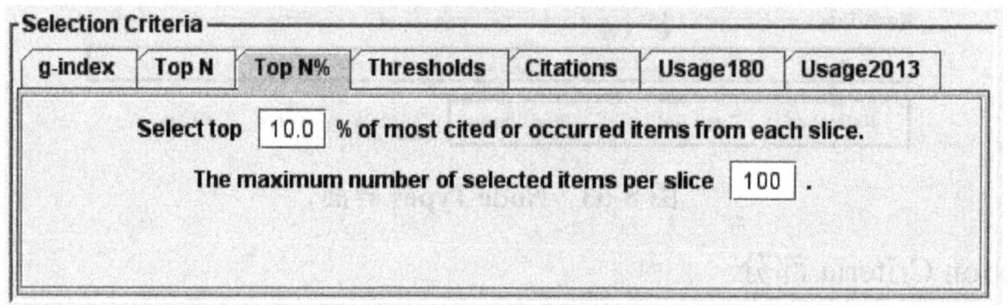

图 8-56 Top N% 界面

图 8-57 所示为 Thresholds 界面，Thresholds 是比较重要也比较难的一个指标，字面意义可以理解为阈值。在数据处理中，CiteSpace 会按照用户设定的阈值提取出各个时间切片满足的文献，并最后合并到网络中。Thresholds 设定三个 time slices 的值，其余 time slices 的值由线性插值赋值（线性插值是指插值函数为一次多项式的插值方式，其在插值节点上的插值误差为 0。在图片上，利用线性插值的算法，可以减少图片的锯齿，模糊图片）。三组需要设置的 slices 为第一个，中间一个，和最后一个 slice。每组中的 3 个值分别为 c、cc 和 ccv。c 为最低被引次数，只有满足这个条件的文献才能参加下面的运算；cc 为本 slice 内的共被引次数；ccv 为规范化以后的共被引次数（0 ~ 100）。3 个参数区分别代表着数据的起始、中间、末尾，也可以说是按照时间段分为前、中、后 3 个区域。

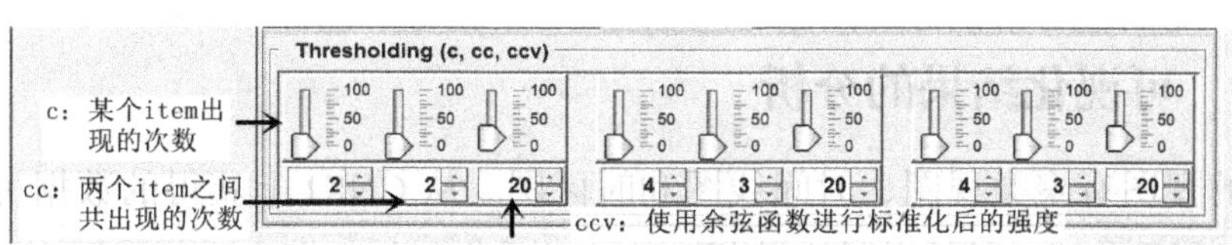

图 8-57　Thresholds 界面

④ Pruning 部分

如图 8-58 所示为 Pruning（网络剪裁）界面，可视化图谱通常不需要修改，只有图谱过于庞杂时才使用。确定好修剪算法后有两种修剪策略，第一种是 Pruning sliced networks，即先对每个时间段进行修剪，然后拼接到一起；第二种是 Pruning the merged network，即只对整个网络进行修剪。

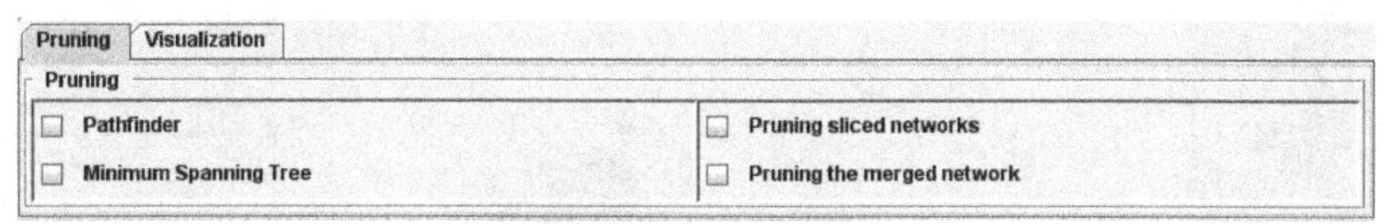

图 8-58　Pruning 界面

8.5.8.2　可视化界面

如图 8-59 所示为可视化界面，可视化界面包含菜单栏、快捷功能区、节点信息列表、分析结果参数信息和图形属性调整 5 个部分。

菜单栏包括对界面进行操作的所有功能；快捷功能区将常用的功能从菜单栏中以可视化的形式提取出来，随用随点，常用的功能有保存图片、调整背景颜色标签颜色、快速聚类、选择聚类标签的算法和节点属性的调整等；节点信息列表可以找到关键词出现的初始年份、频次和中介中心性；分析结果参数信息可以找到密度、节点数目等信息；图形属性调整可调整阈值、标签词的大小和节点的大小等，其中阈值是对可视化网络中标签显示多少的设置，阈值越大，标签数目越少。

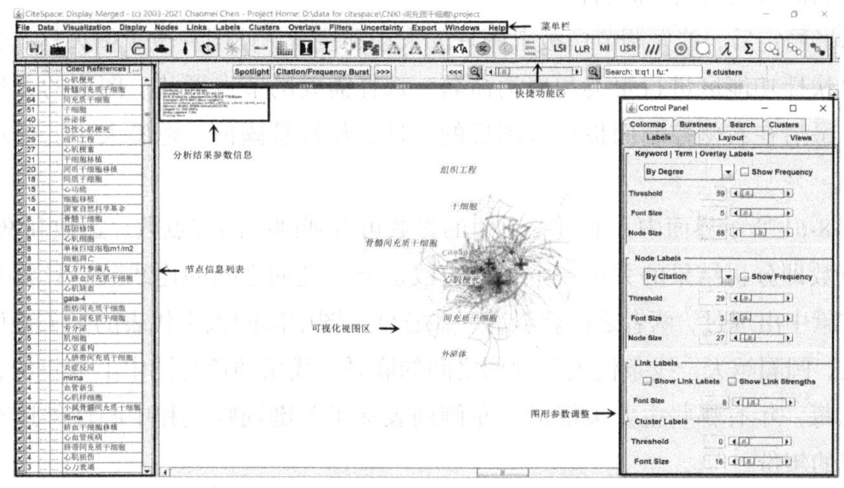

图 8-59　可视化界面（彩图见文前插页）

8.5.9 可视化结果的分析

常见的视图有聚类视图、时间线图和时区图。从 CNKI 上获得的数据可以进行关键词共现分析和作者、机构共被引分析。下面以采集到的数据来演示关键词共现分析。

（1）进入可视化界面

利用转化后的数据建立新的项目后，进入可视化界面（图 8-60）。

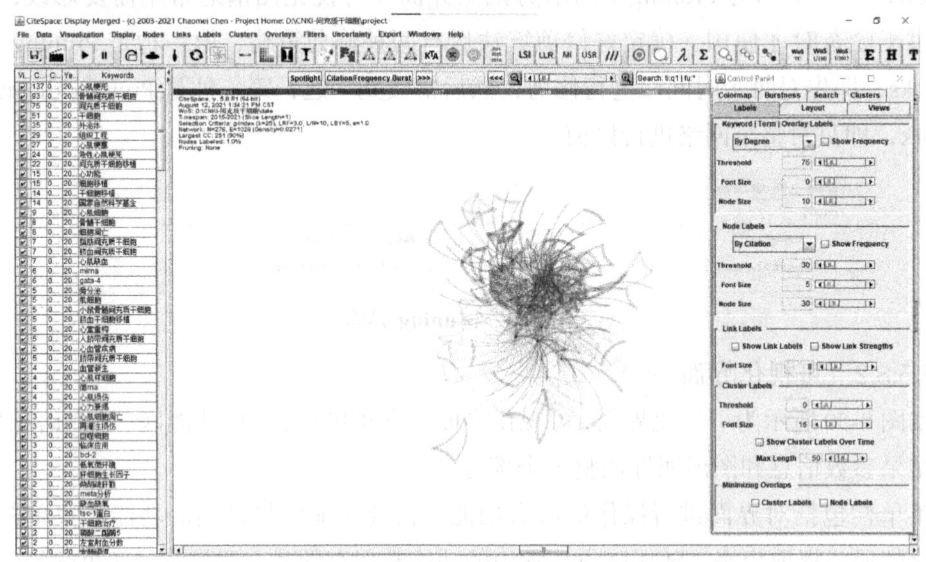

图 8-60　还未进行调整的可视化界面（彩图见文前插页）

（2）可视化界面的操作

刚开始进入可视化界面时，网络图处于不断变化的状态。等待一段时间，背景由黑色转换为白色后，图形会稳定下来。如果软件一直在运行，图基本没有大的改变，可以人为点击快捷功能区的暂停键。

在图形稳定后，首先调节白板上图片的大小和位置，使图片位于中央且足够清晰，然后通过快捷功能区进行聚类和聚类命名，选择需要的节点形状、图形的背景和线条的颜色，最后在右侧控制面板调节图形的属性，如标签阈值、标签大小、节点大小和透明度等。

在图 8-61 所示界面中，通过左上角的参数可看到网络的节点数、边数和网络密度。其中节点数即分析结果的关键词个数，边数是指关键词之间的连线数。只要关键词在同一篇文献中出现过，两者之间就会有一条连线。图中圆圈大小代表的是关键词频次，频次越大，圆圈越大。线条代表关键词之间的联系，线条颜色与图中上方年份相对应，用于标志每一年有哪些主要关键词。左侧列表除了关键词频次和中心性外还有关键词初次出现的年份。

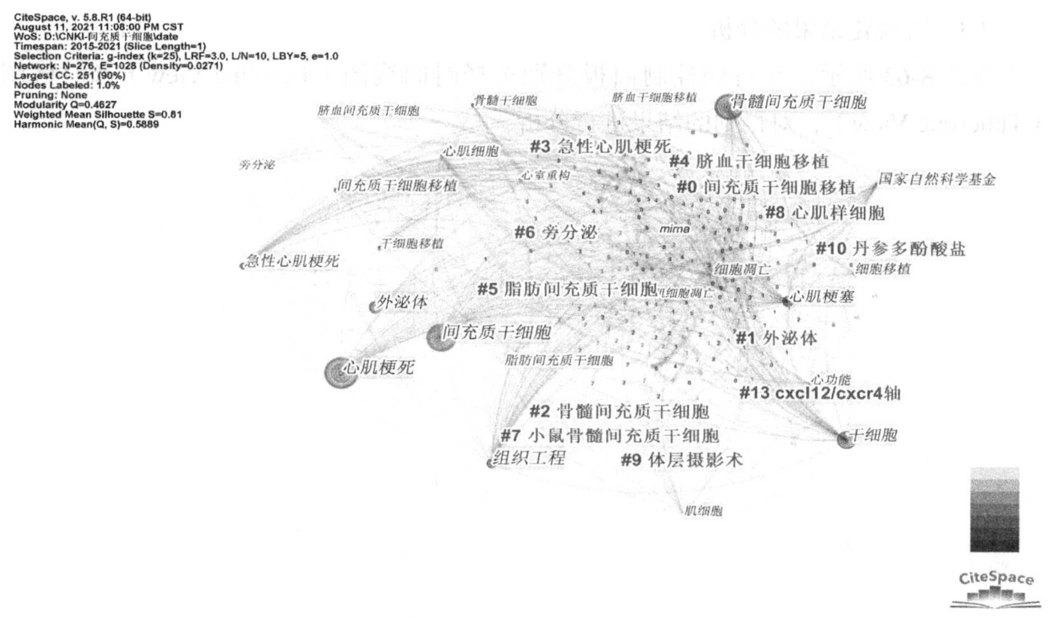

图 8-61　关键词共现的聚类视图（彩图见文前插页）

在分析过程中，有时需要合并同义词。如图 8-62 所示，右键点击一个关键词节点，选择“Add to the Alias List（Primary）”，右键继续点击另一个需要被并入的关键词，选择“Add to the Alias List（Secondary）”，关掉窗口后重新点击“GO”，两个关键词则完成合并。同样，点击“Add to the Exclusion List”可以进行关键词删除。此外，有时也需要隐藏部分聚类标签，点击菜单栏中的“Clusters”，选择“Show Clusters by IDs”，留下需要的聚类标签。

图 8-62　合并同义词的操作

（3）可视化结果的分析

如图 8-63 所示，在右侧控制面板分别选择时间线图（Timeline View）和时区图（Timezone View），对得到的结果进行分析。

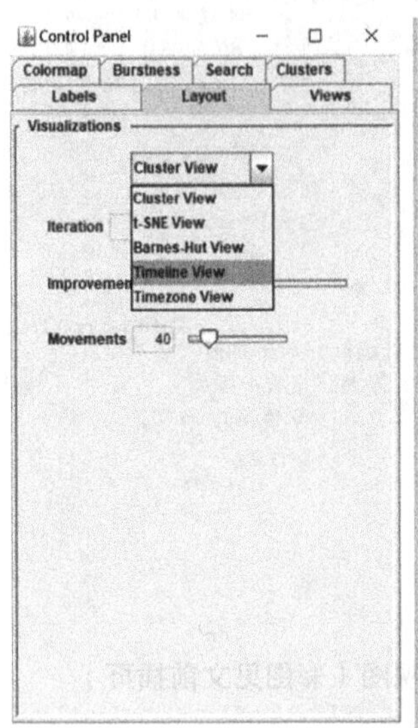

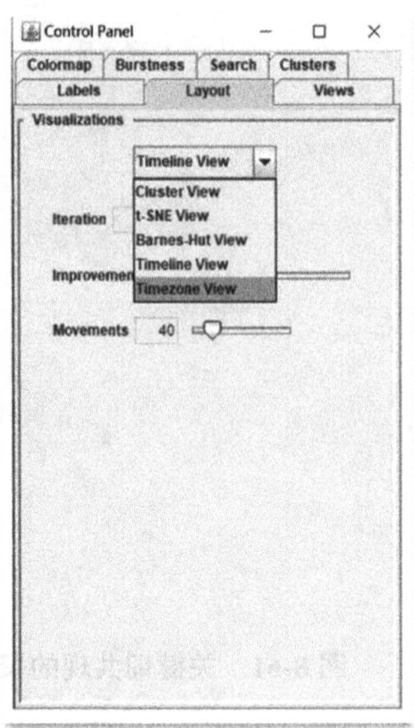

图 8-63　进入时间线图和时区图前的操作

如图 8-64 所示，时间线图把聚类包含的关键词按照时间铺开，同一聚类的各个节点串在同一条时间线上，通过时间线图可以分析聚类之间的关系。如图 8-65 所示，时区图中每一个圆圈代表一个关键词，关键词一旦出现，将固定在首次出现的年份，如果后来的年份又出现了关键词，那么该关键词会在首次出现的位置频次加 1。线条表示两个关键词出现在同一篇或多篇文章中。时区图展现了各个时间段内发表的文献成果。

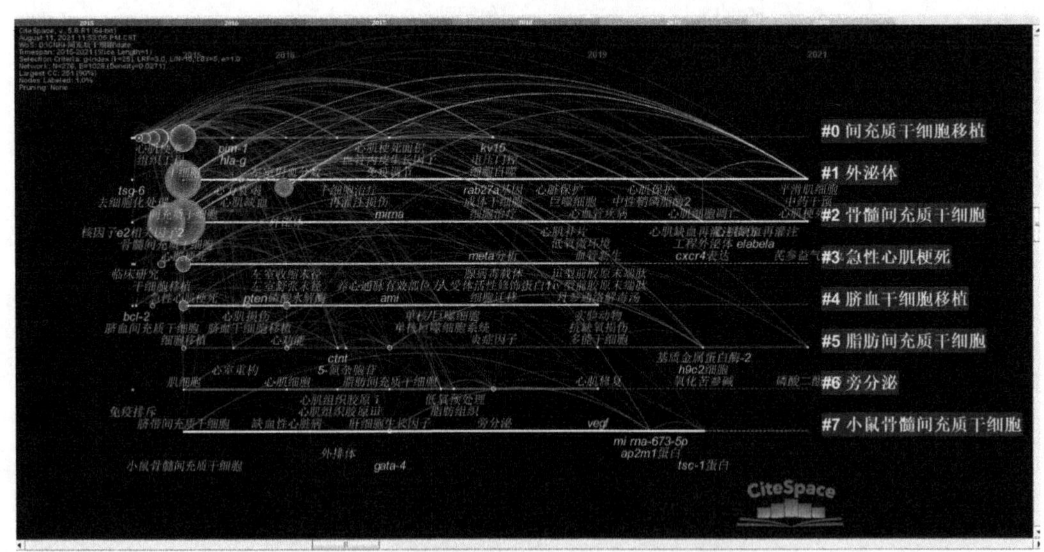

图 8-64　关键词共现的时间线图（彩图见文前插页）

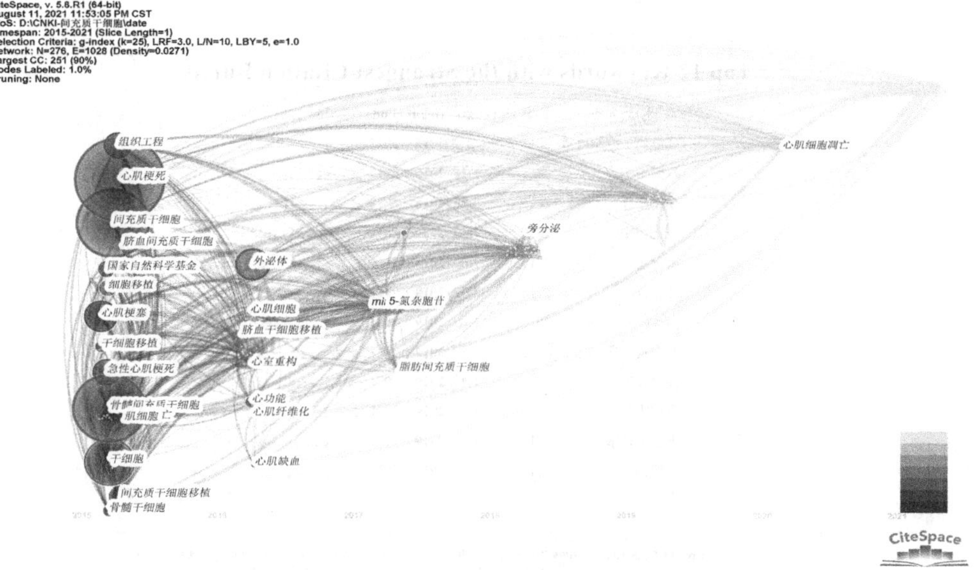

图 8-65　关键词共现的时区图（彩图见文前插页）

（4）关键词突现图的分析

突现词，也称突显词、凸现词。利用 CiteSpace 获得的关键词突现图能够帮助研究者快速发现某一个主题词、关键词衰落或者兴起的情况。获取关键词突现图的步骤为：点击控制面板中“Burstness”，再点击“View”（图 8-66），即可获得关键词突现图。从图 8-67 中可以看到首次提出关键词的年份，爆发时间和结束时间，研究者可以分析推断领域的研究趋势。

（5）图片 / 表格的保存

如图 8-68 所示，在快捷功能区进行操作，保存需要的图片或表格，图片可保存为 viz 或 png 格式。左侧节点信息列表里的内容可以复制粘贴到 Excel 表格中进行深入分析。通过 Export 快捷键可以导出 bursts、centrality 和 sigma 等相关信息。

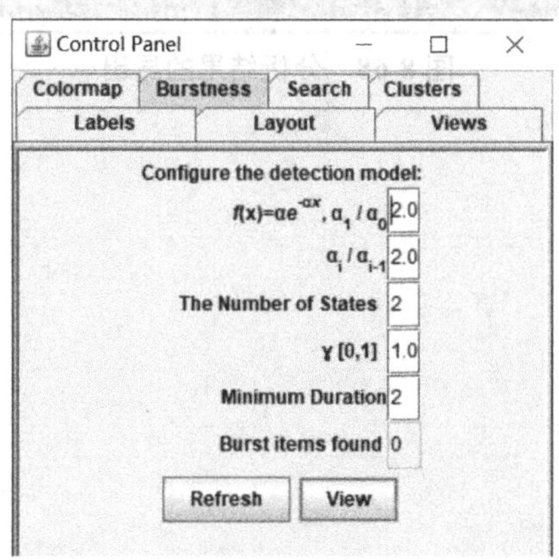

图 8-66　进入关键词突现图之前的操作

Top 12 Keywords with the Strongest Citation Bursts

Keywords	Year	Strength	Begin	End	2015 - 2021
间充质干细胞移植	2015	1.4	**2015**	2017	
骨髓干细胞	2015	1.27	**2015**	2017	
组织工程	2015	5.36	**2016**	2018	
肝细胞生长因子	2015	1.22	**2017**	2018	
旁分泌	2015	2.06	**2018**	2019	
外泌体	2015	8.38	**2019**	2021	
gata-4	2015	2.05	**2019**	2021	
心血管疾病	2015	1.84	**2019**	2021	
血管新生	2015	1.47	**2019**	2021	
巨噬细胞	2015	1.37	**2019**	2021	
低氧微环境	2015	1.37	**2019**	2021	
心肌损伤	2015	1.13	**2019**	2021	

Sort | Save and Display in a New Window as HTML | Save As a Tab Delimited File | Close

图 8-67　关键词突现图

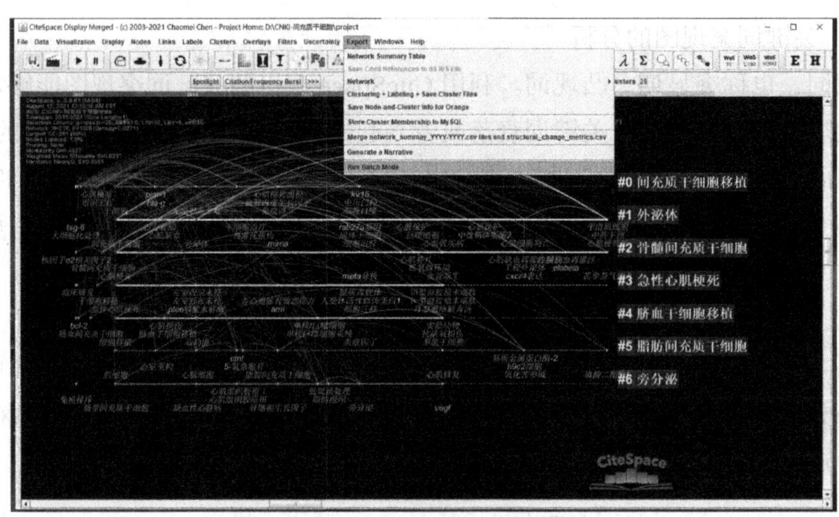

图 8-68　分析结果的导出

第 9 章　学术论文写作

9.1　什么是学术论文

“学术”在科学发展史中是一个历久弥新的概念，既包含学问、知识本身，也具有探究学问的过程属性。

在中国传统文化中，“学术”的“学”与“术”有不同的含义。“学”指学问、学识，也包括学习与探究知识的活动；“术”指方法、策略、技艺和技巧，是应用与发挥“学”的功用的方法和技术。成语“不学无术”折射了“学”与“术”的相关性和差异性。我国著名教育家蔡元培先生所述“学为学理，术为应用”，即是对两者关系的精辟解释。

学术对应的英文是“Academics”，“Academics”除了学术这一释义以外，还可译为学院或学园等。Academics 的词源为 Academy，源自古希腊雅典的一个地名，当时柏拉图在那里建立了一所学院供大家进行学习与交流。17 世纪后，Academy（学院）也被英国、法国学者惯用于称呼高等的教育机构，也就成了现代大学的开端。学位英文表达为“academic degree”。“academic”有“学术的”“学校的、学院的、理论的、与学问有关的、学者的”等含义，意即“学术”是一种知识形态，是学者经过知识积累和思维训练之后探究自然、社会真谛的结果。作为知识形态的“学术”具有普遍性、理论性和高深性等特征，与学校特别是大学存在天然联系。大学与各学科的专门研究机构（研究院、所）一道，肩负传承与发展专门知识的责任，因此学术也是大学的重要本质属性和生命源泉。

在科学技术迅猛发展的时代背景下，“学术”的定义趋于明确化：

一是指专业而系统的知识，常以学科专业进行划分，并随人类探究知识的进程而不断细化和发展。学科门类总体上分为社会科学和自然科学。社会科学包含哲学、经济学、法学、教育学、文学、历史学、管理学和艺术学等，自然科学包含理学、工学、农学和医学等。生物学作为理学类的一个一级学科，涵盖植物学、动物学、微生物学、水生生物学、生物化学与分子生物学、细胞生物学、发育生物学、生理学、遗传学、神经生物学、生物物理学、生物信息学等多个二级学科，二级学科下又可设多个研究方向。值得关注的是，当今学科交叉趋势日益明显，生物学与化学、物理学、计算机科学、人工智能、工程学科等的交叉融合不断加强，促进化学生物学、计算生物学不断发展，合成生物学方兴未艾，生物学的内涵和外延仍在不断拓展。

二是指对知识的探索过程，即对客观物质世界的内在本质和变化规律的学科性求证过程，亦即科学研究。

明晰了“学术”的内涵，何为“学术论文”显而易见。学术论文就是在对某学科领域中某一个学术问题进行较为系统研究的基础上，表述创造性科研成果的理论性论文。学术论文写作既包括对科学研究活动的介绍，又包括将研究成果系统、规范地表达出来的成果表述。科学研究的探索过程是根本，但成果表述也必不可少。学术论文通常也可称为科学论文或科研论文。

作为系统而专业的新学问、新知识的载体，学术论文是记录描述科研成果的手段，是探究学术问题的平台，是学术交流的工具，是丰富知识和拓展文明的方式。学术是一个薪火相传的过程，其间应有知识的获取、创造和智慧的增长。学术论文对传承和发展人类文明、推动科学技术和社会进步具有重要的意义。

学术规范是学术的生命线，正如《孟子•离娄章句上》所述“不以规矩，不能成方圆；不以六律，不能正五音”，学者必须按照学术规范从事学术研究。对于广大科研工作者，特别是刚进入科研训练阶段的本科生和研究生而言，掌握正确的学术论文写作规范与技巧，正确、及时、有效地阐述和展示自己的研究成果，是开展科研工作的基本要求，也是提升科研能力、精进学术水平的必由之路。

9.2 学术论文的属性和特点

学者从事学术活动应明确各种价值选择及其相应的结果，保持自身身份与行为界限，去走一条真正有意义的路，让呈现科研成果和人类智慧的学术论文成为点亮人类文明不断进步的一盏盏明灯。

我国国家标准《科学技术报告、学位论文和学术论文的编写格式》（GB/T 7713—1987）中将“学术论文”界定为：学术论文是某一学术课题在实验性、理论性或观测性上具有新的科学研究成果或创新见解和知识的科学记录；或是某种已知原理应用于实际中取得新进展的科学总结，用于提供学术会议上宣读、交流或讨论；或在学术刊物上发表；或其他用途的书面文件。该标准同时还指出，学术论文应提供新的科技信息，其内容应有所发现、有所发明、有所创造、有所前进，而不是重复、模仿、抄袭前人的工作。

每个科研工作者都有必要认真思考学术论文的界定意义，科学研究及学术论文最根本的属性是“求真”。学术论文应该是科学研究和学术活动的结晶，而非泛泛而谈

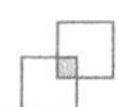

的一般性“学术体会”或“经验散论”；是对某一个学科领域中科学规律的揭示，不是材料的简单罗列和空泛观点的堆砌；是对真理的探索与追求，不是对他人研究成果的简单重复。

学术论文应具有“专”“精”“深”“论”“证”等要素。“专”指专攻于某一个学科领域的特定问题；“精”指作者熟悉乃至通晓该学科领域的发展历程和前沿动态；“深”指对该科学问题探究有深度，不是泛泛而谈；“论”指论文提出了理论假设，通过研究数据的获得，采用事实材料论证所提假设的合理性，或推断该假设的错误性，实现“证”的环节。

由上述学术论文的属性和要素，可以推演出学术论文应具有如下特点。

（1）客观性。学术论文首先应该具有客观性。作者从事科学研究和论文写作时，应摒除主观臆断、好恶偏见和个人情绪，主动排除任何不利于科学研究客观性的干扰因素，以实事求是的精神，通过大胆假设、细心求证，获得翔实数据，推演论证出符合客观实际的结论，从而确保成果的理论价值或在实践中的应用价值。

（2）科学性。科学研究的任务是揭示事物发展的客观规律，探求客观真理，这就要求作者在科学研究和论文撰写的全过程中，包括从文献资料的调研、收集，到实验方案的制订、实验的操作过程，进而到数据整理、统计分析、图表制作、论文撰写等所有环节，都应采用科学的方法和合理可行的技术手段。科学性可谓学术论文的生命，是学术论文区别于一切非学术性文章的主要特征。学术论文的科学性主要表现在三个方面：一是在研究中，养成严谨诚信的治学精神，从选题到实验开展，再到数据处理和推演论证，都必须坚持实事求是，坚守严肃认真的科学态度和实事求是的学术道德底线，坚决杜绝弄虚作假、篡改事实、伪造数据等行为；二是在内容上，所呈现的科研成果应是客观存在的自然现象及其规律的反映，科研过程和结果可被重复；三是在表达形式上，要求结构严谨清晰，表述逻辑缜密，语言简明确切，不含糊其词，对每一个数据图表、符号、文字表述，都应力求做到准确无误，符合学术界公认的、约定俗成的方式方法。

（3）创造性。学术论文应该着重体现其创造性。科学研究的灵魂是创造。要通过对新现象的发现、新知识的探索，创造性地解决、揭示科学问题。创造性是衡量学术论文价值的根本标准。一篇学术论文，无论大小，只要有所创造，就体现了科学研究的价值。学术论文的创造性如何，学术价值高低，一看其是否在科学上有新发现或技术上有新发明；二看其是否涉及有关国计民生迫切需要解决的问题；三看学术上是否有新见解。

论文的创造性是相对于人类总的知识而言，是在世界范围内来衡量的。如某项科研成果，虽然填补了国内一项空白，但国外早已研究成功，也有论文发表，那这个研究的学术价值就不高，撰写学术论文的必要性也就不大。对于自然科学基础理论研究而言，“只有世界第一，没有世界第二”。

（4）学术性。学术论文不是一般的记叙文或议论文，需要体现出学术性或理论性。学术性是学术论文基本条件之一，也是学术论文的重要特征。学术论文不是简单描述客观事物的外部直观形态和发展过程，而是呈现事物发展的内在本质和发展变化的规律，表达作者对这些规律的认识，侧重对事物进行抽象的概括、叙述或论证。学术论文不是一般性认识，而是系统化了的理性认识，是对客观现象深入思考，归纳和提炼出其特征及规律性的结果。

（5）专业性。学术论文的另一个特点是它的专业性。学术论文本身就是专业性的论文，失去了专业性，就失去了自身的特点。无论社会科学还是自然科学领域，各个学科都有各自专业特点。科学研究方法和论文撰写都有各自的专业性和规范性，不能套用一个模式。由于学术论文表达和传播的是专业知识，其主要读者是专业领域的相关人士，因此在论文语言表达方面，要用规范的专业术语进行表述，通俗地讲就是要说行话，避免非专业术语的使用，避免口语化的表达。

当然，在强调专业性的同时，并不意味着要将论文写得晦涩难懂。在保证专业性的基础上，作者可适当注意运用通俗易懂的语言表达科学道理，尽量使学术论文具有良好的可读性。

9.3 学术论文的类型

学术论文可以从篇幅的长短或用途等不同角度划分为不同类型。

9.3.1 按篇幅的长短分

根据篇幅的长短，可把学术论文分为单篇论文、系列论文和专著 3 类。

单篇论文通常是基于某一科学主题的研究，阐述发现的新现象、新规律或创建的新理论等，发表于期刊或作为学位论文，篇幅有数千字至几万字不等。系列论文篇幅较长，往往有十余万字或数十万字不等，通常是对研究主题的系列拓展，阐述获得的系列研究成果，形成的系列研究论文；也可能因期刊篇幅所限，将一个较大体量研究工作形成的研究论文分割成几篇篇幅长度接近的文章，从而形成系列论文。专著通常围绕一个研究主题展开，一般是对该研究主题进行了较宽泛的拓展或较深入的挖掘而获得较为丰富的成果的总结。专著通常都是研究者通过多年耕耘形成的学术结晶。从某种意义上讲，博士学位论文也可以纳入专著范畴。

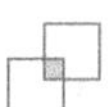

9.3.2　按用途分

依据不同的需求或用途，学术论文还可以分为研究报告、会议论文、学位论文、期刊论文等。

9.3.2.1　研究报告

研究报告是科学工作者和技术工作者用来描述研究过程、报告研究成果的论文。研究报告不同于简单的实验报告，其内容大都是报告人科学实践的总结。研究报告主要体现告知功能，比较注重描述客观事实，可以是仅供内部参考的资料，又可以被作为学术论文公开发表。

9.3.2.2　会议论文

会议论文是在学术会议等正式场合宣读并首次公开的论文。一般情况下，正式的学术交流会议都会出版会议论文集，因此会议论文也属于公开发表的论文。会议论文是针对某个学术会议投稿，审稿周期都比较短，由学术会议的会务组决定是否录用。中国知网有会议论文数据库，国际性会议论文数据库有科学会议引文索引等。

9.3.2.3　学位论文

《中华人民共和国学位条例》（下称《条例》）对学位及学位授予标准进行了规定。

《条例》第三条规定，学位分学士、硕士、博士三级。第四条规定，高等学校本科毕业生，成绩优良，达到下述学术水平者，授予学士学位：较好地掌握本门学科的基础理论、专门知识和基本技能；具有从事科学研究工作或担负专门技术工作的初步能力。第五条规定，高等学校和科学研究机构的研究生，或具有研究生毕业同等学力的人员，通过硕士学位的课程考试和论文答辩，成绩合格，达到下述学术水平者，授予硕士学位：在本门学科上掌握坚实的基础理论和系统的专门知识；具有从事科学研究工作或独立担负专门技术工作的能力。第六条规定，高等学校和科学研究机构的研究生，或具有研究生毕业同等学力的人员，通过博士学位的课程考试和论文答辩，成绩合格，达到下述学术水平者，授予博士学位：在本门学科上掌握坚实宽广的基础理论和系统深入的专门知识；具有独立从事科学研究工作的能力；在科学或专门技术上做出创造性的成果。

《条例》明确规定了学士、硕士和博士应该达到的专业技术能力和学术水平，而专业技术能力和学术水平评价的主要依据材料就是相应的学位论文，因此学位论文就是大学生、研究生的毕业论文，即毕业时提出申请授予相应学位时供评审用的学术论文。

作为大学本科生的毕业论文即学士学位论文，在实验数据量丰富度、对科学问题探究的广度和深度等方面要求相对较低，能够反映大学毕业生具有一定的从事科学研究的能力，论文有所创新即可。硕士学位论文的学术水平要求要明显高于学士学位论文，数据量要求更多，对所研究的课题需有新的见解，论文写作水平相对于本科生要求更高。

博士研究生在毕业时应具备独立从事科学研究工作的能力，博士学位论文要求有更高的学术水平，需要对所研究学科领域的历史发展和研究现状进行全面、系统的文献调研分析，找出需要深入研究的科学问题加以立论，进行全面的可行性分析，再通过严密的科学实验，验证立论假设。博士学位论文需要体现出作者在学科及所研究领域具有的宽厚基础理论和系统深入的专门知识，展示创造性研究成果，呈现出科学方法或科学理论的创新性。论文撰写要做到论证严密，科学规范，从而使学术论文的客观性、科学性、创造性、专业性和学术性等得以体现。

9.3.2.4 期刊论文

期刊论文是正式出版的学术期刊上所刊载的学术论文。期刊论文首先一定是针对某学术期刊的投稿，这个投稿既可能是期刊的约稿（类似命题作文，往往是综述性论文），也可能是由学位论文修改衍生的文章，更多情况是作者在完成某项科研课题所获成果基础上撰写的研究性学术论文。学术期刊编辑部依据同行学者（审稿专家）的审稿意见，决定是否录用发表。

9.4 学术论文的写作程序

学术论文是科学研究和学术活动的结晶。科学研究作为探索未知活动，其目的在于建构一个具有可解释、可预见、逻辑自洽的理论框架。撰写学术论文可反映科研人员的科学素养和写作能力。学术论文的撰写包括选题、材料收集、材料整理、拟定写作提纲、撰写成文、修改定稿、投稿等步骤。

9.4.1 选题

选题是学术论文写作的起点，更是科学研究的起点。

科学研究是人类主动认识世界和改造世界的过程，是对未知事物的认识活动。从现代信息加工理论角度来看，科学研究是通过实验或调查取得信息，并对其进行加工（如数据资料的统计学处理等）的过程。完成一个科研课题的研究，通常包括提出问题、建立假说、验证假说和解释结论 4 个步骤。科学研究是由科学问题导向的，科学问题预设得正确与否关系到科学研究的成败，同时，科学问题预设得具体与否则与科学研究的效率密切相关。爱因斯坦说过："提出一个问题往往比解决一个问题更重要，因为解决一个问题也许仅是一个数学上的或实验上的技能而已。而提出新的问题，新的可能性，从新的角度去看旧的问题，却需要有创造性和想象力，而且标志着科学的真正进步。"

科学问题是一定时代的科学家在特定的知识背景下提出的关于科学认识和科学实

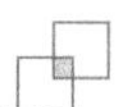

践中需要解决而尚未解决的问题。科学研究过程就是一个不断提出新问题、解决新问题的永续过程。

科研课题的选择与确定，是科学研究的起点，是科学研究工作战略意义的开端。选题是指选定学术研究中所要研究的主要问题。选题不一定等于论文的题目或论点，选题的外延通常要大于论文题目或论点。好的选题意味着成功了一半，选题的好坏影响着论文成功与否。好的选题能推动学术研究事业的发展，产生好的经济效益和社会效益；反之，选题不当，不但不利于科学的发展、学术的研究，没有积极的经济效益和社会效益，而且会浪费人力、物力和财力，甚至带来负面的社会效应。一个人能否独立地进行学术研究，重要的标志就是能否独立地选择一个合适的、经过努力能解决的课题。选题时，应当遵循如下原则。

9.4.1.1　创造性原则

学术研究的主要任务是要在研究中有创新。创新是对现有知识水平的提高和更新，实现新的发现和发明。发现指取得对自然界、社会的规律性认识，发现新现象，揭示新规律，创立新理论。发明是指通过科学劳动创造出自然界原本不存在的东西。学术论文要有创新，有新的发现、新的发明，选题就必须有创造性。选题要有创造性，就要从文献材料入手，了解本学科的研究历史与现状，明确过去的研究成果，已经达到的程度与今后要解决的问题，从而确定研究课题。

创造性选题要突出“新”字。所谓新课题是指前人没有接触过的，或虽有人接触，但尚未深入研究的课题。通过对这些课题的研究，研究者可以得出一些创造性的见解，为学科增添一些新的内容。

9.4.1.2　价值性原则

科学研究课题的价值性原则指选题有无科学价值。科学价值观是选题的基本原则。具有科学价值的课题应该是亟待解决的课题，具有开创性的课题，或具有争鸣性的课题。

我国科技工作者应把握世界科技发展的方向，致力于相对薄弱或落后领域的研究，致力于解决“卡脖子”科学技术问题的研究，推进我国科学研究事业不断发展，提高我国的科技水平，更好地为中国特色社会主义事业服务，为中华民族伟大复兴作贡献。

9.4.1.3　可行性原则

学术论文的选题必须考虑到完成的现实可能性，即可行性。要根据实际具备和经过努力可以达到的条件来选择和确定研究课题。也就是说，选题必须从研究者的主客观条件出发，选择有利于展开并有可能取得预期成果的课题。

选题的可行性一般应考虑以下三点。

第一，专业要对口。不同的研究者有不同的专业特长，其知识结构、研究能力、兴趣爱好也各不相同。俗话说“隔行如隔山”“专业的人做专业的事”，在选择研究课题时，要尽量选择与自己专业背景相关、相对熟悉的研究领域内的科学问题，这样有利于在对研究内容具有一定的基础知识储备基础上，扬长避短，保证完成研究项目，早出成果、多出成果。

第二，大小要适中。课题的大小是针对其论证对象的范围和规模而言的。选题的大小要根据研究者的知识水平、材料积累、研究能力等方面的情况来定。选题通常宜小不宜大，因为选题太大或太宽泛，研究不易透彻，论文虽貌似面面俱到，但难免会失之于蜻蜓点水、缺乏深度，其研究成果及学术论文极有可能难以体现科学价值。若选择小一些的课题，如属于学科关键问题，经过深入研究，把一个重要的小问题彻底解决，可达到“小题大做”之效，获得创新成果，形成新观点、新见解，论文的分量和价值将得以凸显，从而达到促进学科发展的目的。当然，如果选题太小，成果产出有限，也难以保证学术价值的高度。

第三，条件要具备。选题时还应考虑客观条件。所谓客观条件是指资料（文献资料、实物资料）、实验设备和技术、经费、时间以及相关学科发展的程度。如果资料不足，达不到占有资料最基本的支撑点，课题研究就无法进行；如果缺乏必要的实验材料或实验设备及相应的实验技术，研究工作就难以开展；如果缺乏经费和受时间限制，研究也难以达到预期目的。所以如果客观条件不成熟，题目选得再好，也无法顺利完成，不能获得预期成果。

总之，学术论文在选题的时候，要“善疑、求真、创新”。善疑就是不迷信学术权威，不轻信已发表的结论；求真就是力求真实、客观、准确；创新就是独立思考、独辟蹊径，勇于尝试、敢于创造。

9.4.2 材料的收集

材料是构成学术论文的一个重要因素。学术论文的质量如何，取决于材料是否充实、准确、可靠。材料在写作前是形成学术论文观点的基础，在写作中是表现观点的支柱，所以，材料在学术论文的写作中有着十分重要的基础性作用。学术论文的材料可以分为直接材料、间接材料和发展材料三种类型。

9.4.2.1 直接材料

直接材料是作者从科学研究中获得的第一手材料，源于科学观察、实地调查和科学实验，是作者亲自进行科学研究或考察，把观察到的现象与测量到的数据详细记录下来而得到的材料。

科学观察是一种有目的、有计划、有步骤的探索与认知活动。科学观察的方法是做好观察记录，重点记录所采用的技术手段、环境条件、观测的数据、发现的新现象等。

实地调查是作者置身于研究对象之中的考察，是对研究对象在不施加任何干预的条件下进行的观察活动，如生态环境调查、资源调查等。通过实地调查，可以获得大量的图片、标本、数据、问卷表、访谈记录等观测材料和文字记录材料。

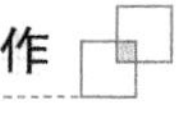

科学实验是通过设置对照组与实验处理组，控制非关注因素，使某一事件或现象在有利于观察的条件下发生或重复，从而获得科学事实的一种研究方法。科学实验是在观察的方法基础上发展而来的，是观察方法的延伸和扩充。实验方法在自然科学领域学术研究中应用极为广泛，社会科学的某些学科的研究也可适当采用。

9.4.2.2　**间接材料**

间接材料是指从文献资料中搜集到并转录下来的他人实践和研究成果的资料。其主要方法是通过文献信息检索去查找所需的各种载体类型的文献信息资料。

文献信息检索既可以采用手工检索工具来进行，也可以借助计算机检索系统来进行。利用计算机信息检索系统来进行文献信息检索是当今信息化时代的首选，不同的系统具体检索操作方法有所差异，但基本程序类似，主要包括以下几步：分析检索课题→选择检索系统和数据库→选择检索词，构造检索提问式，确定检索策略→分析检索结果，调整检索策略→获取文献资料。具体可参考本书文献检索部分有关章节所介绍的方法。

9.4.2.3　**发展材料**

发展材料是指作者在搜集到的直接材料和间接材料的基础上，经过认真的分析、综合、研究后获得的新材料。

9.4.3　材料的整理

通过上述各种途径，研究者收集到许多与选题相关的材料，无论是直接材料还是间接材料，通常都不能被直接应用于学术论文中，而是应将这些材料进行整理、选择及提炼。

9.4.3.1　**直接材料的整理**

生物学论文的直接材料即原始实验数据不宜直接呈现于论文中，而应该用科学的实验数据处理方法进行整理、统计分析、制作图表。

研究方法中某些部分可以整理为流程图、示意图等形式呈现。原始实验数据包括定量变量数据，定性数据，实验照片等多种类型。

当实验结果数据为定量资料时，数据通常整理为“平均值 ± 标准差”的形式。统计分析方法的选择需要依据实验设计方案而定，若统计分析方法选用不当，可能会导致论文的可信度下降或得出错误结论。合理选用统计分析方法处理定量资料的关键在于以下两点：①检查定量资料是否满足参数检验的前提条件；②正确判定定量资料所对应的实验设计类型。可以借助专业知识（如判断是否具备独立性要求）分析定量资料是否满足参数检验的前提条件。实验设计类型有很多种，如单因素设计（包括单组设计、配对设计、成组设计和单因素多水平设计）、随机区组设计、拉丁方设计、交叉设计、析因设计、重复测量设计等。根据不同的实验设计类型选用相应的统计分析方法进行数据处理及统计学分析。呈现定量变量的实验结果可以使用表格，也可以制作成为柱状图、折线图等形式，图表需添加必要的图例、图注或表注，以使实验设计分组情况、实验条件、统计分析结果等信息得以清晰呈现。

当实验结果是实验照片等类型时，须在不损失科学信息完整性的前提下，对原始实验照片或图片进行适当裁剪，同时进行适当标注，比如标明分子量标准、标尺或结构位置等，这类结果以图片形式呈现在论文中，需在图下方添加图注对标尺大小、结构名称等信息进行说明。具体形式及要求在本章“5.6.2.1 结果的表达”部分举例介绍。

实验结果也有视频材料的形式，纸质材料为载体的学术论文无法呈现视频实验材料，期刊发表论文的视频类实验结果通常放在论文的补充材料部分，提供在线观看链接。

9.4.3.2 间接材料的整理

间接材料的整理通常分三步进行。

首先，阅读材料。通常，阅读文献可先中文，后外文；先综述，后专题；先近期，后过去；先文摘，后全文；先泛读，后精读。以泛读方式对检索到的文献资料浏览一遍，大致了解每篇文献的内容，一般先看摘要和结论部分。然后根据文献标题和摘要，确定主次，主要的先读，次要的后读，或只读文中有用部分。精读是对重要文献进行反复阅读，直至充分理解文献内容，并将文献的主要论点、论据或对学术论文写作有用的内容予以摘录。

其次，鉴别材料。鉴别材料就是分析研究材料，寻找科学研究和写作所需要的具有科学性、创新性、典型性的材料，即对作者的论点、论据、事实材料、推理方法，语言的准确性等进行分析研究和归纳总结。其主要目的是去伪存真、去粗取精，选择出与自己研究课题密切相关的材料。鉴别材料的主要方法是比较法，即把内容相关的文献资料相比较，把资料本身的论点和论据相比较，区分出哪些材料是真实可靠的，哪些是含有水分的或虚假的。对于一时不能判定的资料，最好的办法是继续搜集同类资料，待资料充足时再作判断，或通过实验进行验证。

最后，使用材料。经过鉴别决定采用的材料，根据材料属于纸质或电子等不同类型，可采用相应技术手段，将所需的材料归纳整理，以供写作时用。值得一提的是，对于在查阅研究有关资料的过程中产生的某些想法特别是一些瞬间创新思维火花，要及时记录下来，这对于科学研究和学术论文写作可能有重要价值。

9.4.4 拟定写作提纲

写作提纲有着贯通思路、安排材料、形成结构的作用，其是全篇论文的骨架，被称为论文写作的设计图。写作提纲一般包括如下项目：题目、基本论点或中心论点、内容纲要、大项目（上位论点，大段段旨）、中项目（下位论点，段旨）、小项目（段中的一个要点）。

根据国家标准 GB/T 7713—1987，学术论文中项目的表示应采用国际上惯用的点系统，如图 9-1 所示。

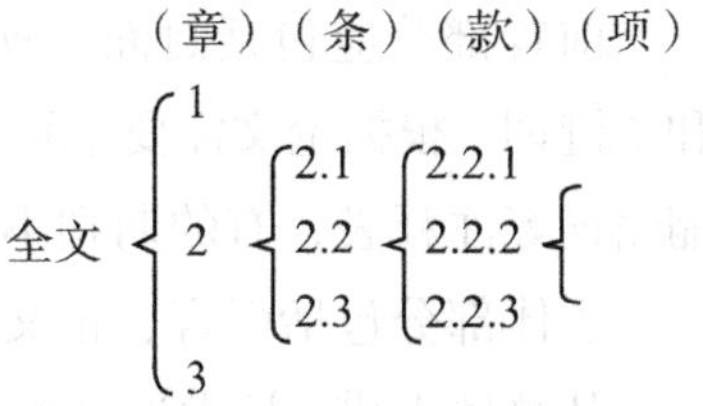

图 9-1 中的 1、2、3“章”对应的是学术论文的引言、本论、结论三大部分；2.1、2.2、2.3“条”对应的是学术论文的大项目，表示上位论点，反映了大段段旨；2.2.1、2.2.2、2.2.3“款”对应的是学术论文的中项目，是 2.2 的下位论点即从属论点，反映了段旨，以此类推。

（章）（条）（款）（项）
全文 { 1；2 { 2.1；2.2 { 2.2.1；2.2.2 { ；2.2.3 }；2.3 }；3 }

图 9-1　国际惯用的点系统

写作提纲的具体编写步骤大致如下：拟定标题，以最简洁、最鲜明的语言概括论文内容；写出主题句，确定全文中心论点；考虑全文分几个部分，以什么顺序安排基本论点；大的部分安排妥当后，再考虑每个部分的下位观点，最好考虑到段一级，写出段的论点句；全面检查写作提纲，作必要的增、删、改。

9.4.5　安排论文结构

从学术论文写作提纲的内容和编写步骤中不难看出，在编写学术论文的写作提纲时，作者就必须对论文的结构进行安排。

学术论文的结构和基本格式在国家标准 GB/T 7713—1987 中有规定。科学技术报告与论文均主要由前置部分和主体部分构成。

（1）学位论文

学位论文的宏观结构除了包括前置部分和主体部分，还有附属部分。除封面和教育主管部门要求的内容外，在实体设计上，包括目录、前言、正文、结论、附录部分。

学位论文的前置部分包括封面、封二（学术论文不必要）、题名页（著权声明和授权使用声明等内容）、中文摘要及关键词、英文摘要及关键词、目录，可在论文目录后加入表与插图清单、专业术语缩略词表（含中文名、英文名、缩略词）等。学位论文的主体部分包括引言（前言或绪论）、正文、结论、参考文献。

附属部分包括附录、致谢、攻读学位期间发表的学术成果目录。

根据不同院校和科研机构的要求，完整的学位论文还会在宏观架构之外，要求加入某些特定的信息，例如，在前置部分中，加入包括学科分类号、论文编号、论文内容的密级、论文的相关责任者等相关信息。

（2）期刊论文

在学术期刊公开发表的学术论文即期刊论文，其具体格式因不同期刊的要求不同而有所差异，但各学科通常都有基本一致的结构。生命科学领域期刊论文的整体结构一般分为前置部分和主体部分，具体上依次为题名、作者署名和单位、摘要、关键词、引言、正文、结论、致谢、参考文献及补充材料等。

前置部分应包括封面（期刊论文必要性不大）、题名页、作者署名和单位、摘要和关键词。根据论文需要也可以加目录页、插图和附表清单、符号、标志、单位、术语、缩略词等注释表，有的期刊不作强制要求。

主体部分包括引言、正文、结论、致谢和参考文献。

从总体上讲，学术论文的结构要围绕中心，严于逻辑，准确表达。无论是简单列举，还是按类归纳；是循时空经纬发展顺序，还是夹叙夹议去安排，都要注意逻辑上的循序渐进，都要注意反映事物本身的发展规律，使文中各部分的相互关系协调，使读者易于理解。

9.4.6 撰写初稿

当写作提纲确定后，接下来就是执笔撰写初稿。

初稿的执笔顺序有很多种。可以先写引言，然后从本论（结果和讨论）到结论。这样的写作顺序合乎人们的思维过程——提出问题、分析问题、解决问题。按照这样一个顺序写作时，关键在写好本论即论文的主体部分。本论作为学术论文的最主要部分，也是论文作者最有把握的部分，只有写好本论，才能使作者的见解得到充分表达。

撰写初稿时最好先写本论，再写结论，最后写引言。这样写的好处是可以集中精力把本论写好，本论写充实了，结论自然就出来了，这时再来写引言不仅容易得多，而且可以把引言写得有针对性而更充实。

本论的各部分又可划分数量不等的段落，段落是按照表达层次划分出来的一个小的结构单位，是构成论文的基本单元，人们习惯称为“自然段”。一个自然段，只能有一个中心意思，而且要讲完整，不能拖到下一段去。自然段一般要长短适度，轻重相宜，段与段之间要注意内在联系，使每段均为全篇的一个有机组成部分。段与段之间还要注意过渡与照应。过渡是指上下文之间的衔接、转换，是保证文脉贯通的重要手段。学术论文的过渡，内容上要注意论证的严密性，形式上要巧用过渡词或过渡段，使上下文之间的因果、并列、递进、转折或归纳总结等关系合乎逻辑。照应是指论文前后相关段落之间彼此照顾和呼应，以保证全文有机结合成一个整体。学术论文的照应主要包括首尾照应、前后照应和照应题目，使主论点和分论点、主要材料和次要材料之间都有逻辑关系，做到顺理成章，最后得出的结论必须是引言中提出的、本论中论证的，切忌妄下结论。

9.4.7 修改定稿

俗话说，文章是改出来的。人的认识有逐渐深入的过程，很难一次就达到完善的程度，这就是论文为什么要修改的原因。“文不加点，一挥而就”的说法并不符合科学探索的认识规律。一篇未经修改的论文，总有不成熟、不完善的地方，修改不仅是写作的一个必要环节，是作者不断提高认识水平的写作活动，也是敬畏真理，对社会负责的应有之义。

学术论文需要修改的地方很多，修改的范围也很广泛，大到主题思想，小到一个标点符号，发现什么问题，就修改什么问题。具体地说，可从以下几个方面考虑对论文进行修改。

（1）主题。主题是写作之前就已确立。论文初稿撰写完成后，作者应进一步审视主题是否正确，是否有特色，是否已把必须表达的思想较好表达。否则就要对主题进行必要修改，主题的修改是根本性的修改。

（2）结构。论文结构的修改，主要针对层次和段落的安排是否条理分明，论文的分段是否恰当，论文结构是否紧凑和谐。

（3）材料。文章的主题与材料密切相关，修改材料的目的是力求使观点能统率材料，材料能够支撑观点，实现材料和观点的统一，充分表现主题。修改材料是根据中心论点和各分论点的要求，对材料进行增、删、调。

（4）语言。语言的修改主要是对字、词、句及标点符号的修改。对词不达意、似是而非、含混不清的词语，要予以订正，以保证论文的准确性；修改病句，使文字通顺，删削冗笔，使文章严谨，以保证论文的通顺流畅和可读性。另外要特别注意核对，是否存在因拼音法输入不当而造成的打字错误。

（5）标题。标题的修改包括节段标题和总标题的修改。节段标题要检查层次是否清楚，数标有无混乱，格式是否一致。一般情况下标题的层次、字数不宜过多，同一层次的标题，其语法结构尽可能一致。总标题一般在写作前已经拟好，但论文写完后，根据内容的需要进行重新调整的情况也是常有的。总标题要有高度的概括性，并且简短、易读、易懂、易记。修改总标题必须反复推敲，仔细琢磨。

论文修改的方法有热改法、冷改法、求助法和诵改法等多种方法。热改法是指初稿完成后立即进行修改的方法。作者在撰写初稿时，为了不中断自己的主要思路，往往寻求一气呵成，对行文中发现的问题常常采取暂搁置的办法，待初稿完成时立即着手修改。热改法适合对论文进行补充修改。冷改法是指初稿完成后，放上一段时间再修改的方法。这种方法的优点是作者写作的兴奋期已过，再看稿时能够平心静气更趋理性，这样容易发现初稿中不完善、不妥当之处，以便进行必要的修改。求助法是指初稿完成后，请他人帮助修改的方法。求助法中求助的对象一般应是本学科领域科研能力、写作能力较强者。诵改法是指初稿完成后，反复诵读，发现问题及时修改的方法。通过诵读，那些读不顺口，听不顺耳的地方往往会存在语法错误、逻辑矛盾、用词不当等问题，读起来就会因此有“卡顿”的感觉，暴露出仅默读不易发现的问题，从而加以进一步斟酌修改。

上述四种修改方法，在实际的论文修改过程中，常常综合使用。

9.4.8 论文投稿

对于拟发表学术论文，论文定稿后，只是成功了一半，选择合适的期刊投稿并发表，才算大功告成。学术论文大多数是通过学术期刊发表的，也有的是通过学术会议的论文集或专业报纸发表，前者是学术论文发表的主要形式。投稿，一般是指作者向学术期刊投寄学术论文稿件。投稿要讲究方法，如果投稿不当会影响论文的发表，因此一定要做好投稿前的准备。

首先，要了解学术期刊的办刊方针。学术期刊一般都会公告明确的办刊方针或宗旨。办刊方针规定了学术期刊的性质、任务、报道范围、读者对象、刊期、版面以及发行方式。投稿前务必认真阅读期刊的投稿要求，尤其要注意期刊的报道范围。若投寄的稿件不在其报道范围之内，自然不会予以接受和发表。英文期刊一般在其官网都会有类似“For Authors”的页面，其中有“Aims and Scope”板块介绍其报道的宗旨和范围，“Manuscript Categories and Requirements”板块介绍接受的文章类型（Research Article，Short Communication，Review，Mini-Review 等）及有关要求（如篇幅等），在“Preparing Your Submission”板块介绍如何做好投稿准备，包括论文的结构、排版格式、图片格式及像素等要求，以及“Cover Letters”的要求，有的期刊还对每一位作者的贡献、致谢等如何表述都有具体的要求。

其次，投稿前要了解学术期刊的等级。学术期刊有正式出版和非正式出版期刊之别。正式出版期刊均有正式刊号，即 ISSN 号或 CN 号，前者是国际统一刊号，后者是国内统一刊号。作者在投稿时要充分考虑自己学术论文的学术重要性、论文水平的高低，选择一个合适的期刊进行投稿，以提高发表成功率。若“低稿”“高投”，稿件被拒的可能性大；也不建议“高稿”“低投”，若这样投稿，论文发表后的学术影响力可能会被打折扣。

最后，一定不可一稿多投。所谓“一稿多投”，是指同一作者的同一篇论文，同时向多家期刊投稿。几乎所有的学术期刊在投稿要求中均有规定，不得一稿多投。一稿多投造成“一稿多刊”，重复发表，有损作者声誉和期刊的质量，有违学术道德规范。

9.5 学术论文各部分的写作要求及方法

9.5.1 题名（title）

题名即题目、标题，是以最恰当、最简明的词语反映论文中最重要特定内容的逻辑组合。

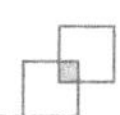

论文题目是一篇论文给出的涉及研究范围、研究对象、研究目标等的第一个重要信息，也是必须考虑到有助于选定关键词，从而为编制题录、索引等提供文献检索所需特定实用信息。

好的论文题目通常准确得体、简短精炼、引人注目。

准确得体是指论文题目要能准确表达论文内容，恰当反映所研究的范围、对象和深度。题目不宜过于笼统或含糊不清，必须紧扣论文内容，做到“题要扣文，文要切题”。这是撰写论文的基本准则。

比较常见的论文题目有“……的研究”“……的影响”“……的机制”“……的构建及应用”等类似形式；或陈述句，如“SPON1 can reduce amyloid beta and reverse cognitive impairment and memory dysfunction in Alzheimer's disease mouse model”“Plant cell-surface GIPC sphingolipids sense salt to trigger Ca^{2+} influx”；也有以设问的方式拟题目，如“How many messenger RNAs can be translated by the START mechanism?”“Why endogenous TRPV6 currents are not detectable-what can we learn from bats?”。

题目应尽量简短精炼，精选用词，力求达到“多一字嫌多，少一字嫌少”的境界。当然，对于论文题目来说，究竟多少字算是合乎要求，并无统一规定。由于不同论文所研究的范围、对象和深度均不相同，所以也不可能设定论文题目字数的统一标准，通常在 20 个字以内为宜，如“海绵动物原始神经物质的探究”“激素诱导斜带石斑鱼（*Epinephelus coioides*）雄性化的研究”，但也有 30 字左右甚至更多字的题目，如“一个新的 OsBRI1 弱等位突变体的鉴定及其调控种子大小的功能研究”等。

若简短题名不足以体现论文内容全貌或反映出属于系列研究的性质，则可采用增加副标题的方法解决，副标题发挥补充说明作用，使标题成为既充实准确又不流于笼统和一般化。例如“南方鲇的繁殖生物学研究：性腺发育及周年变化”“南方鲇的繁殖生物学研究：繁殖时间、产卵条件和产卵行为”。

论文题目可直接影响读者的阅读兴趣，虽然居于首先映入读者眼帘的醒目位置，但是否具有醒目的效果就未必了。在准确得体、简短精炼的基础上反复推敲，进而达到真正引人注目效果的题目才可能是一个好的论文题目。

9.5.2　作者姓名和单位（author，author affiliation）

论文署名大体分为两种情况，即单个作者和多个作者。按照一般惯例，在作者名下应用一个括号注明其工作单位全称、单位所在地（即所在省市名称）、邮政编码。若多个作者不在同一单位，应在作者名后用上标显示对应的单位序号，序号间一般用分号隔开。若多个作者为同一个单位，则无须分别注明单位信息。通信作者一般需要提供电子邮件地址。

多个作者的署名，应按其对研究工作与论文撰写贡献大小排列在题名之下。论文的第一作者是研究工作第一线操作的实施者和原始数据的收集和处理人，通常还是初稿的执笔人。通信作者负责论文发表过程中的联络沟通和论文的学术解释，往往也是课题的总负责人，承担课题的经费、设计，对论文的学术水平和撰写质量把关，对论文内容的真实性、数据的可靠性、结论的可信性，以及是否符合法律规范、学术规范和道德规范等方面负主要责任。在读学生拟发表的论文，一般由其导师担任通信作者。

有的期刊论文要求具体说明每一位作者的贡献，比如各自分别在研究思路、实验设计、实验操作、数据处理、论文撰写等方面的相应贡献。

国内作者向外文期刊投稿署名或需在中文期刊的英文摘要中署名时，须遵照国家规定。因中国人名属于专名，所以译成外文必须用汉语拼音拼写，根据《汉语拼音方案》中拼写中国专有名词和词语的国际标准，中国人名译成外文时，姓氏和名字分写，姓和名开头字母大写。为便于国际交流，便于国际同行来理解，通常名连成一词，列于姓之前，当然也可以将姓列于名之前。

作者姓名和署名单位等格式可参考已发表期刊论文，如图 9-2 ~ 图 9-6 所示。

第20卷 第1期　　水 生 生 物 学 报　　Vol.20, No.1
1996年 3月　　ACTA HYDROBIOLOGICA SINICA　　Mar., 1996

南方鲇的繁殖生物学研究:繁殖时间、
产卵条件和产卵行为*

谢小军　　何学福　　龙天澄

(西南师范大学生物系,重庆　630715)

图 9-2　作者姓名和署名单位等参考格式（范例 1）

动物学报　51(6):1091－1101，2005
Acta Zoologica Sinica

海绵动物原始神经物质的探究*

李　慧　张小云**　汪安泰

深圳大学生命科学学院，广东 深圳 518060

图 9-3　作者姓名和署名单位等参考格式（范例 2）

第 45 卷　第 6 期　　海　洋　与　湖　沼　　Vol.45, No.6
2014 年 11 月　　OCEANOLOGIA ET LIMNOLOGIA SINICA　　Nov., 2014

激素诱导斜带石斑鱼(*Epinephelus coioides*)
雄性化的研究*

黄　文[1]　杨宪宽[2]　徐　新[1]　肖　玲[1]　李水生[1]　赵会宏[2]
张海发[3]　张　勇[1①]　林浩然[1, 4]

(1. 中山大学水生经济动物研究所暨广东省水生经济动物良种繁育重点实验室　广州　510275; 2. 华南农业大学动物科学学院　广州　510642; 3. 广东省海洋渔业试验中心　惠州　516081; 4. 海南大学海洋学院　海口　570228)

图 9-4　作者姓名和署名单位等参考格式（范例 3）

第 34 卷 第 6 期　　深圳大学学报理工版　　Vol. 34 No. 6
2017 年 11 月　　JOURNAL OF SHENZHEN UNIVERSITY SCIENCE AND ENGINEERING　　Nov. 2017

【生物工程 / Bioengineering】

利用数字表达谱分析拟南芥叶片中盐响应基因

程　华，杨梅燕，吴佳辉，孙　楠，黄健子，郑易之，刘　昀

深圳大学生命与海洋科学学院，广东省植物表观遗传重点实验室，深圳市微生物基因工程重点实验室，广东深圳 518060

图 9-5　作者姓名和署名单位等参考格式（范例 4）

ARTICLE

https://doi.org/10.1038/s41586-019-1449-z

Plant cell-surface GIPC sphingolipids sense salt to trigger Ca^{2+} influx

Zhonghao Jiang[1,2,3,4], Xiaoping Zhou[3,8], Ming Tao[1,8], Fang Yuan[2,3,8], Lulu Liu[2,3,8], Feihua Wu[1,2,3,8], Xiaomei Wu[3], Yun Xiang[2], Yue Niu[2], Feng Liu[2], Chijun Li[2], Rui Ye[2], Benjamin Byeon[2], Yan Xue[2], Hongyan Zhao[1], Hsin-Neng Wang[4,5], Bridget M. Crawford[4,5], Douglas M. Johnson[6], Chanxing Hu[2], Christopher Pei[2], Wenming Zhou[1], Gary B. Swift[6], Han Zhang[7], Tuan Vo-Dinh[4,5], Zhangli Hu[1]*, James N. Siedow[2] & Zhen-Ming Pei[2]*

[1]College of Life Sciences and Oceanography, Longhua Innovation Institute for Biotechnology, Shenzhen University, Shenzhen, China. [2]Department of Biology, Duke University, Durham, NC, USA. [3]College of Life and Environmental Sciences, Hangzhou Normal University, Hangzhou, China. [4]Fitzpatrick Institute for Photonics, Duke University, Durham, NC, USA. [5]Department of Biomedical Engineering, Duke University, Durham, NC, USA. [6]Department of Physics, Duke University, Durham, NC, USA. [7]College of Optoelectronic Engineering, Shenzhen University, Shenzhen, China. [8]These authors contributed equally: Xiaoping Zhou, Ming Tao, Fang Yuan, Lulu Liu, Feihua Wu. *e-mail: huzl@szu.edu.cn; zpei@duke.edu

15 AUGUST 2019 | VOL 572 | NATURE | 341

图 9-6　作者姓名和署名单位等参考格式（范例 5）

9.5.3　摘要（abstract）

论文一般应有摘要，同时应有外文（多用英文）摘要，以便于国际交流。摘要是论文内容不加注释和评论的简短陈述，是简明、确切表述论文主要内容的短文。摘要的第一个特点是客观性，包含但不超出论文全文的主要信息内容；第二个特点是独立性，可供读者在不阅读论文全文的情况下了解论文的主要内容；另一个特点是简洁性，供读者在尽可能短的时间内获得论文内容的要点。读者通过阅读摘要提供的信息可决定是否进一步阅读论文全文。

论文摘要一般不超过 300 字，主要内容包括论文研究目的、方法、结果和结论，即采用什么方法获得了哪些主要研究结果、分析及讨论获得哪些研究结论，可适当点出论文的新发现、新见解或研究的重要意义。

摘要的撰写可参考已发表期刊论文，现列举如下范例作参考。

范例 1：

题目：南方鲇的繁殖生物学研究：繁殖时间、产卵条件和产卵行为

作者：谢小军，何学福，龙天澄（西南师范大学生物系）

期刊：水生生物学报，1996.

摘要：南方鲇的雌鱼 3 ~ 4 龄性达成熟，雄鱼 2 ~ 3 龄性达成熟；在此期间，同龄组中已成熟个体的体长、体重、肥满度和成熟系数的平均值均大于未成熟个体。繁殖期为 3 月中旬至 5 月中旬，其间，嘉陵江平均水温为 15 ~ 24℃。雌鱼的性腺在 6 ~ 8 月由Ⅵ期退化至Ⅱ期，9 至 11 月经Ⅲ期发育至Ⅵ期，12 月至来年 2 月以Ⅳ期性腺状况越冬。雌、雄鱼成熟系数周年曲线均为单峰型，该种鱼为单批产卵类型。产卵场为流水卵石浅滩，水深 0.4 ~ 1.5 m，流速每秒 0.7m 左右。产卵前雌雄亲鱼有相互激烈追逐、咬斗的发情行为。

［谢小军，何学福，龙天澄 . 南方鲇的繁殖生物学研究：繁殖时间、产卵条件和产卵行为［J］. 水生生物学报，1996（1）：17-24，98.］

评：报道南方鲇的性成熟年龄、性成熟个体生物学数据，揭示繁殖生物学 3 个重要内容，即繁殖时间、产卵条件和产卵行为。该研究采用的鱼类野外生物学常规调查

方法，业已为本专业同行所熟悉，因此摘要省去对研究方法等的描述，文字减少，更紧扣主题，可简洁完整地表达出该研究所获重要而关键的新发现。

范例 2：

题目：海绵动物原始神经物质的探究

作者：李慧，张小云，汪安泰（深圳大学生命科学学院）

期刊：动物学报，2005.

摘要：本文以安徽芜湖淡水针海绵（*Spongilla lacustris* Linnaeus）以及青岛海边海水海绵（*Halichondria panicea*）为研究对象，运用常规组织学、免疫组织化学、蛋白质免疫印迹等多种实验技术和方法，对海绵动物组织内的神经肽类（neuropeptide Y, NPY; β-endorphin, β-EP）、神经纤维骨架类（S-100; nervous specific enolase, NSE）以及神经递质类（5-hydro-xytryptamine, 5-HT）物质进行了研究。结果证实海绵动物体内存在神经类物质，对其分布进行了初步的定位，同时证实在海绵动物中存在原始的神经细胞。根据以上实验结果，推断海绵动物是介于原生动物和腔肠动物之间的过渡动物，在进化上占有不可取代的地位。

[李慧，张小云，汪安泰. 海绵动物原始神经物质的探究［J］. 动物学报，2005，51（6）：1091-1101.]

评：首先阐述所研究动物的采集地、研究方法及主要研究内容，然后简要介绍研究结果，最后点出学术意义，即本文的新发现对于人们认识海绵动物的进化地位提供了实验依据。该摘要同样文字简练，逻辑清晰。

范例 3：

题目：激素诱导斜带石斑鱼（*Epinephelus coioides*）雄性化的研究

作者：黄文，杨宪宽，徐新，等（中山大学水生经济动物研究所暨广东省水生经济动物良种繁育重点实验室，华南农业大学动物科学学院，广东省海洋渔业试验中心，等）

期刊：海洋与湖沼，2014.

摘要：石斑鱼属雌雄同体雌性先成熟鱼类，低龄鱼卵巢先成熟，表现为雌性，高龄鱼才性转变为雄性。本实验通过持续跟踪取样，分析了人工养殖条件下斜带石斑鱼（*Epinephelus coioides*）在 36 月龄内的性腺发育过程，发现其性分化完成后，雌性卵巢在 9 月龄后开始发育。因此，采取投喂含有雄激素甲基睾酮（MT）饲料的方法，可以在石斑鱼卵巢发育之前，成功诱导 8 月龄的斜带石斑鱼幼鱼向雄性方向发育。结果表明，以 MT 10 mg/kg 饲料的剂量投喂 3 个月能够有效诱导卵巢未发育的幼鱼往雄性方向发育；但停止投喂 MT 后，幼鱼精巢又开始出现退化，不会继续往雄性方向发展，而转变为雌性。以上结果表明，斜带石斑鱼性别决定和分化除了受遗传因子和内分泌调控外，还受到年龄、体型和群体、环境等因子的影响，人工投喂 MT 激素的作用并不能从根本上影响石斑鱼幼鱼的性腺发育的方向，只有在持续剂量的 MT 激素诱导下，

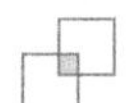

石斑鱼幼鱼才能发育为成熟的雄鱼。

［黄文，杨宪宽，徐新，等 . 激素诱导斜带石斑鱼（*Epinephelus coioides*）雄性化的研究［J］. 海洋与湖沼，2014，45（6）：1317-1323.］

评：该摘要首先介绍石斑鱼的雌雄同体雌性先成熟现象，然后阐述研究方法、研究内容和结果，通过了解石斑鱼性腺发育和性分化过程，研究激素干预的方法（MT 剂量、鱼的发育状态等），再阐述激素 MT 处理后石斑鱼的发育改变情况，最后得出有关 MT 诱导石斑鱼幼鱼性腺发育的结论。该摘要撰写逻辑清晰，层次分明。

范例 4：

题目：利用数字表达谱分析拟南芥叶片中盐响应基因

作者：程华，杨梅燕，吴佳辉，等（深圳大学生命与海洋科学学院）

期刊：深圳大学学报（理工版），2017.

摘要：为揭示拟南芥在盐胁迫下基因表达谱的变化，为解决盐害提出新的方向，以哥伦比亚野生型拟南芥为材料，利用数字表达谱技术（digital gene expression profiling, DGEP）分析盐胁迫组（200 mmol/L NaCl 处理 2 h）和对照组的拟南芥叶片互补脱氧核糖核酸（complementary deoxyribonucleic acid, cDNA）文库，鉴定盐胁迫下拟南芥中差异表达的基因，结果显示，盐胁迫组中共有 4400 个基因发生了差异表达，其中，1513 个基因上调表达，约占 34.39%；2887 个下调表达，约占 65.61%。这些基因主要富集于 22 个基因本体（gene ontology, GO）条目，包括核糖体构成、细胞膜和细胞器组成、应答胁迫、脯氨酸代谢等过程，进一步的 KEGG（Kyoto encyclopedia of genes and genomes）分析表明，基础代谢、次生代谢以及光合和氧化代谢等 32 个通路的基因显著富集，此外，本研究筛选到 6 个显著差异表达的胚胎晚期富集蛋白（late embryogenesis abundant protein, LEA）基因，其中，3 个 *LEA* 基因在盐胁迫条件下上调表达，3 个下调表达，暗示着这 6 个 *LEA* 基因可能是拟南芥在应答盐胁迫过程发挥关键作用的抗逆基因。

［程华，杨梅燕，吴佳辉，等 . 利用数字表达谱分析拟南芥叶片中盐响应基因［J］. 深圳大学学报（理工版），2017，34（6）：631-639.］

评：首先介绍研究目的、研究方法和研究内容，然后介绍所获研究结果。该摘要逻辑清晰，对结果的阐述偏详细。

范例 5：

题目：Plant cell-surface GIPC sphingolipids sense salt to trigger Ca^{2+} influx

作者：Zhonghao Jiang, Xiaoping Zhou, Ming Tao, et al.（College of Life Sciences and Oceanography, Shenzhen University, etc.）

期刊：Nature, 2019.

Abstract: Salinity is detrimental to plant growth, crop production and food security worldwide. Excess salt triggers increases in cytosolic Ca^{2+} concentration, which activate Ca^{2+}-binding proteins and upregulate the Na^+/H^+ antiporter in order to remove Na^+. Salt-induced increases in Ca^{2+} have long been thought to be involved in the detection of salt stress, but the molecular components of the sensing machinery remain unknown. Here, using Ca^{2+}-imaging-based forward genetic screens, we isolated the *Arabidopsis thaliana* mutant monocation-induced ［Ca^{2+}］*i* increases 1 （moca1）, and identified MOCA1 as a glucuronosyltransferase for glycosyl inositol phosphorylceramide （GIPC） sphingolipids in the plasma membrane. MOCA1 is required for salt-induced depolarization of the cell-surface potential, Ca^{2+} spikes and waves, Na^+/H^+ antiporter activation, and regulation of growth. Na^+ binds to GIPCs to gate Ca^{2+} influx channels. This salt-sensing mechanism might imply that plasma-membrane lipids are involved in adaption to various environmental salt levels, and could be used to improve salt resistance in crops.

［JIANG Z, ZHOU X, TAO M, et al. Plant cell-surface GIPC sphingolipids sense salt to trigger Ca^{2+} influx［J］. Nature, 2019, 572（7769）: 341-346.］

评：本摘要首先简介背景，指出盐分对全球植物生长、作物产量及粮食安全具有不利影响，从目前有关植物响应盐胁迫已有的分子机制层面的认知，提出问题——植物最初的盐感知机制尚不清楚。然后再介绍本研究采用的方法、获得的结果，解析了糖基肌醇磷酰神经酰胺（GIPC）介导的全新盐感受机制，最后点出研究的学术意义和潜在的应用价值（针对作物对盐抗性的改良）。作为一篇顶级学术期刊 *Nature* 的研究性长文，除了具有很高的学术价值，其论文写作方法也非常值得学习。

9.5.4 关键词（key words）

关键词是为了文献标引工作从论文中选取出来以表达全文主题款目（subject entry）的单词或术语。每篇论文可选取 3 ~ 8 个词作关键词。关键词以显著的字符起一行，排在摘要的下方。关键词通常可以在完成论文写作后，纵观全文加以选择确定。所选定的关键词一方面应是论文中（包括标题、摘要）具有实际意义的词或专业术语，同时还能承载并表达出论文的关键主旨内容。

以上 5 篇摘要范例的关键词分别如下：

范例 1：

题目：南方鲇的繁殖生物学研究：繁殖时间、产卵条件和产卵行为

关键词：鱼类繁殖；性成熟；繁殖周期；产卵条件；产卵行为；南方鲇

［谢小军，何学福，龙天澄 . 南方鲇的繁殖生物学研究：繁殖时间、产卵条件和产卵行为［J］. 水生生物学报，1996（1）：17-24，98.］

范例 2：

题目：海绵动物原始神经物质的探究

关键词：海绵动物；神经物质；原始神经细胞

［李慧，张小云，汪安泰．海绵动物原始神经物质的探究［J］．动物学报，2005，51（6）：1091-1101.］

范例 3：

题目：利用数字表达谱分析拟南芥叶片中盐响应基因

关键词：拟南芥；*LEA* 基因；乙烯应答因子；盐胁迫；数字基因表达谱；差异表达基因

［程华，杨梅燕，吴佳辉，等．利用数字表达谱分析拟南芥叶片中盐响应基因［J］．深圳大学学报（理工版），2017，34（6）：631-639.］

范例 4：

题目：激素诱导斜带石斑鱼（*Epinephelus coioides*）雄性化的研究

关键词：斜带石斑鱼；甲基睾酮；性别分化；性腺发育

［黄文，杨宪宽，徐新，等．激素诱导斜带石斑鱼（*Epinephelus coioides*）雄性化的研究［J］．海洋与湖沼，2014，45（6）：1317-1323.］

范例 5：

Title: Plant cell-surface GIPC sphingolipids sense salt to trigger Ca^{2+} influx

Key Words （plus）: *Arabidopsis thaliana*; ion channels; protein-kinase; receptor; growth; taste; identification; mechanisms; evolution; binding

［JIANG Z, ZHOU X, TAO M, et al. Plant cell-surface GIPC sphingolipids sense salt to trigger Ca^{2+} influx［J］. Nature, 2019, 572（7769）: 341-346.］

9.5.5 引言（introduction）

引言又称前言、导言，是论文正文前面的一段短文，属于整篇论文的引论部分。引言用来介绍与本研究相关的研究背景，在介绍前人研究历史基础、目前最新研究现状，分析研究不足等的基础上，引出本研究的目的与意义、研究对象、拟采用的研究方法等。

引言是论文的立论依据，需要说明“为什么做此项研究？”“拟采用什么方法进行研究？”“将解决什么科学问题？”“有何理论与实践意义？”等问题。

引言的撰写应言简意赅，不要成为摘要的注释。已写入教科书中的知识内容，或者已成为本领域同行普遍了解的专业常识，在引言中不必赘述。引言的篇幅应视论文篇幅的大小及论文内容的需要来确定，长的可达 700 ~ 800 字或 1000 字左右，短的可不到 100 字。

期刊论文引言的篇幅相对较短，有的甚至只用小段文字实现引言的作用，而学位论文则有所不同，因其需要反映出作为学位申请人的作者确已掌握了扎实的基础理论和系统的专业知识、具有开阔的科学视野，对研究方案做了充分的可行性论证，引言需要撰写得较长一些。学位论文引言应较为全面而系统地回顾论文相关领域的前人工作，并进行必要的综合评述和理论分析，因此学位论文的引言相当于一篇独立的文献综述性论文，可以在学位论文中独立成章。

Bussel 和 August（2021）建议，引言部分应包括依次呈现的 5 方面内容：（1）为什么你的研究很重要？（2）该主题范围哪些是已知的？（3）该主题范围哪些还未知或有何欠缺（Research Gap）？（4）你的研究预期成果有何重要性？（5）该论文的具体研究目标（Research Aim）是什么？

Bussel 和 August（2021）认为这 5 个方面的内容有一些可以相互适当重叠，但就科学内容广度而言应形成如图 9-7 所示的呈漏斗形或倒金字塔形，即先从本研究相关背景适当宽泛地介绍研究领域的重要性，然后逐渐收敛，揭示研究不足，提出科学问题，阐述研究价值，最后聚焦到本文的研究目的。该引言结构模式逻辑清晰，读者较易领会论文的科学问题、研究目的和科学意义，值得参考。不过若从呈现科学研究完整性的角度，在提出科学问题之后还应阐述所作出的假设（hypothesis），在文献梳理基础上依据科学内在逻辑作出的清晰、可检验而且在论文中进行了检验的假设。

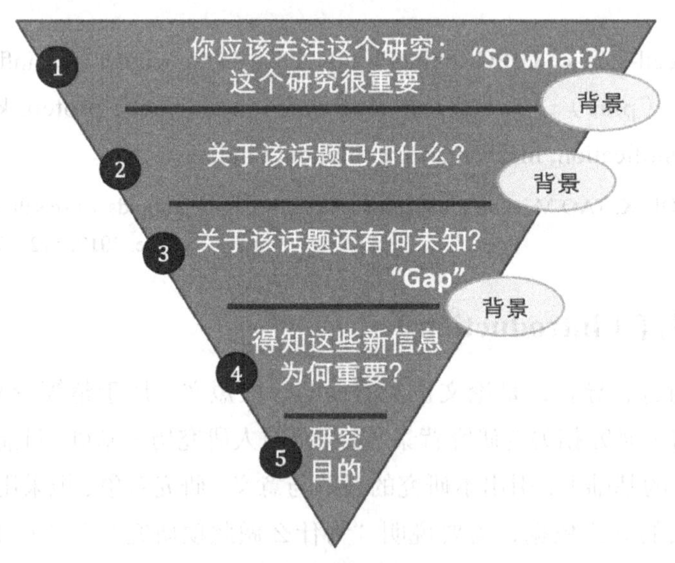

图 9-7　学术论文引言的结构模式

以上所列举 5 篇期刊论文示例，其引言篇幅有明显差别，其中题目为“南方鲇的繁殖生物学研究：繁殖时间、产卵条件和产卵行为”的论文引言较短，“激素诱导斜带石斑鱼（*Epinephelus coioides*）雄性化的研究”的稍长，现将这 2 篇论文以及另一篇英文论文的引言分别列出供参考。

范例 1：

题目：南方鲇的繁殖生物学研究：繁殖时间、产卵条件和产卵行为

引言：南方贴（*Silurus meridionalis* Chen）是我国特有的重要经济鱼类，它个体大，

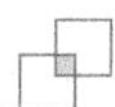

生长快，肉味鲜美，具有很高的市场价值。近年来有关该种鱼的人工养殖研究正在兴起，急需其生物学基础资料。作者曾报道了该种鱼的生长、胚胎和幼鱼发育以及生物能量学系列研究的结果[1-9]，但有关其繁殖生物学方面的研究，唯施白南曾进行过生产力的报道[10]。本文是对其繁殖群体的性腺变化、产卵条件及产卵行为等繁殖习性的研究资料的整理和报道。

［谢小军，何学福，龙天澄. 南方鲇的繁殖生物学研究：繁殖时间、产卵条件和产卵行为［J］. 水生生物学报，1996（1）：17-24，98.］

（注：该论文文献引用格式采用顺序编码制）

评：该引言短小、简洁，针对本研究背景介绍清晰，篇幅虽短，但很好地发挥了引言的作用。

范例 2：

题目：激素诱导斜带石斑鱼（*Epinephelus coioides*）雄性化的研究

引言：石斑鱼是我国重要的海水养殖鱼类，属鲈形目（Perciformes）、鮨科（Serranidae）、石斑鱼亚科（Epinephelinae）。石斑鱼肉质鲜美，营养丰富，为餐桌中的上等佳肴，深受各地消费者的喜爱，在热带和亚热带地区的沿海渔业中占有重要地位（Pierre et al., 2008）。

我国大陆石斑鱼人工养殖兴起于 20 世纪 80 年代（马荣和，等，1987）。随后，我国学者围绕石斑鱼人工繁育进行研究，在亲鱼培育和产卵、苗种培育技术以及石斑鱼的病害防治技术等方面取得突破，促进了石斑鱼养殖产业的社会化分工，在我国南方形成了石斑鱼苗种繁育和健康养殖产业（刘付永忠，等，2000；陈国华，等，2001）。

由于石斑鱼是典型的雌雄同体、雌性先熟种类，高龄鱼才性转变为雄鱼。这种状况造成了在人工繁育中往往存在雄鱼缺乏或雌雄不同步的现象，严重制约了石斑鱼人工繁育工作的开展。在自然海域，雌性斜带石斑鱼（*Epinephelus coioides*）的初次性成熟年龄为 3 ~ 4 龄，人工培育条件下可提前至 2.5 龄，其发生性转变的年龄至少在 4 龄以上（赵会宏，等，2003）。已有研究表明，应用外源激素可以诱导石斑鱼雌鱼提早发生性转变为雄鱼，能够满足繁殖的需要（方永强，等，1992；邹记兴，等，2000）。石斑鱼性别控制技术的研究与推广应用，将为石斑鱼类种苗的稳定大批量生产提供技术保证。

有些鱼类如罗非鱼（*Oreochromis*）和异育银鲫（Allogynogenetic crucian carp, *Carassius auratus gibelio*）等，在发育早期经一定剂量的雄激素处理后就能产生出功能性的雄鱼（张甫英，等，2000；王扬才，等，2003）。石斑鱼是典型的雌雄同体鱼类，其性腺中同时存在雌性和雄性生殖细胞，如果受到雄激素的刺激，性腺就有可能朝着雄性化的方向发育。因此，本文作者在研究斜带石斑鱼性腺发育过程的基础上，在性腺发育早期投喂甲基睾酮（MT）激素，以诱导石斑鱼幼鱼雄性化。

［黄文，杨宪宽，徐新，等.激素诱导斜带石斑鱼（*Epinephelus coioides*）雄性化的研究［J］. 海洋与湖沼，2014，45（6）：1317-1323.］

（注：该论文文献引用格式采用“著者 - 出版年”制）

评：第一段简介石斑鱼的分类及在水产品消费和渔业经济中的重要性；第二段介绍石斑鱼养殖产业发展概况；第三段先提出问题，即石斑鱼自然性成熟雌雄不同步特点制约了繁育工作，也是养殖产业的瓶颈之一，然后聚焦外源激素诱导石斑鱼性腺发育问题；第四段探讨研究思路的可行性，最后引出本研究的基本方案、目的意义。该引言段落层次分明，逻辑清晰。

范例 3：

题目：Plant cell-surface GIPC sphingolipids sense salt to trigger Ca^{2+} influx

Introduction: More than 6% of the world's total land area and about 20% of irrigated land（which produces one-third of the world's food） are increasingly affected by salt buildup[1]. Excessive salt is detrimental to plant growth and development, and causes agricultural loss and severe deterioration of plant ecosystems [1,2]. Sodium chloride is the most soluble and widespread salt found in soils. Sodium is not an essential nutrient in plants, and plants have evolved mechanisms to reduce intracellular sodium buildup [1,3]. In plants, high salinity triggers early short-term responses for perceiving and transducing the stress signal, and subsequent longterm responses for remodelling the transcriptional network to regulate growth and development. Although several molecular components in the early signalling pathway have been identified, plant salt sensors remain unknown [3–8].

Salt stress triggers increases in cytosolic free Ca^{2+} concentration （［Ca^{2+}］i） [9,10], and the expulsion of excess intracellular Na^+ involves the Ca^{2+}-related salt-overly-sensitive（SOS）pathway [3,5]. The SOS pathway comprises the Ca^{2+} sensor SOS3 （a calcineurin B-like protein （also known as CBL4））, the protein kinase SOS2 （also known as CIPK24）, and the Na^+/H^+ antiporter SOS1. Although salt-induced increases in ［Ca^{2+}］i are thought to act as a detection mechanism, the molecular components involved in these increases are unknown [3–8,11]. In animals, sodium is an essential nutrient, and dedicated mechanisms have evolved to detect attractive low salt and aversive high salt conditions [12]. Notably, several ion channels act as salt-sensing taste receptors [13–16].

Sodium also triggers ［Ca^{2+}］i spikes that are mediated by these saltsensing channels. However, homologues of these channels do not exist in sequenced plant genomes. High salinity increases both osmotic pressure and ionic strength, so salt can exert two stress effects: osmotic and ionic [1,4]. Ca^{2+}-imaging based forward genetic screens have previously been used to isolate *Arabidopsis* mutants defective specifically in osmotic stress-induced Ca^{2+} increases,

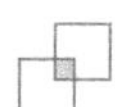

resulting in cloning of the osmosensing OSCA1 Ca^{2+} channel [17]. Here we have optimized experimental conditions for similar Ca^{2+}-imaging-based genetic screens to distinguish the ionic effect from the osmotic effect of salt stress. In this way, we isolated *Arabidopsis* mutants defective specifically in ionic stress-induced increases in ［Ca^{2+}］i. Analysis of a mutant identified through these screens revealed that plant-specific GIPC sphingolipids are involved in sensing salt associated ionic stress in the plasma membrane.

［JIANG Z, ZHOU X, TAO M, et al. Plant cell-surface GIPC sphingolipids sense salt to trigger Ca^{2+} influx［J］. Nature, 2019, 572（7769）: 341-346.］

（注：该论文文献引用格式采用顺序编码制）

评：该引言第一段先介绍背景知识，即土壤盐渍化作为全球性的问题，对于作物生产和植物生态影响巨大，然后提出问题，即植物应对盐胁迫时最初的植物盐感受器仍不清楚。第二段介绍植物应答盐胁迫的重要信号通路，涉及细胞内第二信使钙离子浓度$[Ca^{2+}]_i$的变化，从而提出植物可能的盐感受机制，指出关键是尚需鉴定植物对盐的感受器。再简介动物的盐受体（包括味觉感受器）的有关认知。第三段介绍动物中钠离子诱发细胞内钙离子浓度$[Ca^{2+}]_i$升高是由盐感受通道介导，但在植物中并没有发现有该类通道的同系物。考虑盐胁迫事实上对植物有两种胁迫效应，即离子胁迫和渗透胁迫，基于前期渗透感受器 OSCA1 的研究基础，以拟南芥为对象，区分离子和渗透胁迫，通过分离筛选解析了植物中鞘脂 GIPCs 在感知盐胁迫方面的机制。该引言讲述清晰，层次分明，篇幅中等。

9.5.6 正文（main body of the paper）

正文是一篇论文的核心部分，属于论文的主体，占主要篇幅。由于研究工作涉及的学科领域、研究方法等有差异，研究结果呈现方式也可能会有所不同，因此对正文内容不宜作统一规定。但是，研究方法和结果呈现必须实事求是、客观真切、准确翔实，分析论证尽量层次分明、论证合理、逻辑严密，语言表达尽量简练可读。

生物学相关学术论文正文内容主要应包括材料与方法、结果、讨论、结论、致谢、参考文献等部分。

9.5.6.1 材料与方法

材料包括实验对象、实验试剂、实验耗材、实验仪器设备等。方法包括实验设计、实验处理、实验试剂配制、实验操作、数据分析处理方法等。

9.5.6.2 结果

1. 结果的表达

生物学论文的结果部分通常需要采用图表进行表达，并通过文字引述图表所呈现的特征或规律性。采用科学的数据处理方法对原始实验数据进行整理、统计分析及制作图表后，应围绕研究主题展示数据，并按照一定逻辑顺序编排，一方面使论文条理清楚，增强可读性；另一方面要着重体现论文的科学性，使经整理的实验数据和观察资料尽可能直观地呈现出特征或规律性，最好能成为“讨论”本文拟回答的科学问题时可引述该结果作为论据的“直接材料”。

图表均应编排序号，拟定标题（每一个图或表均需要有简短而确切的标题），将序号和标题排版于图的正下方或表格的正上方。添加必要的图例、图注或表注，比如图表中的符号、标记、代码、实验条件，以及统计分析结果等，用最简练的文字，排版于表格下方，或图标题下方。

图和表均应具有自明性，达到读者只看图表、标题、图例、图注或表注，无须阅读正文即可基本理解图表所表达的科学内容和意义的呈现效果。

需要强调的是，必须使用文字对图表进行简要引述，即简明扼要地归纳出图表所呈现的特征或规律性。论文中的任何一个图或表都需要被描述或提及，否则就应删除。如以“表3各处理组南方鲇的生长状态参数及消化率”为例，文章针对该表格的部分文字描述如下：

通过方差分析及Duncan多重比较表明，当饲料蛋白质水平为39.86%时（Diet-1），干物质表观消化率（Ddm）及蛋白质表观消化率（Dp）显著低于其余5个蛋白质水平组（$P<0.05$）。蛋白质水平由43.73%（Diet-2）升至51.57%（Diet-4）时，Ddm、Dp呈上升趋势，但差异未达统计显著性。蛋白质水平为55.73%（Diet-5）及59.14%（Diet-6）2组的Ddm及Dp显著高于其余4组（$P<0.05$）……其余测定值之间无显著差异。

［邓利，谢小军．南方鲇的营养学研究：Ⅰ．人工饲料的消化率［J］．水生生物学报，2000，24（4）：347-355.］

当然，虽需要用文字对图表进行必要描述，但不宜使用大量文字对图表已清楚表达的信息进行过于详细阐述，以避免重复表达。避免重复性还需要注意的是，同一个实验结果，如果已采用表的方式呈现，就不可再使用图重复展示，反之亦然。

2. 图的形式

生物学图可以有多种呈现形式，包括曲线图、柱状图、饼图、流程图、示意图、记录图、布置图、构造图、照片、图版等。图9-8～图9-14供参考。

（1）照片、生物绘图 / 图版

范例 1：

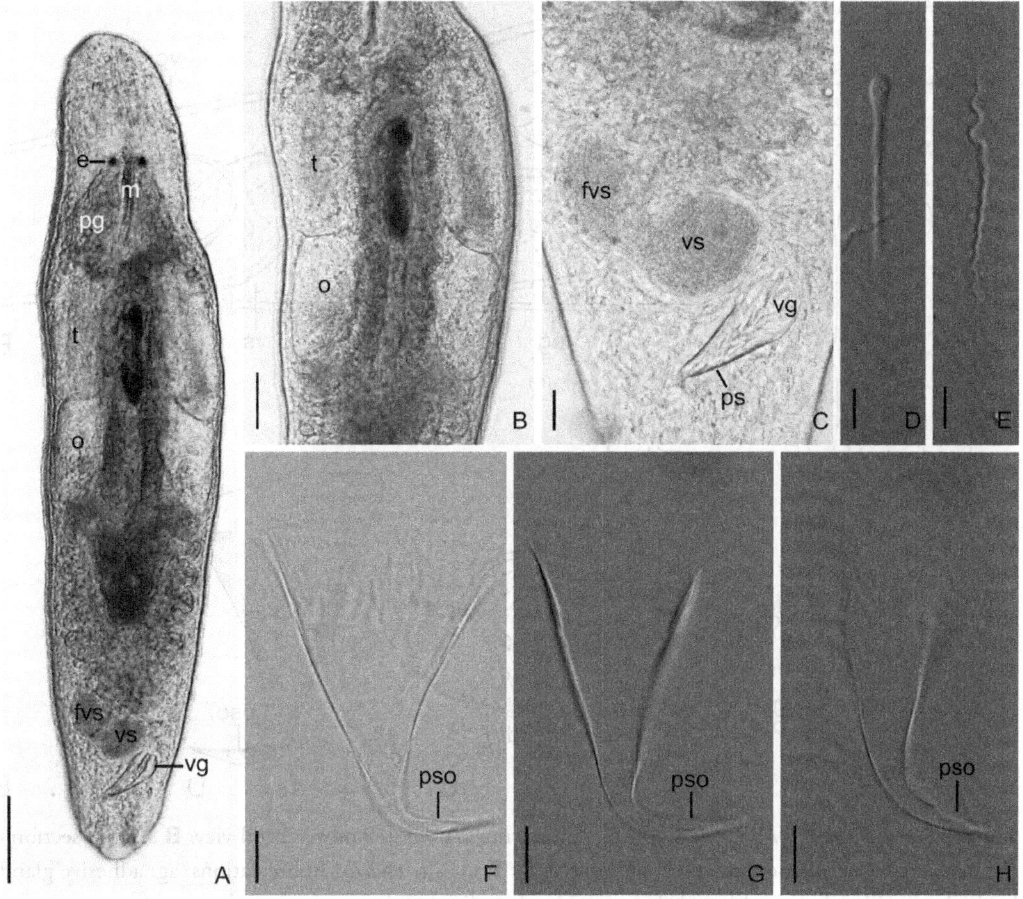

Figure 3. *Macrostomum littorale* Wang & Shi, sp. nov. **A** whole animal, ventral view **B** testes and ovaries **C** male copulatory apparatus, ventral view **D** immature sperm **E** mature sperm **F–H** penis stylet. Abbreviations: e: eye; fvs: false vesicula seminalis; m: mouth; o: ovary; pg: pharyngeal glands; ps: penis stylet; pso: penis stylet opening; t: testis; vg: vesicula granulorum; vs: vesicula seminalis. Scale bars: 100 μm (**A**); 50 μm (**B**); 20 μm (**C**); 5 μm (**D, E**); 10 μm (**F–H**).

图 9-8　大口涡虫属新种（彩图见文前插页）

［SHI Y S, ZENG Z Y, WANG J, et al. Three new species of *Macrostomum*（Platyhelminthes, Macrostomorpha）from China and Australia, with notes on taxonomy and phylogenetics［J］. ZooKeys, 2022, 1099: 1-28.］

评：生物学照片图需要有足够高的分辨率，清晰度好；同时需标明标尺、结构位置，图注对标尺大小、结构名称等信息说明完整。

范例 2：

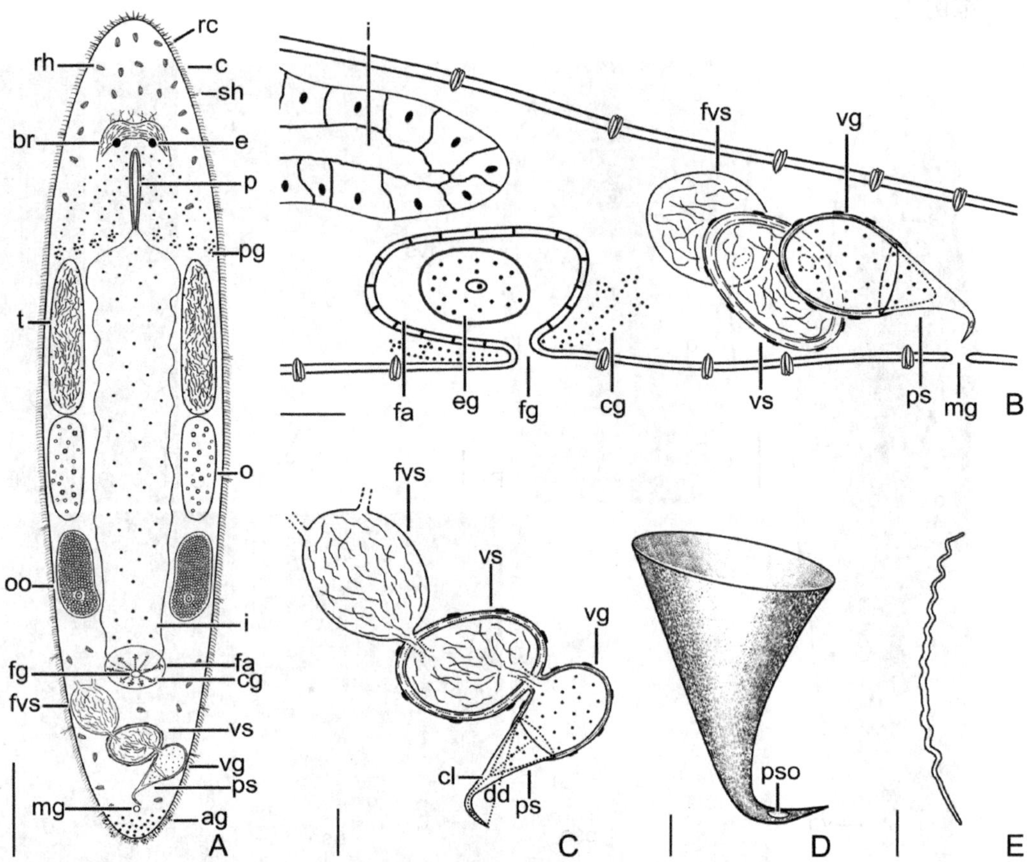

Figure 5. *Macrostomum littorale* Wang & Shi, sp. nov. **A** whole body, ventral view **B** sagittal section of the tail **C** male copulatory apparatus **D** penis stylet **E** mature sperm. Abbreviations: ag: adhesive glands; br: brain; c: cilia; cl: curved length from proximal to distal ends; cg: cement glands; dd: direct distance between proximal and distal ends; e: eye; eg: egg; fa: female antrum; fg: female gonopore; fvs: false vesicula seminalis; i: intestine; mg: male gonopore; o: ovary; oo: oocyte; p: pharynx; pg: pharyngeal glands; ps: penis stylet; pso: penis stylet opening; rc: rigid cilia; rh: rhabdites; sh: sensory hair; t: testis; vg: vesicula granulorum; vs: vesicula seminalis. Scale bars: 100 μm (**A**); 20 μm (**B, C**); 10 μm (**D**); 5 μm (**E**).

图 9-9　大口涡虫属新种生物学手绘图

［SHI Y S, ZENG Z Y, WANG J, et al. Three new species of *Macrostomum*（Platyhelminthes, Macrostomorpha）from China and Australia, with notes on taxonomy and phylogenetics ［J］. ZooKeys, 2022, 1099: 1-28.］

评：生物学手绘图，首先要有科学性，然后需要清晰美观；另外，与照片图类似，需标明标尺、结构位置，图注对标尺大小、结构名称等信息说明完整。

（2）组织切片图

范例：

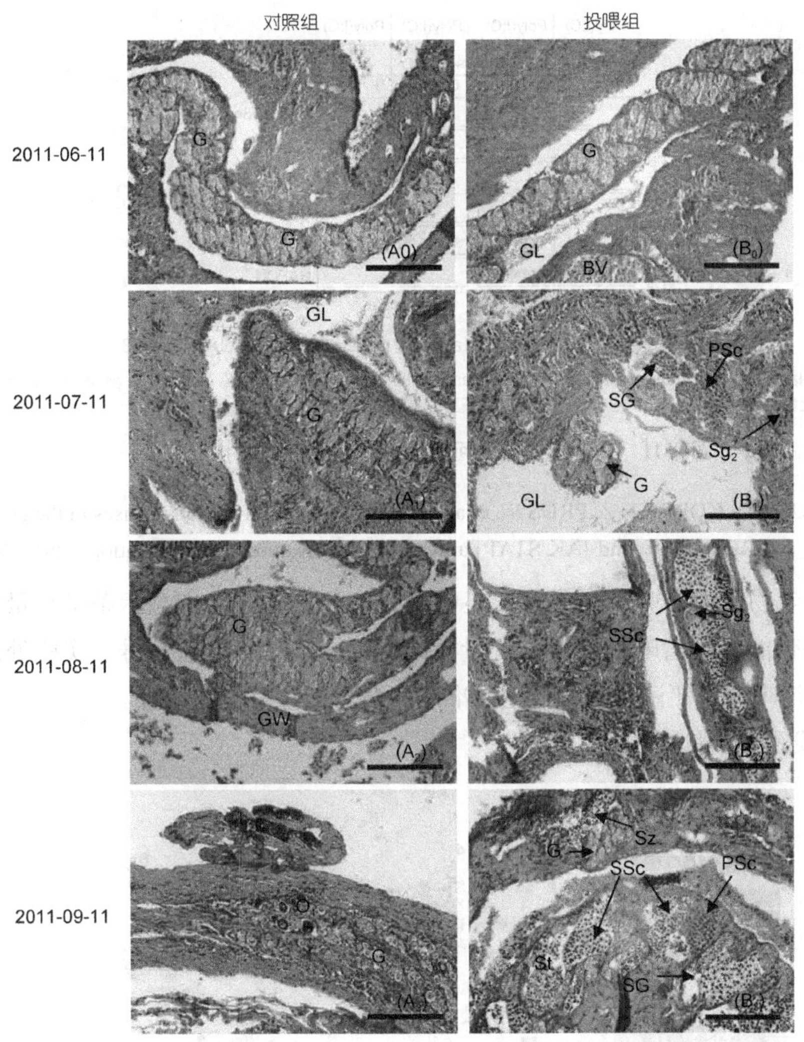

图 2　投喂 MT 激素诱导斜带石斑鱼幼鱼转雄性腺切片图

Fig.2　Gonad sections of juvenile *E. coioides* sex-change to male by MT food

A_0—A_3: 对照组斜带石斑鱼幼鱼性腺切片, B_0—B_3: 投喂组斜带石斑鱼幼鱼性腺切片。G: 性原细胞; GW: 性腺壁; GL: 性腺腔; BV: 血管; SG: 育精囊; PSc: 初级精母细胞; SSc: 次级精母细胞; Sg: 精原细胞; St: 精细胞; Sz: 精子; O_1: 初级卵母细胞。标尺=100μm

图 9-10　投喂 MT 激素诱导斜带石斑鱼幼鱼转雄性腺切片图（彩图见文前插页）

［黄文，杨宪宽，徐新，等．激素诱导斜带石斑鱼（*Epinephelus coioides*）雄性化的研究［J］．海洋与湖沼，2014，45（6）：1317-1323.］

评：与上述照片、生物绘图 / 图版要求类似。

（3）凝胶电泳图、分子杂交图

范例：

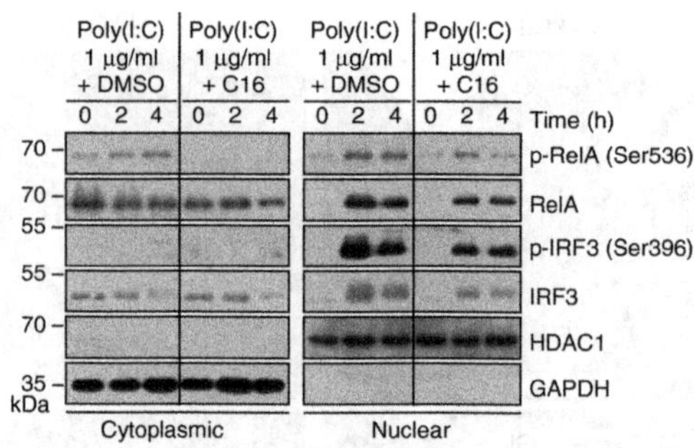

Fig. 5 Inhibition of translation stabilises translocation of RelA and IRF3.

Nuclear and cytoplasmic fractions were analysed using antibodies against total RelA and IRF3, as well as against their phosphorylated (active) forms, p-RelA (Ser536) and p-IRF3 (Ser396).

图 9-11　对翻译的抑制可稳定 RelA 和 IRF3 的转位

［CZERKIES M, KORWEK Z, PRUS W, et al. Cell fate in antiviral response arises in the crosstalk of IRF, NF- κ B and JAK/STAT pathways ［J］. Nature Communications, 2018, 9: 493.］

评：分子生物学类实验图片像素要足够大，电泳条带或杂交显示条带尽量与背景反差使目标条带能够被清晰展示；分子量标准需标注准确；泳道编号、实验处理及样品名需要标注清晰，以便读者能够迅速而准确地获取图片呈现的信息。

（4）折线图、柱状图

范例：

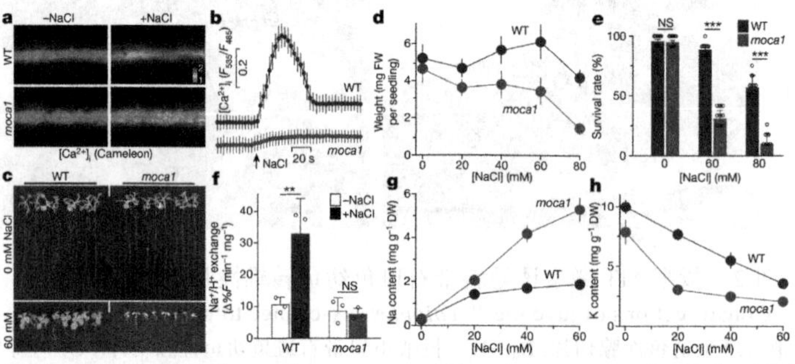

Fig. 2 | The *moca1* mutant is defective in the SOS pathway and hypersensitive to salt stress. a, b, Increases in $[Ca^{2+}]_i$ induced by NaCl in roots. YC3.6 emission images were taken every 3 s, and 200 mM NaCl was added at the time indicated (**a**). Emission ratios are shown using a pseudo-colour scale and quantified from experiments similar to these in **a** (**b**; mean ± s.d.; $n = 10$ seedlings). Similar results were seen in more than ten independent experiments. **c,** Plants were grown on half-strength Murashige and Skoog (½ MS) medium containing 0.2 mM $CaCl_2$ with or without 60 mM NaCl for 12 days. Similar results were seen in more than ten independent experiments. **d, e,** Fresh weight (FW; **d**) and survival rate (**e**) from experiments similar to those in **c** were quantified. Data are from five independent experiments (mean ± s.d.; $n = 12$ pools (8–12 seedlings per pool); two-way ANOVA, $P < 0.001$; NS, not significant; $***P < 0.001$). **f,** Na^+/H^+ exchange activity from plants treated with water or 100 mM NaCl for 24 h (mean ± s.d.; $n = 3$; $**P < 0.01$). **g, h,** The content of Na (**g**) and K (**h**) of plants from experiments similar to those in **c**. Data are presented as mean ± s.e.m. ($n = 6$; two-way ANOVA, $P < 0.001$).

图 9-12　*moca1* 基因突变体 SOS 通路存在缺陷而对盐胁迫极为敏感（彩图见文前插页）

［JIANG Z, ZHOU X, TAO M, et al. Plant cell-surface GIPC sphingolipids sense salt to trigger Ca^{2+} influx ［J］. Nature, 2019, 572（7769）: 341-346.］

评：此图较为复杂，包括折线图、曲线图、柱状图以及实验照片。折线图、曲线图、柱状图等除了清晰美观，如实验设置了重复（n=……），并进行了统计分析，一定要将标准差或标准误显示出来，并将统计分析结果标注出来，实验组与对照组之间均值比较的 t 检验通常使用 NS 表示无显著差异，* 表示具有显著差异（P<0.05）或 ** 表示极显著差异（P<0.01）。与两组间均值差异的 t 检验结果表示方法不同，一个因素多个水平实验设计的多组间均值差异的单因素方差分析（one-way analysis of variance, ANOVA）常用 a、b、c 等不同小写字母表示组间差异，不过此图未标出。

（5）流程图等

范例：

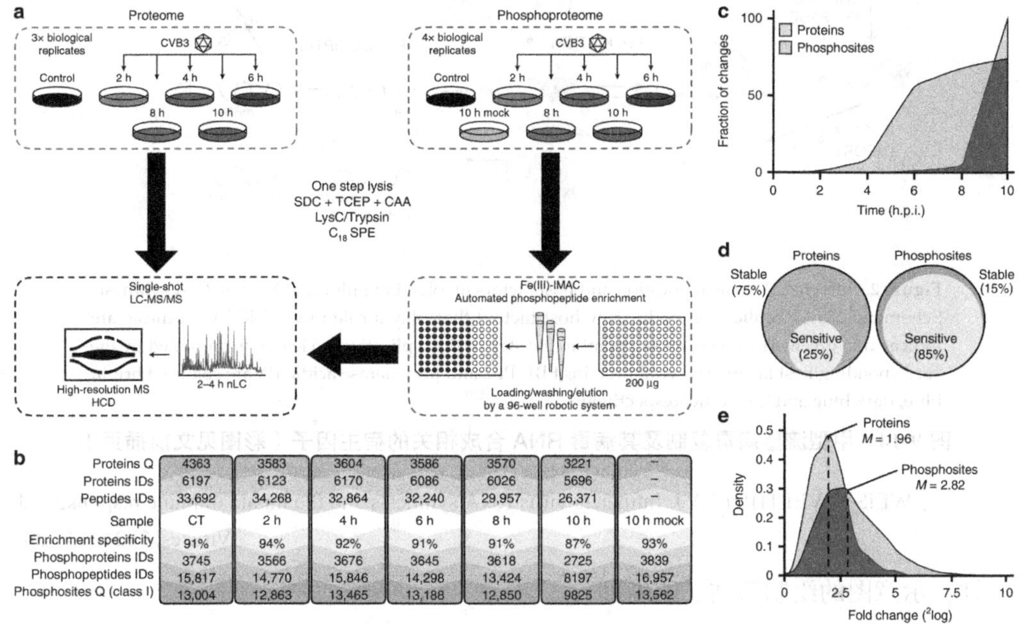

Proteins Q	4363	3583	3604	3586	3570	3221	–
Proteins IDs	6197	6123	6170	6086	6026	5696	–
Peptides IDs	33,692	34,268	32,864	32,240	29,957	26,371	–
Sample	CT	2 h	4 h	6 h	8 h	10 h	10 h mock
Enrichment specificity	91%	94%	92%	91%	91%	87%	93%
Phosphoproteins IDs	3745	3566	3676	3645	3618	2725	3839
Phosphopeptides IDs	15,817	14,770	15,846	14,298	13,424	8197	16,957
Phosphosites Q (class I)	13,004	12,863	13,465	13,188	12,850	9825	13,562

Fig. 1 Experimental design and overview of the (phospho)proteome data. a Experimental design for (phospho)proteome analysis of CVB3-infected HeLa cells. Cells were infected with CVB3 for 30 min (MOI 10), medium was replaced and cells were incubated for the indicated amount of time (2-10 h). Control samples were mock infected and incubated for 0 h or 10 h. The colour scheme representing the data of each individual time point is kept consistent throughout the paper. **b** Summary of the identified (IDs) and quantified (Q) peptides, phosphopeptides, proteins, and phosphorylation sites, including enrichment specificity, defined as the fraction of detected phosphopeptides in each sample. **c** Temporal dynamics of global changes in the proteome and phosphoproteome during CVB3 infection, showing that changes in phosphorylation occur much earlier than changes in protein levels. **d** Fraction of proteins and phosphosites dynamically regulated during the infection, as assessed using ANOVA test. **e** Density plot showing the distribution of magnitude of changes of significantly regulated proteins and phosphosites, showing that the differences in phosphorylation are generally more extensive than those at protein levels. Dashed lines indicate the median fold change for each dataset. Source data are provided as a Source Data file for (**c**), (**d**), and (**e**).

图 9-13　实验设计及磷酸化蛋白质组学数据概况（彩图见文前插页）

［GIANSANTI P, STRATING J R, DEFOURNY K A, et al. Dynamic remodelling of the human host cell proteome and phosphoproteome upon enterovirus infection［J］. Nature Communications, 2020, 11:4332.］

评：该流程图与折线图、数据统计表等融合。流程图的绘制简洁、明晰即可。

（6）表达原理、机制等的示意图

范例：

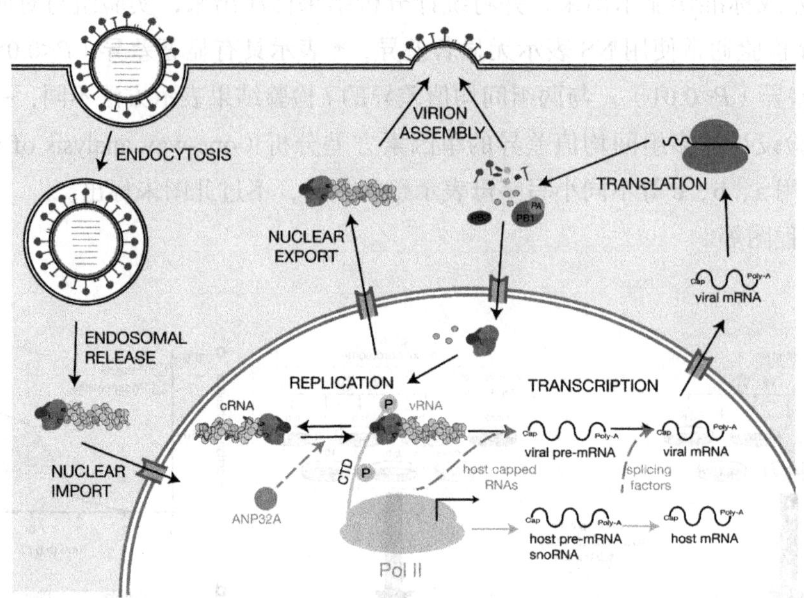

Figure 2. Influenza A virus replication and host factors involved in influenza A virus RNA synthesis. Schematic of IAV replication cycle. Key host factors that play a role in viral RNA synthesis are indicated in green. The green arrows point to the step of the replication cycle that is promoted by the corresponding host factor. The viral proteins PB1, PB2 and polymerase acidic PA are coloured bright blue, dark blue and grey blue, respectively.

图 9-14　甲型流感病毒复制及其病毒 RNA 合成相关的宿主因子（彩图见文前插页）

［WEIS S, VELTHUIS A J. Influenza virus RNA synthesis and the innate immune response［J］. Viruses, 2021, 13:780.］

评：示意图的绘制简洁、明晰即可。

3. 表的形式

表格通常具有简洁清晰的特点，是学术论文的重要组成部分。学术论文表格的基本样式是统计表，将相关研究结果分析、整理、统计于一个表格中，使读者便于比较，发现规律。

统计表一般采用三线式表，由顶线、标目线和底线这 3 条横线组成框架，两侧应是开口的；顶线与标目之间为栏头，标目与底线之间为表身；栏头左上角不用斜线，但栏头允许再设一条至数条横线。一般表的行头标示组别，栏头标示反应指标，但这种划分并不是固定的，作者可根据情况灵活安排。

基本结构如表 9-1 所示。

表 9-1　××××××（表题）

项目 \ 实验分组	a 组（单位 /unit）	b 组（单位 /unit）	c 组（单位 /unit）
指标 1	×××	×××	×××
指标 2	×××	×××	×××
指标 3	×××	×××	×××
指标 4	×××	×××	×××
指标 5	×××	×××	×××

表 9-2 和表 9-3 为某期刊两个表的范例，供参考。

范例 1:

表 9-2　各处理组南方鲇的生长状态参数及消化率（平均值 ± 标准差）

Table 3　The growth performances and digestibilities of 6 groups in *Silurus meridionalis* Chen

（*Mean* ± *SD*, *n*=4）

蛋白质水平 Protein level（%）	处理组 Groups of treatment						*F* 值	*P* 值
	Diet-1 39.86（%）	Diet-2 43.73（%）	Diet-3 46.79（%）	Diet-4 51.57（%）	Diet-5 55.73（%）	Diet-6 59.14（%）		
生长率 SGR（%）	2.63 ± 0.13^{b}	2.49 ± 0.17^{b}	3.15 ± 0.17^{a}	3.32 ± 0.18^{a}	3.21 ± 0.17^{a}	3.10 ± 0.11^{a}	14.02	0.00
摄食率 RL（%）	2.45 ± 0.05	2.34 ± 0.10	2.34 ± 0.07	2.37 ± 0.03	2.30 ± 0.10	2.22 ± 0.05	1.32	0.29
蛋白效率 PER	2.43 ± 0.05^{a}	2.47 ± 0.31^{a}	1.84 ± 0.15^{b}	1.56 ± 0.19^{b}	1.52 ± 0.13^{b}	1.56 ± 0.11^{b}	3.38	0.03
生物价 BV	47.26 ± 4.12^{a}	41.47 ± 1.52^{b}	46.57 ± 1.64^{a}	41.60 ± 1.93^{b}	35.28 ± 1.03^{c}	34.17 ± 1.92^{c}	24.93	0.00
粪便蛋白质量（%）Protein in faeces	9.12 ± 1.67^{a}	7.45 ± 1.36^{b}	7.50 ± 1.82^{a}	6.20 ± 1.00^{c}	3.22 ± 0.50^{d}	3.58 ± 0.53^{d}	39.42	0.00
干物质消化率 Ddm（%）	36.68 ± 9.60^{c}	52.51 ± 8.72^{b}	54.95 ± 8.08^{b}	64.76 ± 6.70^{b}	82.46 ± 2.47^{a}	79.54 ± 3.12^{a}	18.49	0.00
蛋白质消化率 Dp（%）	77.13 ± 4.18^{c}	82.97 ± 3.11^{b}	84.02 ± 3.87^{b}	87.97 ± 1.94^{b}	94.22 ± 0.90^{a}	93.95 ± 0.90^{a}	19.98	0.00
脂肪消化率 Dl（%）	77.13 ± 3.46^{d}	84.52 ± 2.84^{c}	84.77 ± 2.73^{c}	89.79 ± 1.94^{b}	94.96 ± 0.71^{a}	95.14 ± 0.74^{a}	20.88	0.00
能量消化率 De（%）	71.43 ± 4.33^{d}	79.70 ± 3.73^{c}	82.27 ± 3.18^{c}	86.00 ± 2.66^{b}	93.56 ± 0.91^{a}	93.07 ± 1.05^{a}	24.76	0.00
无氮浸出消化率 Dnfe（%）	55.94 ± 6.68^{d}	$71.28 \pm 5.27b^{c}$	66.25 ± 6.05^{c}	68.80 ± 5.94^{be}	84.96 ± 2.12^{a}	78.82 ± 3.22^{ab}	11.55	0.00

注：表中同一行数值具不同上标的数表示差异显著（$P< 0.05$）.

The values in the same row with different letters are significantly different（$P< 0.05$）.

［邓利，谢小军 . 南方鲇的营养学研究：Ⅰ . 人工饲料的消化率［J］. 水生生物学报，2000，24（4）：347-355.］

范例 2：

表 9-3　本文新种与本属内其他具有钩状交接刺物种的比较

Table 2. Comparison between the new species and the similar species with hook-like stylets within the genus.

Species	Body Length (μm)	Female antrum position	Stylet length[a] (μm)	Diameter of stylet opening (proximal / distal μm)	Penis stylet opening (pso) position *	Bending angle (°) and position of curve in stylet*	Habitat	Distribution	Reference
M. astericis	800	posterior	25–32	13–16/2.7*	65%/convex	93°/50%	Marine	Galapagos, Ecuador	Schmidt and Sopott-Ehlers (1976)
M. hystricinum	NA	posterior	32	22/4–6	81%/convex	85°/81%	Brackish	Widely distributed	Beklemischev (1951) and Wang et al. (2017)
*M. hystrix**	NA	posterior	44	20/5	78%/convex	85°/75%	Brackish	Italy	Schärer et al. (2011) and Brand et al (2022a)
M. littorale sp. nov.	920 ± 109	posterior	64 ± 7.4	35 ± 6.3/6 ± 0.9	85%/concave	105°/66%	Brackish	China	this study
M. shekouense sp. nov.	978 ± 143	50% of body length	46 ± 3.5	22 ± 2.7/3 ± 0.3	73%/convex	90°/65%	Brackish	China	this study
M. brandi sp. nov.	1147 ± 151	50% of body length	55 ± 5.0	37 ± 9/2.4 ± 0.05	70%/convex	90°/70%	Marine	Australia	*M.* sp. 81 in Brand et al (2022a)
M. obelicis	1,000–2,000	50% of body length	35–50	16–25/NA	77%/convex	90°/69%	Marine	Galapagos, Ecuador	Schmidt and Sopott-Ehlers (1976)
M. peteraxi	1,500	posterior	27–30	12.5/NA	NA	90°/NA	Marine	Romania	Mack-Fira (1971)
M. pusillum	500–800	posterior	24–26	9–12/NA	NA	90°/42%	Marine	Germany	Ax (1951)
M. qiaochengense	1,147 ± 52	posterior	51 ± 3.5	21 ± 1.2/20 ± 1.6	63%/convex	90°/63%	Brackish	China	Wang et al. (2017)
M. rubrocinctum	1,500–2,000	posterior	55	30/NA	NA	90°/67%	Marine	Germany	Ax (1951)
M. sp 1 MTP LS 302*	NA	posterior	42	23/4.4	73%/convex	105°/60%	NA	Italy	Schärer et al. (2011)

*Measurement based on images and scales given in the references. The procedures of measuring the angle refer to Ferguson (1940). NA: Not available, information cannot be obtained from the literature. a: Stylet length refers to curved length (cl) from proximal to distal ends.

［SHI Y S, ZENG Z Y, WANG J, et al. Three new species of *Macrostomum*（Platyhelminthes, Macrostomorpha）from China and Australia, with notes on taxonomy and phylogenetics［J］. ZooKeys, 2022, 1099: 1-28.］

9.5.6.3 讨论

讨论部分是对实验方法和实验结果进行的综合分析。作者创造性的发现和见解主要是在讨论部分体现出来，因此讨论部分也是作者学术修养的综合体现。作者可从以下这些方面展开讨论：

（1）对实验结果进行综合分析。

（2）与已报道的前人相关研究结果比较，阐述本研究的结果与他人的结果有何异同，可能是什么原因导致的不同；有何新的发现，新发现有何意义等。

（3）根据本研究结果得出的结论，验证或证伪了研究所提出的假说，解答所提问题，或提出了新观点乃至新的学说。

（4）本研究结果在理论研究上的科学意义或生产实践中的应用价值。

（5）指出本研究的不足之处（没有毫无瑕疵的完美研究，研究的不足应在讨论中阐述）。

（6）由本研究结果分析发现哪些新的值得进一步研究的问题等。

学术论文的讨论部分极为重要，是作为作者理论水平和科学素养的体现，必须尽量展开。需要大量查阅调研相关文献，掌握足够全面的资料，才能进行深入的分析讨论。当然，讨论的范围要切题，应限于本文有关的内容，从论文核心内容出发，即要围绕本研究提出拟解决的科学问题，决定讨论什么，不讨论什么，哪些部分要重点讨论。

讨论部分有的地方要详述，或严密推理，或引经据典；而有的地方可能只需略写，或对结果简洁归纳即可，类似中国画的作画方法，讲究疏密有致的章法布局。

当然，尽管论文讨论部分的撰写如同国画都需疏密有致，繁简结合，但必须以实验结果为基础，以科学理论为依据进行分析。分析要合乎逻辑，有理有据。应采取客观、严谨态度，避免凭主观感觉挑取所谓有利数据以支持某观点，还要避免以偏概全，凭借不完整的材料得出不合逻辑的论点。

分析讨论还应既不囿于现有观点，又不轻易否定别人观点。分析过程尽量说清楚、讲透彻，说不清楚的最好不要说，但是不要回避存在的问题，尤其对不符合预期的实验结果要做出合理的解释说明。

生物学论文有时可将结果与讨论合并一起写。两种情况下可以采用这种撰写方式，一是论文数据量相对不多，讨论内容单薄，无须单列一个讨论部分；二是研究内容对应几个研究结果独立性相对较大，数据丰富，内容饱满，需要紧随结果逐一讨论，最后再行总体性讨论，整个论文的条理会显得更加清晰。除此之外，更多情况是讨论与结果分开。

讨论范例：

范例 1：

题目：南方鲇的生长状况与性成熟的关系

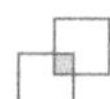

讨论：南方鲇的雌鱼 3 龄以前、雄鱼 2 龄以前全部未成熟，而雌鱼 4 龄以后、雄鱼 3 龄以后全部达性成熟的现象，反映了该物种所固有的遗传特性。Stern & Crandall 指出，鱼类性成熟的年龄和成熟时躯体的大小并非固定，而是具有一定的可塑性[13]。南方鲇也存在这样的现象：生长状况良好的雌雄个体均有可能提前 1 ~ 2 年性成熟。在同一种群中鱼类性成熟年龄的变异有可能来自遗传的差异[14]，也可能来自环境的影响[15]。Wooton 指出，当环境的变化使生长率增高时，所产生的效应通常是使性成熟年龄提前[16]。南方鲇的情况与这一规律相符。

［谢小军，何学福，龙天澄. 南方鲇的繁殖生物学研究：繁殖时间、产卵条件和产卵行为［J］. 水生生物学报，1996（1）：17-24，98.］

评：先简述本研究所观察到的结果，再结合前人有关鱼类性成熟研究资料进行分析，并引用有关专著的理论观点，提出本研究结果符合前人总结的有关鱼类生长状况与性成熟的一般规律。对本段讨论的论点："南方鲇……生长状况良好的雌雄个体均有可能提前 1 ~ 2 年性成熟。"从实验观察结果及理论两个方面均予以论证。

范例 2：

题目：海绵动物原始神经物质的探究

讨论（节选）：DCX 是分子量为 40 kD 大小的微管结合磷酸蛋白，是中枢神经系统各区域发育过程中神经元的迁移和分化所需的物质（Lee et al. 2003），目前已成为研究神经发育学的重要标志物之一（Couillard-Despres et al. 2005）。在神经干细胞分化过程中，通过这种抗体的标记，可以发现在神经细胞分化的早期（即未成熟阶段）有阳性显示。DCX 主要通过与微管直接相互作用稳定微管结构（Horsh et al. 1999），进而通过调节微管蛋白的组建以及稳定性来指导神经元的迁移（Kim et al. 2003）。DCX 是在哺乳动物神经系统中迁移分化的神经细胞表达的微管相关蛋白，同时是神经元放射性迁移所必需的蛋白（Mizuguchi et al. 1999; Nacher et al. 2001; Moores et al. 2003），而迁移的神经细胞即为不成熟的神经细胞。DCX 的抗体是一种鉴别最原始神经细胞的分子标志，是神经细胞定向转化中最先表达的特异性神经肽分子。它在神经细胞分化过程中的最原始阶段进行表达（Francis et al. 1999; Qin et al. 2000）。

海绵动物中 DCX 免疫组织化学研究表明，在中胶层中分布有阳性细胞结构，说明在海绵动物中存在行使原始神经细胞功能的原始细胞。海绵动物的原始神经细胞是不成熟的，在进化路线的原始阶段，其成熟性不可能与高等动物中的神经元相提并论。其功能已足以帮助海绵动物这种最原始的多细胞生物生存，故以一种原始的状态存在于海绵动物中，不再继续发育成熟。此外，从免疫印迹图谱上也可以看出，在海绵动物中存在 DCX 类似蛋白，并且与阳性对照兔胚胎具有相近似分子量的蛋白谱带，证实了海绵动物中存在原始的神经细胞，而从形态学特征、分布特征以及芒状细胞所具有的功能，说明原始的神经细胞就是芒状细胞。

［李慧，张小云，汪安泰.海绵动物原始神经物质的探究［J］.
动物学报，2005，51（6）：1091-1101.］

评：第一段分析前人对 DCX 的研究，探讨其与神经发育、神经细胞迁移分化的关系，总结出“DCX 在神经细胞分化过程中的最原始阶段进行表达”的规律。第二段结合上一段的分析，根据有关海绵动物 DCX 免疫组织化学结果，论证本研究论点“证实了海绵动物中存在原始的神经细胞”。

范例 3：

题目：Plant cell-surface GIPC sphingolipids sense salt to trigger Ca^{2+} influx

讨论（节选）：We propose a working model for plant salt cation sensing（Fig. 6c）: Na^{+} ions bind to GIPCs, and depolarize the cell-surface potential to gate Ca^{2+} influx channels. The functioning of ion channels and receptors in the membrane depends critically on how their transmembrane segments are embedded in the membrane [29,31,32], and the regulation of ion channels by cell-surface potentials was recorded more than 40 years ago in animals [33], although the exact molecular mechanisms of this process remain unknown. Sphingolipids are structural components of membranes found in lipid micro-domains, and also act as intracellular second messengers in animals [30, 32–34]. However, not much is known about the binding of sphingolipids to ion channels to gate them via cell-surface charges. On the other hand, phosphatidylinositol binds ion channels in the cytoplasmic leaflet and regulates ion channel function [37–40]. Evidently, GIPC-mediated salt sensing does not resemble any known sensory system found in other organisms. Our findings allow us to propose that rather than a sole salt sensor, cation-sensing GIPCs, osmosensing OSCA1 and components yet to be defined may work together to integrate both ionic and osmotic aspects of salt into the salt Ca^{2+} signalling pathway in plants.

[JIANG Z, ZHOU X, TAO M, et al. Plant cell-surface GIPC sphingolipids sense salt to trigger Ca^{2+} influx
［J］. Nature, 2019, 572（7769）: 341-346.］

评：首先提出本研究建立了一个植物盐阳离子感知的模式图，然后讨论了细胞膜受体和离子通道的研究情况，在动物中，虽然细胞表面电位对离子通道的调控于 40 年前就已成功记录，但调控该活动的确切分子机制至今尚未阐明。同时，对于鞘脂类与离子通道的结合并通过细胞表面电荷对其进行门控的过程并不清楚。接着阐述本研究揭示了糖基肌醇磷酸神经酰胺（GIPC）鞘脂介导的全新盐感受机制，并提出植物通过离子感受器 GIPCs、渗透感受器 OSCA1 等及其组件，整合 Ca^{2+} 信号通路，从而协同进行盐感受作用的新观点。

9.5.6.4 结论

论文的结论是最终的总体结论，不是正文中各段落小结的简单重复。结论应该准确、完整、精炼，篇幅不宜过长，两三句话形成一小段文字即可。摘录 2 篇论文的结论如下供参考。

范例 1：

题目：海绵动物原始神经物质的探究

结论：总之，在海绵动物中，既存在与单细胞原生动物类似的鞭毛细胞（即领细胞）摄食，又具有原始的双胚层结构，同时还存在原始的类神经物质，以及散在的原始神经细胞，但尚未形成腔肠动物所具有的神经网。因此，初步推断，海绵动物具有原始的神经细胞及原始的神经类物质，是存在于原生动物和腔肠动物之间的过渡动物，而不是侧生动物。

［李慧，张小云，汪安泰 . 海绵动物原始神经物质的探究［J］. 动物学报，2005，51（6）：1091-1101.］

范例 2：

题目：Plant cell-surface GIPC sphingolipids sense salt to trigger Ca^{2+} influx

结论：In conclusion, our results shed light on salt sensing in plants, highlight the importance of GIPCs—as a specific class of sphingolipids—for the regulation （and modulation） of signalling processes at the plasma membrane, and underscore the functional versatility of various lipids in different evolutionary branches of life. Our findings could also provide potential molecular genetic targets for engineering salt-resistant crops.

［JIANG Z, ZHOU X, TAO M, et al. Plant cell-surface GIPC sphingolipids sense salt to trigger Ca^{2+} influx［J］. Nature, 2019, 572（7769）: 341-346.］

9.5.6.5 致谢

致谢部分一般置于结论之后，参考文献之前。可以包括但不限于在以下这些方面进行致谢：资助研究工作的基金项目；协助完成研究工作和提供便利条件（包括研究材料和仪器设备等）的个人或组织；在研究工作中提出改进建议的人；在论文撰写中提供帮助的人。对于学位论文，还可以向自己在攻读学位期间对自己生活、精神等方面给予帮助支持的人表达谢意。

9.5.6.6 参考文献

一篇完整的学术论文，文中参考文献的标注和文后参考文献的列表是必不可少的，其目的一方面是尊重他人的学术成果，另一方面是反映真实的科学依据，文责自负；同时参考文献还用来指明引用资料的出处，便于检索利用。

（1）基本规则

国家标准 GB/T 7714—2015《信息与文献 参考文献著录规则》对参考文献的标注

方法和参考文献的著录项目与著录格式作出了规定。根据规定，参考文献的标注方法有两种：顺序编码制和“著者－出版年”制。

顺序编码制按正文中引用的文献出现的先后顺序连续编码，并将序号置于方括号中。若文中某一处引用了多篇文献，只须在方括号内列出各篇文献的序号，并且用“，”将各序号隔开，如遇连续序号，可标注起讫序号（例如：［1-3］）；若在正文中多次引用同一著者的同一文献，应标注首次引用的文献序号。正文中引文序号一般采用上标格式。

“著者－出版年”制，正文中引用的每一篇文献采用著者姓氏加出版年份，并置于小括号内的方式呈现，文后文献列表按文种集中，与正文文种相同的排在前，其他文种排在后。例如，参考文献有中文和英文两种语言种类的，中文排在前，英文排在后；中文一般按第一作者姓氏的汉语拼音顺序排列，英文按第一作者姓氏的字母顺序排列。

上述引言部分列出3篇文章的引言作示例，其中论文“南方鲇的繁殖生物学研究：繁殖时间、产卵条件和产卵行为”和“Plant cell-surface GIPC sphingolipids sense salt to trigger Ca^{2+} influx”文献引用格式采用顺序编码制，论文“激素诱导斜带石斑鱼（*Epinephelus coioides*）雄性化的研究”采用“著者－出版年”制。

（2）文中标注引用规范

直接引用某人的研究结果或学术观点，标注位置在引用观点句子最后一个标点前。举例如下供参考。

范例1：

在自然海域，雌性斜带石斑鱼（*Epinephelus coioides*）的初次性成熟年龄为3～4龄，人工培育条件下可提前至2.5龄，其发生性转变的年龄至少在4龄以上（赵会宏，等，2003）。

［黄文，杨宪宽，徐新，等．激素诱导斜带石斑鱼（*Epinephelus coioides*）雄性化的研究［J］．海洋与湖沼，2014，45（6）：1317-1323.］

范例2：

More than 6% of the world's total land area and about 20% of irrigated land （which produces one-third of the world's food） are increasingly affected by salt buildup[1].

［JIANG Z, ZHOU X, TAO M, et al. Plant cell-surface GIPC sphingolipids sense salt to trigger Ca^{2+} influx［J］. Nature, 2019, 572（7769）: 341-346.］

同样也是直接引用已有研究结果或学术观点，但在一句话中讲述两层意思，分别引用不同文献，则不同文献标注位置不能全部放在句子最后一个标点前，而是放在相应的每一层意思之后。以下范例供参考。

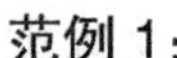

范例 1：

近年来有关该种鱼的人工养殖研究正在兴起，急需其生物学基础资料。作者曾报道了该种鱼的生长、胚胎和幼鱼发育以及生物能量学系列研究的结果[1-9]，但有关其繁殖生物学方面的研究，唯施白南曾进行过生产力的报道[10]。

［谢小军，何学福，龙天澄．南方鲇的繁殖生物学研究：繁殖时间、产卵条件和产卵行为［J］．水生生物学报，1996（1）：17-24，98.］

范例 2：

Salt stress triggers increases in cytosolic free Ca^{2+} concentration （［Ca^{2+}］$_i$）[9,10], and the expulsion of excess intracellular Na^+ involves the Ca^{2+}-related salt-overly-sensitive（SOS）pathway [3,5].

［JIANG Z, ZHOU X, TAO M, et al. Plant cell-surface GIPC sphingolipids sense salt to trigger Ca^{2+} influx［J］. Nature, 2019, 572（7769）: 341-346.］

如果要把引用文献的作者作为主语进行引述，标注方式若采用顺序编码制，则格式如：Hamilton 等认为，……［文献序号］；若采用“著者 – 出版年”制，则格式如：Hamilton 等（出版年）认为，……

（3）文后列出文献著录规则

学术论文正文所引用文献的主要来源有专著、连续出版物、专利、电子资源等。

①专著：专著是以单行本或多卷册形式出版的印刷型或非印刷型出版物，包括普通图书（文献类型标识代码：M）、学位论文（文献类型标识代码：D）、会议文集（文献类型标识代码：C）、技术报告（文献类型标识代码：R）、标准（文献类型标识代码：S）等。

著录格式：著者．专著名［文献类型标识 / 文献载体标识］. 版次．出版地：出版者，出版年：引文页码。

范例 1：

郑光美．中国鸟类分类与分布名录［M］. 3 版．北京：科学出版社，2017: 1-20.

范例 2：

Paul B K，Moulik S P. Ionic Liquid based Surfactant Science: Formulation, Characterization and Applications［M］. Hoboken: John Wiley & Sons, 2015: 517-531.

范例 3：

中华人民共和国国家质量监督检验检疫总局，中国国家标准化管理委员会．中华人民共和国国家标准，信息与文献・参考文献著录规则：GB/T 7714—2015［S］. 北京：中国标准出版社，2015.

② 连续出版物：连续出版物是载有年卷期号，并计划无限期连续出版发行的印刷

形式或电子版形式的出版物，包括期刊（文献类型标识代码：J）、报纸（文献类型标识代码：N）等。

著录格式：作者 . 文献题名［文献类型标识 / 文献载体标识］. 出版物名，出版年，卷（期）：起止页码。

（注：若作者人数较多，可只保留前 3 位作者名，其余作者姓名用“等”代替，英文文献用“et al.”代替。当然，是否需要省去部分作者姓名，或具体保留几位作者姓名，不同刊物可能有不同要求，但同一篇论文列出的文献格式应该统一。）

范例 1：

李慧，张小云，汪安泰 . 海绵动物原始神经物质的探究［J］. 动物学报，2005, 51（6）: 1091-1101.

范例 2：

JIANG Z, ZHOU X, TAO M, et al. Plant cell-surface GIPC sphingolipids sense salt to trigger Ca^{2+} influx ［J］. Nature, 2019, 572（7769）: 341-346.

③ 专利文献：广义的专利文献有专利申请书、专利说明书、专利公报、专利法律文件、专利检索工具等类型。专利文献的标识代码为 P。

著录格式：专利发明人或申请者 . 专利题名：专利号［文献类型标识 / 文献载体标识］. 公告日期或公开日期［引用日期］.

范例：

邓利，原为明，胡章立 . 马拉巴石斑鱼 Piscidin 的改造体抗菌肽及其应用：ZL201580011347.9［P］. 2019-07-12.

④ 电子资源：以数字方式将图、文、声、像等信息存储在磁、光、电介质上，通过计算机、网络或相关设备使用的记录有知识内容或艺术内容的信息资源，包括电子公告、电子图书、电子期刊、数据库等。电子资源文献标识代码为 EB。

著录格式：主要责任者 . 题名：其他题名信息［文献类型标识 / 文献载体标识］. 出版地：出版者，出版年：引文页码（更新或修改日期）［引用日期］. 获取和访问路径 . 数字对象唯一标识符。

9.5.7 学术论文的语言特征及写作风格

9.5.7.1 简明性

学术论文写作通常应遵循信息优先原则，简明地陈述事实，而不宜采用华丽辞藻或文学修饰。学术论文的典型语言特征就是简明性，这种简明性可使生物学、医学等学科的论文畅达明快、思路清晰，容易被理解和接受。

例如，“南方鲇的繁殖生物学研究：繁殖时间、产卵条件和产卵行为”一文中结果“2.2 性成熟”部分：

范例 1：

南方鲇的性腺发育状态可划分为 6 个时期。有关该鱼各期性腺的外形及组织学特征，另文报道[12]。将性腺发育在Ⅲ期以上的个体作为性成熟个体。观察了该种鱼繁殖期（3 ~ 5 月）的性腺发育状况，结果表明：雌鱼 5 龄及 5 龄以上，雄鱼 4 龄及 4 龄以上的个体全部达性成熟；雌鱼 2 龄及 2 龄以下，雄鱼 1 龄及 1 龄以下全部未成熟。3 龄和 4 龄的成熟雌鱼个体占各自龄组渔获物的比例分别为 40.0% 和 87.5%；2 龄和 3 龄的成熟雄鱼个体占各自龄组渔获物的比例分别为 33.3% 和 82.4%。在同龄组中，已成熟个体的体长、体重、肥满度和成熟系数的平均值均大于未成熟个体（表 1），统计检验表明，雌鱼的这种差异在体长、体重和成熟系数已达到或接近显著性（因雄鱼的样本数少，未能进行统计检验）。因此，可以认为雌鱼的成熟年龄为 3 ~ 4 龄，雄鱼的成熟年龄为 2 ~ 3 龄；生长状况良好的个体性成熟相对较早。

［谢小军，何学福，龙天澄 . 南方鲇的繁殖生物学研究：繁殖时间、产卵条件和产卵行为［J］. 水生生物学报，1996（1）：17-24，98.］

该部分阐述所发现的南方鲇繁殖期性成熟个体数量状况，及其相关体长、体重、肥满度和成熟系数等生物学数据，虽信息量不少，但语言简洁明快，无冗词赘句，介绍清楚，易于理解。

简明性这个语言特点在英文论文也有明显的体现，如：

范例 2：

Suppression of immune responses by regulatory T cells （Tregs） is thought to limit late stages of pathogen-specific immunity as a means of minimizing associated tissue damage. We examined a role for Tregs during mucosal herpes simplex virus infection in mice, and observed an accelerated fatal infection with increased viral loads in the mucosa and central nervous system after ablation of Tregs. Although augmented interferon production was detected in the draining lymph nodes （dLNs） in Treg-deprived mice, it was profoundly reduced at the infection site. This was associated with a delay in the arrival of natural killer cells, dendritic cells, and T cells to the site of infection and a sharp increase in proinflammatory chemokine levels in the dLNs. Our results suggest that Tregs facilitate early protective responses to local viral infection by allowing a timely entry of immune cells into infected tissue.

［LUND J M, HSING L, PHAM T T, et al. Coordination of early protective immunity to viral infection by regulatory T cells［J］. Science, 2008, 320（5880）: 1220-1224.］

该摘要简明扼要地将论文主体的 IMRaD（Introduction, Materials & Method, Results and Discussion）各部分概括提炼，只用 5 个句子、约 150 个词就分别把研究背景、材料方法、结果与结论的主要内容介绍清楚，无冗词赘句。第一句用“is thought to”说明研究的相关背景知识，该短语可谓提出研究假说的信号词；第二句中的动词

"examined" 和 "observed" 阐述方法；第三句和第四句介绍结果；第五句以 "Our results suggest that" 开头提示其为讨论或结论性阐述。

9.5.7.2 准确性

生物学、医学论文的作者必须运用正确而恰当的语言表达方式，将生命科学客观规律和研究成果准确无误地表达出来，力求让读者能清楚明白地接受理解作者要表达的意图和信息，同时体现出研究者严谨的科学态度和审慎的学术道德观念。

在 "9.5.3 摘要（Abstract）" "9.5.5 引言（Introduction）" 及 "9.5.6 正文（Main body of the paper）" 中列举的写作范例都较好体现了 "准确性" 这一学术论文的语言特征。

9.5.7.3 规范性

阅读生物、医学学术论文时，会发现有不少类似的常用表达法，这就是生物医学论文写作的另一个显著的语言特征，即标准化和规范性。可将频繁出现在不同期刊不同论文中的常用表达短语和句型收集整理为常用句型库（stock phrases），对撰写学术论文会有所帮助。

在学术论文中，科学研究内容的创新是首要的，但传达科研信息和表达科研成果的语言并不需要太多的创意和新颖，而是要力求简明、准确和规范。正如科研工作者已习惯于采用科研论文标准的 "IMRaD" 结构范式，大家也同样习惯于读到标准规范的语言表达方式，以规范的语言形式使思想内容得以清晰表达，便于读者迅速捕捉和理解作者要表达主要信息和科学内涵。

科研工作者应利用学术语言表达的范式特点，在平时阅读论文时有意识地收集常用术语、短语或句型，构建常用句型库，并在写作中适当运用，以便更有效和更规范化地进行学术论文的表达。

列举一些可纳入 stock phrases 的英语句型如下：

Although... have been studied extensively, little is known about ...

It has been proposed that ...

Recent evidence suggests that ...

Some studies have suggested that ...

... is thought to ...

Note that ...

It is interesting to note that ...

... plays an essential role in ...

A P value of <0.05 was considered statistically significant.

To directly address this question ...

... is consistent with ...

Our results show that ...

9.5.7.4 用英语撰写学术论文应注意的语言规范

在生物、医学英语学术论文的各大部分中，英语时态的准确运用极为重要，是确保论文质量和准确性的一个重要环节。

由于受汉语的影响，英语时态是中国学生、学者在撰写医学论文时容易出错的问题。汉语表达时间概念主要依靠上下文衬托或时间状语，动词无词形变化，但英语中除了必要的时间状语外，时间概念的表达主要体现在动词词形的变化上。英语动词的时态运用非常严谨，掌握论文中英语时态的特点并正确使用时态以保证论文信息传达的准确性，在撰写英语学术论文时至关重要。在生物、医学论文的摘要及论文主体的各个部分，时态的运用有一定规则或规律可循，这也是撰写生物、医学英语学术论文的一个重要语言特征。

摘要部分的时态运用以过去时为主，因为作者主要是概述研究目的和结果，但介绍相关研究背景知识时，常用现在时（一般现在时或现在完成时）。当阐述结论或提出建议时，一般用现在时，因为文章的结论源于结果，即使是由本研究具体“结果”演绎出的一般性原则，按英语习惯，通常用现在时、臆测动词或 may，should，could 等助动词表达。

引言部分主要是回顾已发表的相关文献和介绍相关研究背景，通常介绍客观科学事实，时态运用以现在时为主。

范例 1：

In plants, high salinity triggers early short-term responses for perceiving and transducing the stress signal, and subsequent longterm responses for remodelling the transcriptional network to regulate growth and development. Although several molecular components in the early signalling pathway have been identified, plant salt sensors remain unknown.

［JIANG Z, ZHOU X, TAO M, et al. Plant cell-surface GIPC sphingolipids sense salt to trigger Ca^{2+} influx［J］. Nature, 2019, 572（7769）: 341-346.］

材料和方法部分描述研究过程中所用过的材料，所采取的研究方法和实验步骤，时态运用以过去时为主。

范例 2：

For generation of cell lines stably expressing transgenes, lentiviral transduction was used. To produce lentivirus, HEK293T cells were transfected using Polyethylenimine（PEI）with the lentiviral plasmid of interest and packaging vectors psPax and pMD2.

［BOERSMA S, RABOUW H H, BRUURS L J M, et al. Translation and replication dynamics of single RNA viruses［J］. Cell, 2020, 183: 1930-1945.］

结果部分主要涉及在论文撰写前本研究已获得的结果，主要采用过去时，但也可以使用现在时描述某客观事实。

范例 3:

To analyze early events during virus infection, we aimed to develop a live-cell imaging assay to visualize individual vRNAs. We applied our previously developed SunTag fluorescence imaging system （Tanenbaum et al., 2014）, which allows singlemolecule detection in live cells. The SunTag system consists of an array of small peptides （SunTag peptides） and a fluorescently labeled intracellular single-chain variable fragment antibody （scFv-GFP; SunTag antibody ［STAb］） that can bind to the Sun-Tag peptides.

［BOERSMA S, RABOUW H H, BRUURS L J M, et al. Translation and replication dynamics of single RNA viruses ［J］. Cell, 2020, 183: 1930-1945.］

讨论部分的时态常以现在时和过去时交替使用。当引用已有研究进行对比分析时，可用现在完成时。当作者陈述研究结论，对自己的研究成果作阐释和评价，通常使用现在时态。但是当作者单纯在描述本研究结果时，应该用过去时。

范例 4:

Using VIRIM, we found that early CVB3 infection consists of five phases, each reflecting a distinct set of molecular events in the enteroviral life cycle.

Previous work has shown that multiple viral particles （in some cases even hundreds） are needed for （detectable） infection of a cell （Klasse, 2015）, suggesting that productive infection by individual virus particles fails in the majority of cases. Little is known about the limiting steps in the virus life cycle that are responsible for this bottleneck. Using VIRIM, we discovered that, in 15%–20% of cells, replication of the incoming vRNA fails （Figures 2I and 2N）, resulting in elimination of the viral infection.

［BOERSMA S, RABOUW H H, BRUURS L J M, et al. Translation and replication dynamics of single RNA viruses ［J］. Cell, 2020, 183: 1930-1945.］

英语时态的选择是一个非常复杂的过程，不同时态的交替使用是生物医学论文英语写作中一个重要的语言特点。以上列举了一些普遍性规则，但也有例外，如在方法和结果部分一般都用过去时，而这两部分通常有图表，图表中的文字说明或在文本中描述图表时，又常采用现在时态。

总之，无论采用何种语言，学术论文写作均应坚持“信息优先，兼顾优雅”的原则，在坚守语言表达的科学性、严谨性基础上，还要增强语言的可读性，进而追求语言的优雅。

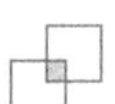

9.5.8 学术论文写作相关软件简介

9.5.8.1 数据处理

1. Excel

Excel 以其直观的界面、出色的计算功能和图表工具，成为最流行的个人计算机数据处理软件，内置丰富的函数公式，同时可以拓展性自主编辑运算公式，因此可以满足绝大多数生物学实验数据的处理。

2. 生物信息学分析软件

随着生命科学和计算机科学的迅猛发展，特别是基因测序成本下降，转录组、蛋白质组、代谢组等各种组学技术日臻完善，海量的核酸序列及蛋白质序列数据需要不断发展的计算机科学和人工智能的支持，进而促进生物信息学的进一步发展。综合利用生物学、计算机科学和信息技术将揭示大量而复杂的生物数据所赋有的生物学奥秘。

生物信息学分析需要 C 语言、R 语言、Python 等计算机编程语言基础。也有一些开放共享的在线分析软件可以使用，如集大成于一体的综合在线工具——瑞士生物信息研究所（Swiss Institute for Bioinformatics）的生物信息资源门户网站 ExPASy（https://www.expasy.org/），拥有涵盖 Genes & Genomes（Genomics, Metagenomics, Transcriptomics）、Proteins & Proteomes、Evolution & Phylogeny（Evolution biology, Population genetics）、Structural Biology（Drug design, Medicinal chemistry, Structural analysis）、Systems Biology（Glycomics, Lipidomics, Metabolomics）以及 Text mining & Machine learning 6 个领域的相关分析软件和 160 余个数据库。

另有一些专业性强的在线分析工具，如启动子序列预测软件 gene2 promoter（http://www.genomatix.com/index.html）、Promoter 2.0（http://www.cbs.dtu.dk/services/Promoter/）等；转录因子结合位点预测软件 AliBaba2（http://www.gene-regulation.com/pub/programs/alibaba2/index.html），JASPAR^{2022}（https://jaspar.genereg.net/），AnimalTFDB3.0（http://bioinfo.life.hust.edu.cn/AnimalTFDB/#!, 华中科技大学 Guo Lab），以及蛋白质跨膜区分析（TMHMM）工具（https://services.healthtech.dtu.dk/service.php?TMHMM-2.0），蛋白质三级结构预测软件 I-TASSER server（http://zhanglab.ccmb.med.umich.edu/I-TASSER/）等。

蛋白质三维结构预测极其重要，也极为困难。DeepMind 公司开发的基于深度学习、深度神经网络等 AI 方法预测蛋白质结构、蛋白质相互作用的 AlphaFold，对于生物信息学、结构生物学，乃至对于人类探索生命的奥秘都具有划时代意义。近日，*Nature* 公开发表有关 AlphaFold 的论文“Highly accurate protein structure prediction with AlphaFold”（Jumper et al. 2021），基于 CASP13 AlphaFold 的“AlphaFold2”启动开源时代，有望大力促进生命科学的突破性发展。

3. 统计学分析软件

生物学实验数据通常需要进一步的统计学分析，根据研究目的和实验设计的不同，选择不同的统计学分析方法。统计学分析软件较多，分析功能、操作简便性等各有特点。包括 SPSS（statistical package for the social science）、SAS（statistical analysis system）、Statistica 、Minitab，以及我国学者开发的统计软件 CHISS（chinese high intellectualized statistical software）等。

SPSS 系统的特点是操作比较方便，分析结果清晰、直观、易学易用，而且可以直接读取 EXCEL 及 DBF 数据文件。SPSS 统计分析方法也比较齐全，包括描述性统计、均值比较、一般线性模型、相关分析、回归分析、对数线性模型、聚类分析、数据简化、生存分析、时间序列分析、多重响应等几大类。各大类中又分多个统计过程，比如均值比较中分单样本 *t* 检验、双样本 *t* 检验、配对样本 *t* 检验及单因素方差分析等；回归分析中又分线性回归分析、曲线估计、Logistic 回归、Probit 回归、加权估计、两阶段最小二乘法、非线性回归等。

CHISS 是一套具有数据信息管理、图形制作和数据分析的强大功能，有一定智能化的中文统计分析软件。CHISS 的主要特点是操作简单直观，既可以采用光标点菜单式，也可采用编写程序来完成各种任务。输出结果简洁，结果文件中可插入图形、公式，并可以进行编辑，改变字体、字号、颜色等文字属性。CHISS 可读取 Excel、Dbase、Oracle、Sybase 等格式的数据集，还可读取文本数据文件。另外，CHISS 还可以实现散点图、折线图、直方图、饼图等多种统计图的绘制。

9.5.8.2 图表制作

1. Excel

Excel 不仅有强大的数据计算功能，还可以绘制出不逊于专业作图软件的图片，包括散点图、折线图、柱形图、饼图、条形图、曲面图、气泡图、雷达图等，甚至还可以实现一些常用软件不能绘制的图形绘制，如 Z score 标准化热图、相关性系数图、GO 富集弦图等。

2. GraphPad Prism

GraphPad Prism 软件是一款功能强大的科研医学生物数据处理绘图软件，可以胜任大部分科研图形的绘制且具有增强的数据可视化，能够使科研人员更便捷、规范地绘制和展示科研数据。以版本 GraphPad Prism version 8.0 为例，简要介绍其使用方法。

（1）Prism 图形的创建

打开下载的 GraphPad Prism8.0 软件，首先可以看到如图 9-15 所示的窗口对话框，而且每次打开该软件都会看这个界面。在该界面的左侧有 8 种类型的数据表，在创建一个空的数据表之前，需要清楚哪一种符合自己作图和分析的需求。例如，Prism 有处理重复测量数据和误差线的功能，也是其相对于大多数统计软件的优势之一，其中“XY table”和“Grouped table”数据表的重复测量数据是并排放置在 subcolomn（子列）中的，而对于“Column table”，重复测量数据则是放在每个自己的列中。如果输入的是重复测量数据，绘图可以选择绘制个体点或者绘制带误差线的图（二选一）。这里的误差线是根据用户的输入自动生成的，无须再进行计算。

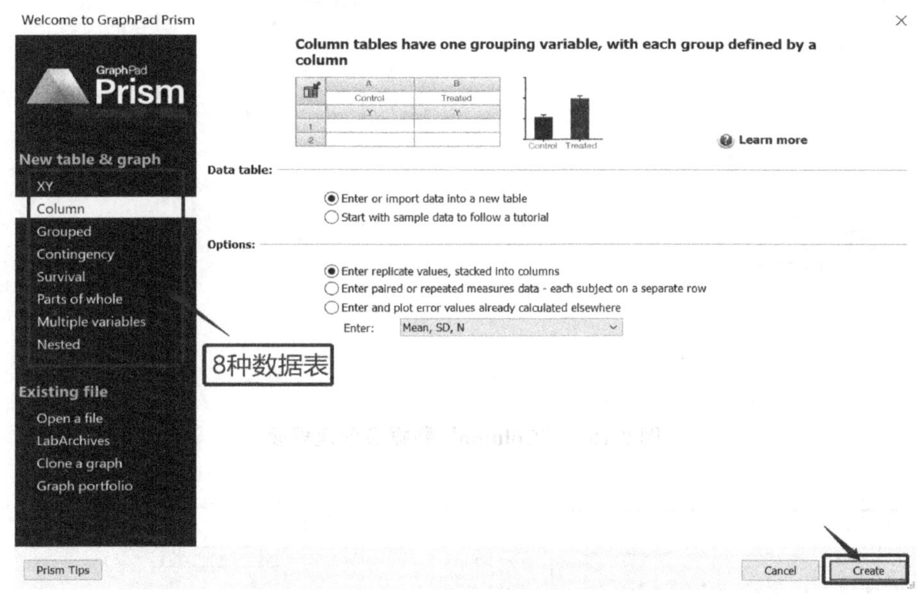

图 9-15　GraphPad Prism8.0 软件的进入界面

以创建“Column”数据表为例，如图 9-16 所示，在界面的左侧选择“Column”，默认右侧选项，再点击下方的“Create”按钮即可进入数据输入界面。该界面的左侧是导航栏，此时的默认界面即 Data Tables 的空数据表，这里放的是所有的数据文件，在这里输入或组织数据，这是在 Prism 中分析和作图的基础。在软件界面上方则是工具栏，有分析、编辑数据和图形等功能按钮。在空数据表的“Group A/B/C ...”下方可先输入不同实验组的名称，然后在下方的表格里输入需要作图的实验数据，输入完毕后，Prism 就会自动创建一个图形，点击导航栏中的“Graphs”（图形）的 **Data 1** 按钮会弹出一个对话框，如图 9-17 所示，在这里可以选择 / 打开 / 调整图形，示例中是选择柱形图，点击“OK”按钮即可创建图形。创建图形后，可点击相应位置编辑横纵坐标以及图形标题。值得注意的是，创建了图形后再编辑或替换数据时，分析方法和图形都会自动更新。

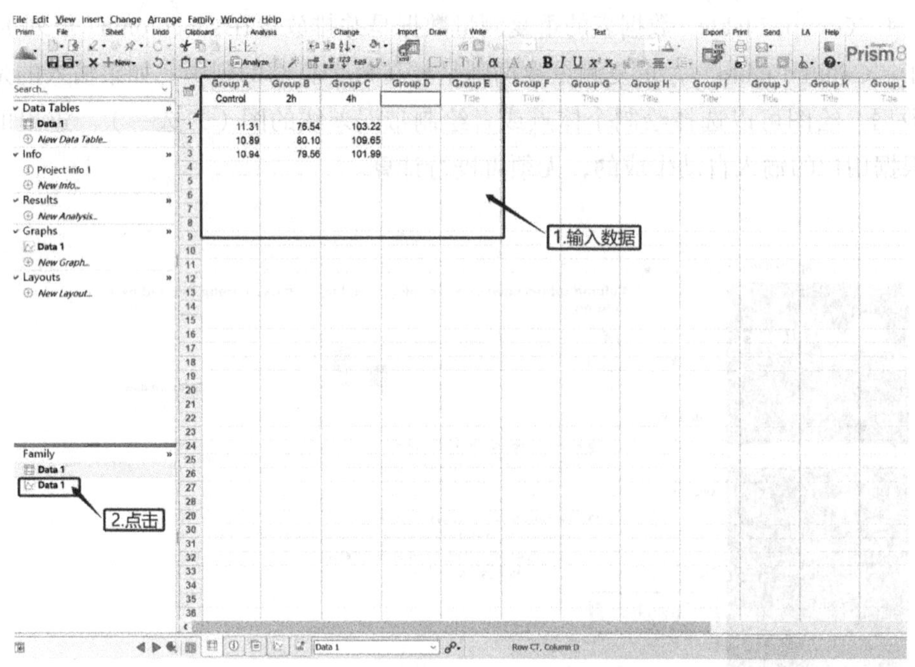

图 9-16 “Column”数据表创建界面

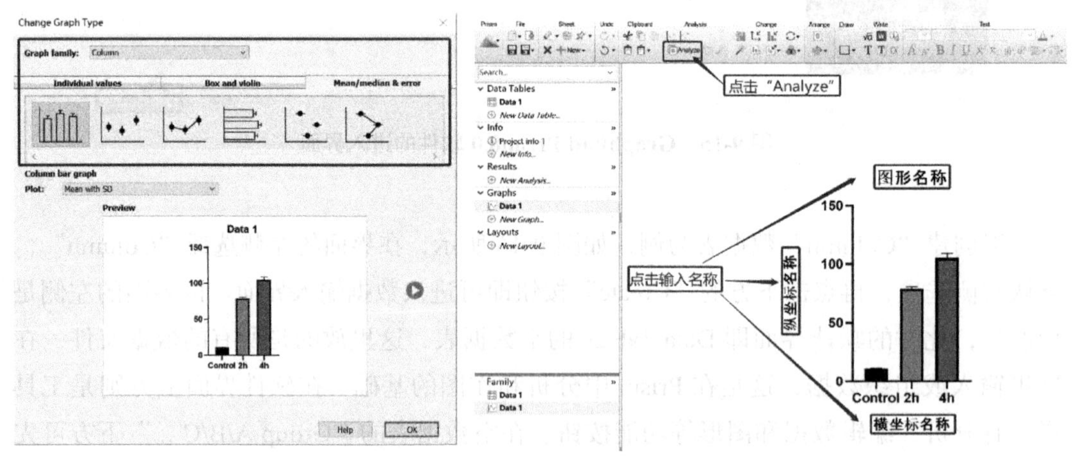

图 9-17 Graphs 图形选择 / 打开 / 调整界面

（2）统计分析

GraphPad Prism 软件自带统计分析功能，比如要使用 *t* 检验分析数据，点击界面上方工具栏中的“Analyze”（分析），在弹出来的对话框中选择“*t* test”，再选择需要分析的两组数据后点击界面下方的“OK”按钮，如图 9-18（左）所示。在接下来弹出的对话框中选择第一个标签页，选择“Unpaired”（非配对），接受所有默认设置，如图 9-18（右）所示。

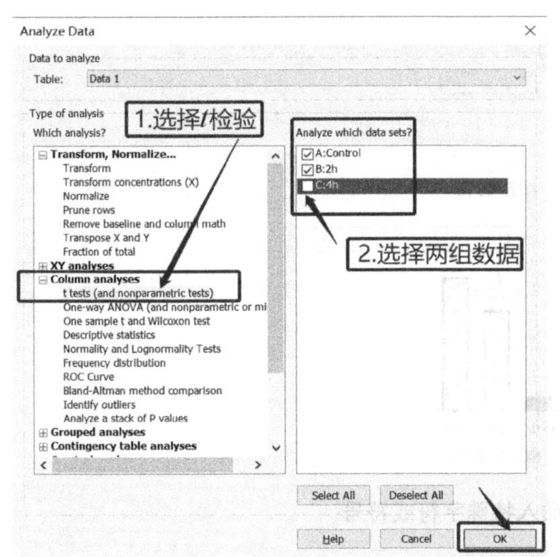

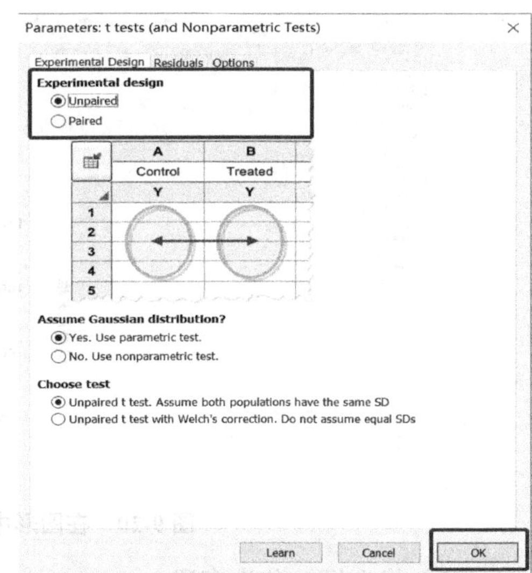

图 9-18　统计分析 *t* 检验

点击“OK”即可查看如图 9-19 所示的分析结果，再单击工具栏中的“Interpret”按钮，可以看到每一个结果项的意义解释。用户可重复上述操作，进行不同数据组的 *t* 检验分析，最后点击左侧导航栏中的“Results”按钮，可以查看所有分析的结果。

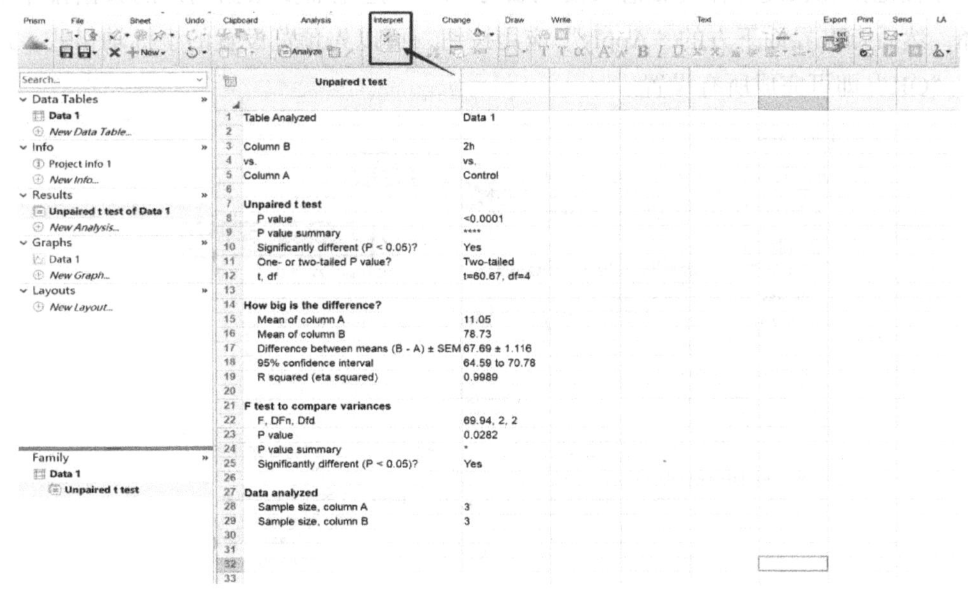

图 9-19　*t* 检验的分析结果界面

用户通过软件给出的分析结果，可以确定数据组间是否存在显著性差异。点击左侧导航栏中“Graphs”（图形）的 **Data 1** 按钮，可以返回图形编辑区域，如图 9-20 所示，单击上方工具栏“T”按钮，随后在图形上点击任意的位置，即可输入特殊字符或者符号。

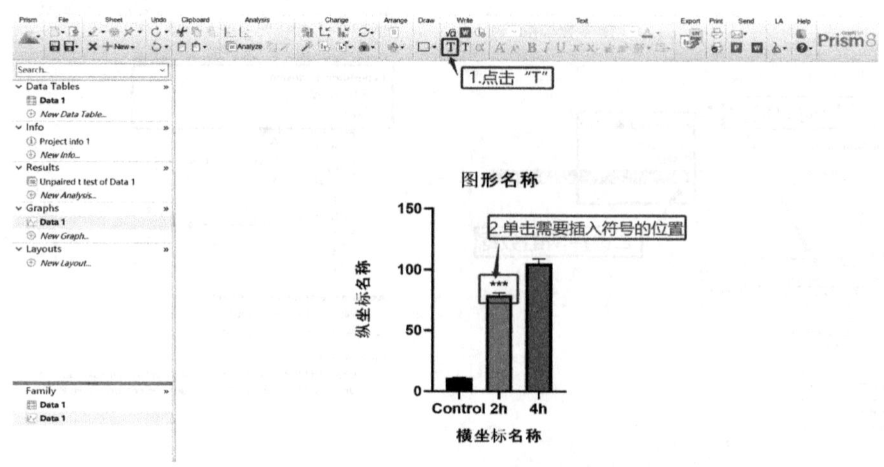

图 9-20　在图形中插入特殊字符或符号

（3）将坐标轴分为多段

在纵坐标轴上双击，可进入如图 9-21 所示的对话框“Format Axes”设置坐标轴格式，首先在“Gaps and Directions”的下拉列表框中选择“Two segments”两段（一个缺口）或“Three segments”三段（两个缺口）的坐标轴，其次在“Range”区域可以设置每段坐标轴范围和长度（作为轴总长度的百分比），这里需要根据用户的数据排布来做选择，然后点击界面下方的“Apply”应用按钮，可以先预览设置的坐标轴格式，最后单击“OK”即可完成所有设置。

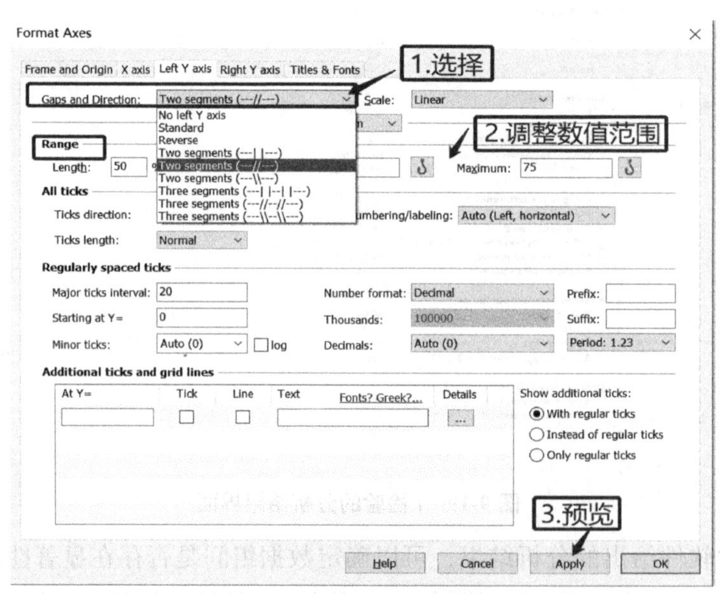

图 9-21　坐标轴格式的设置方法

（4）图片的导出

单击选择上方工具栏中的“Export”按钮（图 9-22），首先在“File format”的下拉框中选择导出文件格式，一般投稿印刷会选择 TIF 格式。其次，在“Exporting options”下方区域设置导出选项，用户可根据不同目的设置图片的背景颜色、分辨率、颜色模式、大小等，设置完成后输入该文件名称并选择文件储存的位置，最后单击界面下方的“OK”即可完成导出。

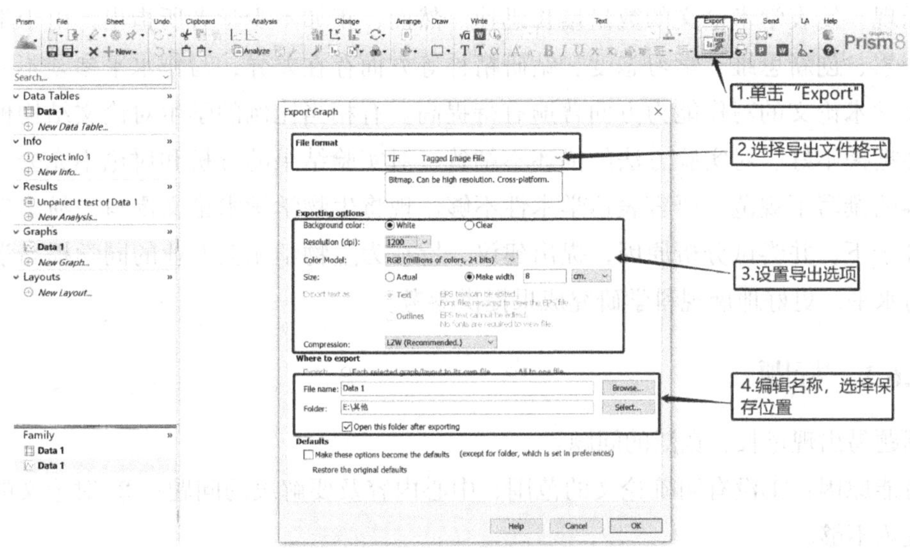

图 9-22　图片的导出方法

3. Origin

Origin 是由 OriginLab 公司开发的一款科学绘图、数据分析软件。与 Prism 不同，Origin 绘图是基于模板的，软件中内置了多种二维和三维的图形模板，用户可以根据自己的需要选择不同的模板绘图。Origin 的初始界面分为工作表区和图形区，其中工作表中的数据可以手动输入，也可由外部的 Excel 文件直接导入。图形区则提供了各种工具栏，用户可根据需要调整图形。Origin 操作方便，鼠标单击需要调整的部分即可设置界面，比如柱状图的柱子宽度、间距和颜色，线条的宽度及颜色，坐标轴文字字体、字号及倾斜角度的调整，坐标轴数值断层设置（show break），Error Bar 线条设置，以及在图中任何位置添加文字或符号等，可以说对图可进行随点随设，直观方便。Origin 也带有回归分析、相关分析、方差分析等统计分析功能。

9.5.8.3　文字录入和排版

采用微软 Office 文字处理软件 Word 或金山 WPS Office 的办公软件均可实现文字录入和论文排版。

9.6 生物学相关学术论文撰写中易出现的问题及建议

随着现代生命科学和生物技术的不断发展，生物学各分支及交叉学科的科研成果不断涌现，发表学术论文的数量增长迅速。然而，正如不少学者所指出，由于学生在知识积累、创新思维、学习态度、钻研精神等方面存在差异，写作水平参差不齐，总体上在学术论文的写作能力方面普遍有待提高。有相当比例的学生对论文结构框架的整体性把握不好、对实验方法的描述不细致、对实验结果的分析和讨论不充分、对文字内容的撰写不规范、语言表达学术性不够。现将生物学学术论文撰写中易出现的问题整理于下，并尝试分析原因，提出建议，旨在为生物学相关专业的同学提高学术论文撰写水平，更好地展现科学研究成果提供参考。

9.6.1 标题

标题易出现过长、宽泛的问题。

可能原因：①没有明确论文的范围、中心内容及要解决的问题；② 对论文的核心内容提炼不够。

建议：把握论文范围，提炼核心内容，反映研究目的。字数尽量控制在 20 字以内，必要时可以增加副标题。

9.6.2 摘要

摘要易出现问题如下。

（1）要素不全：缺目的或缺方法，或缺少研究结果、结论。

（2）体现的内容过多：过多介绍研究背景、研究现状等。

（3）为了体现研究的重要性，对研究成果做出过高或不客观的评价。

（4）人称较多使用 “本文”“我们”“作者”“本人”“笔者”等第一人称。

（5）英文摘要：忽视了英文的表达规范，或者使用翻译软件生硬地翻译；忽略了时态和语态的适当变化；混淆相似词语的含义。

建议：摘要应包括研究目的及要解决的问题、主要研究方法、主要结果或结论、研究的意义及特色; 应在要素齐全的情况下力求简洁; 应对论文的价值做出科学的判断，实事求是；根据国家标准《文摘编写规则》（GB/T 6447—1986）规定，摘要以第三人称形式或被动语态表述为宜。

关于英文摘要撰写，建议多看英文文献，掌握专业术语使用规范，熟悉英文学术论文的表达方式。

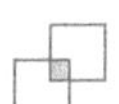

9.6.3　正文

正文易出现的问题如下。

（1）引言部分对研究的价值挖掘得不够深入，或者过于突出研究的重要性，使引言部分立题依据不够充分，或没有写清楚研究具有的实际意义，或使用空洞的语言夸大研究价值。

（2）材料与方法部分没有写明实验仪器、实验条件、数据处理方法等，或者撰写得不够细致，致使读者看后不能根据该方法进行重复性实验。

（3）实验结果展示不够清晰，或混淆了结果陈述、数据分析与讨论。

（4）讨论部分，论点不突出，分析不到位，论证不充分，结论不明确；或将引言所要描述的内容又搬回到讨论中。

建议：全面收集研究相关文献资料，掌握研究领域的历史沿革和最新进展，对重点文献要精读，深入研究核心文献的学术思想、研究方法、实验结果、分析讨论思路与科学结论，从而才能在引言部分论证好立题依据，研究目标与意义，对论文的价值才能做出科学的判断。

实验材料、仪器、方法、样本数量、计算公式、统计软件和统计方法等都应该详细地写在实验方法中，但同时要注意描述时不失简洁。

生物学论文的结果部分通常需要用图表进行表达。一定要注意图表的规范性，并使图表具有自明性。同时，必须使用文字对图表进行简单描述，表达出图表所呈现的特征或规律，以便在讨论部分针对这些特征或规律进行分析讨论。

在讨论部分，应主要解释研究的结论，评估支持本观点的证据。特别需要大量研读文献，全面对比其他相关研究结果，严密分析，充分论证，慎重提出新的发现、新的理论等；或指出在方法或设计上的不足或限制，也可以提出进一步的工作展望。学术论文的讨论是展现作者的学术修养、学术水平的重要部分，就论文撰写而言也是需要投入较多精力的部分。

9.6.4　物种学名的书写规范

生物（植物、动物或微生物）作为生物学研究中必不可少的研究对象或材料，物种名必须规范表达，否则会影响读者对于论文的理解，或导致论文的科学性受到质疑。

物种名均采用都使用拉丁文的词或拉丁化的词来命名，一个物种只有一个拉丁学名，从而保证物种名的唯一性和通用性，避免了同物异名或同名异物现象。物种名的命名方法采用双名法或三名法。双名法是由瑞典植物学家林奈（Carl Linnaeus）创立的，用于对种（species）一级的野生植物以及自然起源的栽培植物进行命名，双名法书写的植物学名由三部分组成，其完整内容和书写格式如下。

属名 genus（斜体，首字母大写）+种名 species（斜体，全部字母小写）+种命名人名字和年份（正体，首字母大写）。

如：南方鲇（*Silurus Meridionalis* Chen 1977）、大熊猫（*Ailuropoda melanoleuca* David, 1869）、黑面（脸）琵鹭（*Platalea minor* Temminck & Schlegel, 1849）、草鱼（*Ctenopharyngodon idella* Valenciennes, 1844）、金黄色葡萄球菌（*Staphylococcus aureus* Rosenbach, 1884）。

没有特别需要或要求时，学术论文中物种拉丁学名可省去命名人及年份，保留“属 + 种”的双名即可。当某一物种在论文中第一次出现时应书写全名，在该论文中再次出现时一般需要将属名缩写，如大熊猫第一次出现在论文中时，可以写为“大熊猫（*Ailuropoda melanoleuca* David, 1869）”或“大熊猫（*Ailuropoda melanoleuca*）”，在该论文中再次出现时写为“大熊猫（*A. melanoleuca*）”。

当某属内的物种未确定种名时，采用“属名 +sp.”（一个物种）或“属名 +spp.”（多个物种）。

在书写某些菌种的学名时，有时需在菌种的种加词后标出该菌株的编号，如枯草芽胞杆菌（*Bacillus subtilis* AS1.398）。

9.6.5 基因、蛋白质、酶和质粒的表达规范

有关基因和蛋白质书写，学术界约定俗成的规范如下。

蛋白质的全名（中文、英文）不用斜体，如生长激素（growth hormone, GH）、生长激素受体（growth hormone receptor, GHR）、胰岛素样生长因子Ⅰ（insulin-like growth factor Ⅰ，IGF-Ⅰ）等，蛋白质符号分别简写为 GH、GHR 及 IGF-Ⅰ；基因符号不使用希腊字母和连字符，通常采用小写、斜体，分别表示为 *gh*、*ghr* 及 *igf1*。也有特殊规定，如人类基因符号全部大写，大鼠和小鼠基因符号首字母大写，其余字母小写。具体可查阅国际人类基因命名委员会（Human Gene Nomenclature Committee，HGNC；http://www.genenames.org/guidelines.html）等平台网站。

另外，对于产生突变型的基因，在基因符号后应采用大写斜体表明，如 *lacY*、*lacZ*。表示基因位点、抗性基因的符号中的字母和数字用斜体，如复制起点 *oriC*、抗性基因 Amp^r。

在酶的写法上应注意在首次提到酶时通常要写出它的编号、系统名、习惯名和来源，最重要的是除了写出酶的中文名称、英文缩写外，还要按照酶学委员会（Enzyme Commission, EC）建议的规范书写。在分子生物学实验中经常会用到限制性内切核酸酶，在书写时不能误把罗马数字写成英文字母，应注意正斜体的规范，其中来源微生物的属名和种名为斜体，菌株的类型及发现和分离的顺序用正体书写，如 *Eco*RⅠ，E 代表 *Escherichia*（属），co 代表 coli（种），R 代表 RY13（品系），Ⅰ代表在此类细菌中

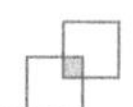

首次发现。

书写质粒时注意用小写 p 表示质粒，p 后用大写字母表示发现或构建该质粒的作者或者实验室名，随后用数字表示构建的质粒的编号，如常用质粒 pBR322 中的“p”代表质粒（plasmid）首字母，“BR”代表两位两位研究者 Bolivar 和 Rogigerus 姓氏的字首，“322”是实验编号。

9.6.6 量和单位的表达规范

各种量和单位的规范使用，是体现学术论文科学性、学术性、创新性以及共享性不可或缺的因素，其规范表达尤为重要。学术论文必须采用 1984 年国务院发布的《中华人民共和国法定计量单位》，并遵照《中华人民共和国法定计量单位使用方法》使用各种量、单位和符号，单位的名称和符号的书写方式采用国际通用符号。如离心速率有时书写为 rpm，为“每分转数”的英文缩写（revolution per minute），作为离心速率的单位符号是不规范的。离心速率应采用国家标准单位符号 r/min。也有论文使用“*g*”，但应理解其不是离心速率，而是表示离心力。一定不要将“r/min”同“*g*”混用误用，因离心机转子半径不同，两者数值差别很大，现在的离心机通常有“r/min”和“*g*”的自动转换。

摩尔浓度应统一采用升（L）作为分母的单位形式（mol/L 或 mmol/L），不能用 M、mM 之类的代替。另外，很多期刊要求将 mol/L 或 mmol/L 的“/”去掉，改为分母的负一次方的形式，即 mol · L^{-1} 或 mmol · L^{-1}。

在排版格式上，通常应在实验数据的数字与其单位之间加一个空格，如 0.5 mmol · L^{-1}、10.3 mg、4.0 ℃、15 min 等。

另外，生物学、医学论文中存在对单位不当修饰的情况，主要是对细胞计数、微生物数量、基因拷贝数量等的统计，在表格中常常有单位不当修饰的现象。比如细胞计数的基本单元为单个细胞，检测结果一般为单位体积中的细胞个数，如表 9-4 中将单位表示为“10^6 · μL^{-1}”和“10^3 · μL^{-1}”则不规范，既不符合国家标准，也不符合逻辑。规范的方式应为“个 · μL^{-1}”（表 9-5）。

表 9-4 细胞计数统计中对单位不当修饰的示例表

组别	红细胞计数（10^6 · μL^{-1}）*	白细胞计数（10^3 · μL^{-1}）*
对照组	8.33 ± 0.68	8.61 ± 1.02
药物 A	8.56 ± 0.93	8.76 ± 1.36
药物 B	7.27 ± 1.06	9.89 ± 1.57
药物 C	8.35 ± 0.98	10.56 ± 1.16

* 单位表示法不规范。

表 9-5　细胞计数统计表

组别	红细胞计数（$\times 10^6$ 个·μL^{-1}）	白细胞计数（$\times 10^3$ 个·μL^{-1}）
对照组	8.33 ± 0.68	8.61 ± 1.02
药物 A	8.56 ± 0.93	8.76 ± 1.36
药物 B	7.27 ± 1.06	9.89 ± 1.57
药物 C	8.35 ± 0.98	10.56 ± 1.16

9.6.7　有效数字的表达规范

论文中的数据按来源可分为原始数据和计算数据。原始数据包括直接测量数据、计数数据和常数。计算数据又称为导出数据，包括数据运算和统计分析后的数据、单位换算后的数据以及图、表中的有关数据。

数据的有效数字位数依据其来源按相应的规则来确定，并应依据国家标准《数值修约规则与极限数值的表示和判定》（GB/T 8170—2008）进行修约。

学术论文撰写中常有出现有效数字位数表达不够准确的问题。可能因作者忽视有效数字在论文质量中的作用，随意确定有效位数，或在认识上存在一些误区，认为实验测量或计算结果中数字后面保留的位数越多，数据就越准确，从而造成数字准确度人为提高，或超出测量仪器的精密度、方法的灵敏度等错误。

有效数字也称近似数字，是在测量或运算中得到的具有实际意义的数值。构成一个有效数字的所有数字，除末位数字是估计数字（可疑、不确定）之外，其他都应该是准确可靠的。准确数字包括计数数据、常数、定义值、量方程中的因素、倍数等。准确数字不存在有效位数问题。值得一提的是，一个数字若为有效数字，其有效位数和小数点后保留的位数不是同一概念，换言之，采用同一种方法在同一台仪器上测定出的实验数据，小数点后的位数必须相同，但有效位数可以不同。比如量程和灵敏度分别为 500 g 和 0.01 g 的天平，称量两份不同质量的实验样本，结果分别为 85.135 g 和 266.173 g，小数点后第二位是准确数字、第三位是估计数字，有效数字均应保留至小数点后第三位，但总有效位数不同，前者的有效数字共 5 位，后者 6 位。

实测数据（或实验原始数据）的有效数字位数依据仪器的测量范围和精密度确定，如上述量程和灵敏度分别为 500 g 和 0.01 g 的天平所测数据示例。

计算数据的有效数字位数按如下有关规则来确定。

（1）加减运算时，以小数位数最少的数字为准，即由测量相对精度最差的那个数字决定。如：32.13+1.928-0.1669=33.89，运算结果不能写作 33.8911，也不能写作 33.9，只能写为 33.89。

（2）乘除运算时，以有效位数最少的数字为准。如某小麦品种的理论产量 = 穗数

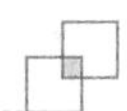

（穗·hm^{-2}）× 粒数（粒·穗$^{-1}$）× 千粒重（g）÷1000=333.35×10^4×46.4×39.583÷1000=6.12×10^6 g·hm^{-2}，不能写作 6122476.775 g·hm^{-2} 和 6122476 g·hm^{-2}，也不能写作 6122476.78 g·hm^{-2}。

（3）对数计算中，所取对数的有效数字位数应与真数的有效位数相等，即对数的整数部分或首数，不参与反对数的准确度，只记小数点后的数字位数。如 pH=12.25，C_H=5.6×10^3 mol·L^{-1}，均是 2 位有效数字。

（4）若第一位数字是 8 或 9，则有效数字位数可增加 1 位，如 983 虽只有 3 位，计算时可作 4 位计。

（5）多余数的舍弃，按照 GB/T 8170—2008 的规定，数值修约原则是：四舍六入五注意，五后有数就进一；五后为零看左方，左为奇数则进一；左为偶数则舍去，左为零作偶处理。此规则简称为“4 舍 6 入 5 留双”。同时，不可以对数值进行连续修约。例如，数值 80.346，若保留 3 位有效数字，正确的修约应为 80.3；不正确的连续修约为：80.346 → 80.35 → 80.4。

统计分析所得数据，如算术平均数（$\bar{x}$）、标准差（*SD*）、*t* 值、*F* 值、相关系数（*r*）等，有效数字位数的确定，除符合以上确定原则外，还有其如下特有的规则。

（1）计算算术平均数时，若有 4 个或更多个数字相平均，平均值的有效数字位数可增加 1 位。这是因为平均数的误差要比其他任何一个数字的误差小，如调查某水稻品种在 5 块试验田实测亩产量分别为 738、803、836、767、869 kg，其平均值应为 802.6 kg。

（2）评定测量结果的精确度时，2 个数的末位应该取得一致，如 5.4±0.62，应写为 5.4±0.6。平均值和标准差的位数，除取决于测量仪器的精密度外，还取决于样本内个体的变差，一般按 *SD*/3 而定，如（3 715.2±620.8）g，其 *SD*/3 超过 200 g，平均值在百克位上波动，因此应写作（3.7±0.6）kg。

9.7　学位论文质量评价参考

本书“9.3.2.3 学位论文”小节中介绍了《中华人民共和国学位条例》对学士、硕士和博士应达到学术水平的有关规定。用于评价学位申请者学术水平的主要材料就是其提交的学位论文。不同国家或同一国家的不同院校，对于学位论文撰写均有各自的规范性要求。总体而言，不同学科的学位论文，由于学科特点存在差异，可能在论文格式和篇幅长短等方面的规定会有所不同。尽管如此，论文主体的 IMRAD 结构范式已被普遍认同。对于学位论文质量的评价，则尚无统一的具体量化标准。Cuschieri 等（2018）在“WASP (Write a Scientific Paper): How to write a scientific thesis”一文中推荐 Brooks（1997）提出的评价方法，其包括论文评阅人对引言、材料和方法、结果、讨论及参考文献等论文主要部分的关注点及评价等级参考依据，分别见表 9-6、表 9-7、表 9-8、表 9-9 和表 9-10。该评价方法相对全面，并具有一定可衡量和可操作性，值得参考和借鉴。

9.8 学术规范

9.8.1 学术规范和学术不端的提出及发展

1937 年 Merton R K 首次提出“科学的精神特质”概念，提出科学的精神特质四大特征（或科学家应该遵循的四个规范）：普遍主义（universalism）、公共主义（communism）、非谋利性（disinterestedness）和有组织的怀疑主义（organized skepticism）。1989 年美国科学院出版社出版的《怎样当一名科学家》论述了科研行为的道德基础，阐明了科研人员应具备的行为准则和应承担的社会责任，成为很多高等院校研究生学习学术规范的教材。随着科研不端行为的频繁发生，科研不端行为开始受到国际社会的普遍关注。1988 年，《美国联邦登记手册》首次将科研不端行为界定为“编造、伪造、剽窃或其他在申请课题、实施研究、报告结果中违背科学共同体惯例的行为”。2000 年美国科技政策办公室正式发布了《关于不正当研究行为的联邦政策》，对“不正当研究行为”进行了严格的定义。加强对科研诚信的问责，已成为各国政府及社会共同的心声与努力方向。于 2017 年 5 月举行的第五届科研诚信世界大会也主要是围绕透明度和问责制相互关联的主题而开展，并制定了《促进透明度和问责制阿姆斯特丹议程》。

2004 年 8 月 26 日，我国教育部正式颁布《高等学校哲学社会科学研究学术规范（试行）》，具有重要意义，被学术界誉为“中国第一部学术宪章”。2005 年 3 月，教育部颁发的《高等学校学生行为准则》第五条“诚实守信，严于律己”指出，学生要“履约践诺，知行统一；遵从学术规范，恪守学术道德，不作弊，不剽窃”。2007 年，中国科学院将科研不端行为界定为“研究和学术领域内的各种编造、作假、剽窃和其他违背科学共同体公认道德的行为，以及滥用和骗取科研资源等科研活动过程中违背社会道德的行为”。2010 年国务院学位委员会发布了《关于在学位授予工作中加强学术道德和学术规范建设的意见》。2016 年中华人民共和国教育部发布《高等学校预防与处理学术不端行为办法》，于 2016 年 9 月 1 日开始施行。我国《高等学校预防与处理学术不端行为办法》符合国际科研诚信问题研究的发展趋势，明确了学术不端行为的定义、具体行为表现及处理方式，指出学术不端行为是高等学校及其教学科研人员、

表 9-6　引言部分的评阅关注点及评价等级

Table 1　Introduction section examiners assessment checklist

PhD	Pass	Fail	
MSc	Pass with distinction	Pass	Fail
BSc	Pass Gr A - distinction	Pass Gr A - D	Fail
Assessment checklist	■ Reason for and importance of study clearly stated. ■ Link to literature clear. ■ Theories/concepts apt, clearly defined, reflect understanding. ■ Terms clearly defined. ■ Research questions/hypothesis clear, testable, based on literature.	■ Reason and importance of study stated. ■ Link to literature unclear. ■ Theories/concepts apt, defined, show fair understanding. ■ Terms not always defined.	■ Reason and importance of study not stated or referenced. ■ No link to literature. ■ Theories/concepts not defined or inappropriate, show no understanding. ■ Terms not defined. ■ Research questions/hypothesis not or poorly stated, not testable, no link to literature.

注：PhD、MSc 及 BSc 分别表示博士学位论文、硕士学位论文和学士学位论文。下同。

引自 [CUSCHIERI S, GRECH V, SAVONA-VENTURA C. WASP (Write a Scientific Paper): How to write a scientific thesis [J]. 2018, 127: 101-105.]

表 9-7　材料与方法部分的评阅关注点及评价等级

Table 2　Materials and method section examiners assessment checklist

PhD	Pass	Fail	
MSc	Pass with distinction	Pass	Fail
BSc	Pass Gr A - distinction	Pass Gr A - D	Fail
Assessment checklist	■ Methodology well described allowing for easy replication. ■ Methods/tools are suited to relationships between variables; test for validity done. ■ Research design & setting fit purpose of study. ■ Study populations well selected, clearly described ■ Ethics carefully considered and described.	■ Methodology described but not clearly making replication of study difficult. ■ Methods/tools suited to show relationships between variables; test for validity poorly done. ■ Research design not fully described; adequate for purpose of study. ■ Study population selection not clearly described; may not be ideal sample. ■ Ethics may be considered but not in their totality.	■ Methodology not described sufficiently to allowing for replication. ■ Methods/tools are not suited to relationships between variables; tools not validated. ■ Research design & setting not described or do not fit purpose of study. ■ Study population not described and does not fit study goals. ■ Ethics not considered or not described.

引自 [CUSCHIERI S, GRECH V, SAVONA-VENTURA C. WASP (Write a Scientific Paper): How to write a scientific thesis [J]. 2018, 127: 101-105.]

表 9-8 结果部分的评阅关注点及评价等级

Table 3 Results section examiners assessment checklist

PhD	Pass	Fail	
MSc	Pass with distinction	Pass	Fail
BSc	Pass Gr A - distinction	Pass Gr A - D	Fail
Assessment checklist	■ Statistics mainly inferential, well suited to study. ■ Method of analysis well described; results easily verified ■ Data collection unbiased; presentation logical, relations between variables well stated. ■ Tables/figures well organised, stand alone, support narrative; relate to text & emphasise results.	■ Statistics mainly descriptive, but appropriate to study. ■ Method of analysis well enough to verify results. ■ Data collection unbiased; presentation sometimes illogical, relations between variables not well stated. ■ Tables/figures not so well organised, do not stand alone; generally relate to text & emphasise results.	■ Statistics not described or inappropriate to study. ■ Method of analysis poorly described; results cannot be verified ■ Data collection biased; data confusing & illogical, relations between variables not stated. ■ Tables/figures not organised, include unimportant data; do not relate to text.

引自 [CUSCHIERI S, GRECH V, SAVONA-VENTURA C. WASP (Write a Scientific Paper): How to write a scientific thesis [J]. 2018, 127: 101-105.]

表 9-9 讨论部分的评阅关注点及评价等级

Table 4 Discussion - Conclusion section examiners assessment checklist

PhD	Pass	Fail	
MSc	Pass with distinction	Pass	Fail
BSc	Pass Gr A - distinction	Pass Gr A - D	Fail
Assessment checklist	■ Discussion of results logical, nonbiased, organised, clearly reveals patterns/relationships. ■ Relevance of results to theories and important literature well discussed & referenced. ■ Limitations of study clearly identified and discussed. ■ Future relevant research suggestions given.	■ Discussion of results clear, nonbiased, presented systematically. ■ Relevance of results to theories & literature mentioned. ■ Limitations of study not clearly identified. ■ Future research suggestions have little relevance.	■ Discussion biased or illogically presented; hard to follow or understand. ■ Relevance of results not discussed or incorrect. ■ Limitations of study not stated. ■ No proposals for future research direction.

引自 [CUSCHIERI S, GRECH V, SAVONA-VENTURA C. WASP (Write a Scientific Paper): How to write a scientific thesis [J]. 2018, 127: 101-105.]

表 9-10　参考文献部分的评阅关注点及评价等级

Table 5　Reference section examiners assessment checklist

PhD	Pass	Fail	
MSc	Pass with distinction	Pass	Fail
BSc	Pass Gr A - distinction	Pass Gr A - D	Fail
Assessment checklist	■ Sources in reference list cited correctly in the text; style apt and consistent. ■ References current, mainly primary.	■ Sources in list may not all be cited in text; style consistent. ■ References current, but many secondary.	■ Sources in reference list not cited in test; style not apt and inconsistent. ■ References not current, many secondary.

引自 [CUSCHIERI S, GRECH V, SAVONA-VENTURA C. WASP (Write a Scientific Paper): How to write a scientific thesis [J]. 2018, 127: 101-105.]

管理人员和学生在科学研究及相关活动中发生的违反公认的学术准则、违背学术诚信的行为，是加强我国科研诚信问责的制度保障和行动指南。

9.8.2 学术规范的要求

在从事科学研究的过程中，应严格遵守中华人民共和国《著作权法》《专利法》，以及中国科协颁布的《科技工作者科学道德规范（试行）》等国家有关法律、法规、社会公德及学术道德规范，要坚持科学真理、尊重科学规律、崇尚严谨求实的学风，勇于探索创新，恪守职业道德，维护科学诚信。

《科技工作者科学道德规范（试行）》指出，科技工作者进行学术研究应检索相关文献或了解相关研究成果，在发表论文或以其他形式报告科研成果中引用他人论点时必须尊重知识产权，如实标出；尊重研究对象（包括人类和非人类研究对象）。在涉及人体的研究中，必须保护受试人合法权益和个人隐私并保障知情同意权。在课题申报、项目设计、数据资料的采集与分析、公布科研成果，确认科研工作参与人员的贡献等方面，遵守诚实客观原则。对已发表研究成果中出现的错误和失误，应以适当的方式予以公开和承认，耐心诚恳地对待学术批评和质疑，诚实严谨地与他人合作。搜集数据要确保有效性和准确性，保证实验记录和数据的完整、真实和安全，以备考查。公开研究成果、统计数据等，必须实事求是、完整准确。对研究成果做出实质性贡献的专业人员拥有著作权，仅对研究项目进行过一般性管理或辅助工作者，不享有著作权。合作完成的成果，应按照对研究成果的贡献大小的顺序署名（有署名惯例或约定的除外）。署名人应对本人做出贡献的部分负责，发表前应由本人审阅并署名。科研新成果在学术期刊或学术会议上发表前（有合同限制的除外），不应先向媒体或公众发布。

不得利用科研活动牟取不正当利益。正确对待科研活动中存在的直接、间接或潜在的利益关系。科技工作者有义务负责任地普及科学技术知识，传播科学思想、科学方法。反对捏造与事实不符的科技事件，及对科技事件进行新闻炒作。抵制一切违反科学道德的研究活动。如发现该工作存在弊端或危害，应自觉暂缓或调整，甚至终止，并向该研究的主管部门通告。选拔学术带头人和有关科技人才，应将科学道德与学风作为重要依据之一。在研究生和青年研究人员的培养中，应传授科学道德准则和行为规范。

大学教师应当作为自觉遵守国家有关法律、法规、社会公德及学术道德规范的典范，坚守初心，立德树人，薪火相传，培养一代代坚持科学真理、尊重科学规律、维护科学诚信、崇尚严谨学风、恪守职业道德、勇于探索创新及具有浓厚家国情怀的优秀人才。

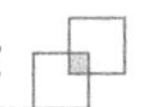

9.8.3　学术不端行为的界定

学术不端行为是指在科学研究和学术活动中的各种造假、抄袭、剽窃和其他违背学术活动公序良俗的行为。

《高等学校预防与处理学术不端行为办法》第二十七条规定，应当问责的学术不端行为包括：

①剽窃、抄袭、侵占他人学术成果；

②篡改他人研究成果；

③伪造科研数据、资料、文献、注释，或者捏造事实、编造虚假研究成果；

④未参加研究或创作而在研究成果、学术论文上署名，未经他人许可而不当使用他人署名，虚构合作者共同署名，或者多人共同完成研究而在成果中未注明他人工作、贡献；

⑤在申报课题、成果、奖励和职务评审评定、申请学位等过程中提供虚假学术信息；

⑥买卖论文、由他人代写或者为他人代写论文；

⑦根据高等学校或者有关学术组织、相关科研管理机构制定的规则所界定的其他学术不端行为。

9.8.4　学术不端的检测手段

为了更好地防止论文抄袭、造假等学术失范和学术不端行为，行政管理机构、高等教育机构及科研机构等部门相继出台了各种防止学术不端的文件，学术界也发起了抵制学术不端的倡议，商业机构也研发了遏制学术不端行为的软件。以信息技术为支撑的学术不端检测软件，在一定程度上有助于发现抄袭、拼凑论文等学术不端行为，从而起到威慑作用。国外学术不端检测软件起步较早，又由于语言文字等方面的差异，其反抄袭技术较国内成熟。成立较早的 Turnitin 软件是全球最权威的英文检测系统，2000 年开始开展防抄袭服务，现支持英文、中文、阿拉伯文等 30 多种语言的检测，被 90 多个国家 7000 多所高校采用。我国学术不端检测软件最早于 2008 年研制成功并投入使用，包括武汉大学信息管理学院的“ROST 论文反剽窃系统”、中国知网的“学术不端文献检测系统”和北京智齿数汇科技有限公司的 PaperPass 检测系统，紧接着其他几大数据库商和信息服务机构都相继推出了学术不端检测软件，国内的学术不端检测技术研究进入繁荣时期。

目前国内提供学术不端检测服务的机构有 10 余家，如表 9-11 所示。

表 9-11 国内主流学术不端检测软件比较

软件	上线时间	功能	可检测的文献格式
CNKI 科技期刊学术不端文献检测系统（AMLC）	2008 年 12 月	检测速度快，准确率、召回率较高，抗干扰性强等特征	caj、doc、pdf、txt 文本以及包括上述格式文献的压缩文件
万方论文相似性检测服务	2010 年 3 月	运用先进的检测算法研制而成，具有检测速度快、检测准确等特点	C/S 方式支持 pdf、word、txt、rtf 文件
维普—通达论文引用检测系统	2010 年 9 月	客观的内容创新性检测指标，能够高效地与海量文本资源进行比对	支持 txt 文件
ROST 反剽窃系统（学术论文不端行为检测系统）	2008 年 4 月	模糊检测，柔性匹配，覆盖了 188 亿个网页以及 490 万篇论文	支持 pdf、doc、ppt、xls、txt 文件

参考文献

[1] 爱因斯坦文集（第一卷）[C]. 北京：商务出版社，1983.

[2] 常思敏 . 农科论文中有效数字位数的准确表达 [J]. 河南农业大学学报，2003，37（1）：97-99.

[3] 邓利，谢小军 . 南方鲇的营养学研究：Ⅰ . 人工饲料的消化率 [J]. 水生生物学报，2000，24（4）：347-355.

[4] 封跃鹏，孙自杰，高保国 . 检测结果的数值修约和数据处理探讨 [J]. 理化检验（化学分册），2015，51（11）：1585-1589.

[5] 胡良平 . 如何合理选择统计分析方法处理实验资料（Ⅰ）[J]. 中国医药生物技术，2007，2（1）：67-70.

[6] 黄文，杨宪宽，徐新，等 . 激素诱导斜带石斑鱼（*Epinephelus coioides*）雄性化的研究 [J]. 海洋与湖沼，2014，45（6）：1317-1323.

[7] 黄艳 .SIPO 专利检索及分析系统及其应用 [J]. 山东工业技术，2016（8）：275-276.

[8] 李慧，张小云，汪安泰 . 海绵动物原始神经物质的探究 [J]. 动物学报，2005，51（6）：1091-1101.

[9] 李国俊，邱小花 . 金色 OA 模式的典范：荷兰开放获取模式研究 [J]. 大学图书馆学报，2019，37（3）：43-49.

[10] 刘燕 . 科技论文参考文献序号在正文中标注位置探讨 [J]. 出版发行研究，2014（10）：79-82.

[11] 美国科学、工程与公共政策委员会 . 怎样当一名科学家—科学研究中的负责行为 [M]. 刘华杰，译 . 北京：北京理工大学出版社，2004.

[12] 诺伯特·维纳（Norbert Wiener）. 维纳著作选 [M]. 上海：上海译文出版社，1978.

[13] 欧阳锋，徐梦秋 . 默顿的科学规范论的形成 . 自然辩证法通讯 [J]，2007，171（5）：42-49.

[14] 彭莲好 . 参考文献的标注与著录分析 [J]. 图书馆建设，2004（4）：90-93.

[15] 尚利娜，鲁莹 . 生物专业科技论文写作中的问题及规范表达 [J]. 生物学杂志，2013，30（4）：103-105.

［16］王习胜 . 科学问题与科学研究——从本体论、方法论角度看科学问题的预设对科学研究的影响［J］. 科学技术与辩证法，2001，18（2）：41-43.

［17］王亚娜 . 生物医学英语论文的语言特征及写作技巧［J］. 中山大学学报（医学科学版），2009，30（6）：799-803.

［18］谢小军，何学福，龙天澄 . 南方鲇的繁殖生物学研究：繁殖时间、产卵条件和产卵行为［J］. 水生生物学报，1996（1）：17-24，98.

［19］徐梦秋 , 欧阳锋 . 默顿科学规范论的价值要素与行为规范 [J]. 厦门大学学报（哲学社会科学版）, 2008, 1: 47-55.

［20］杨克魁，姚亚楠，刘清海，等 . 生物医学期刊参考文献引用及其标注中学术失范的分析［J］. 中国科技期刊研究，2012，23（3）：415-418.

［21］张彤，郭亚璐，陈悦，等 . 水稻 OsPR10A 的表达特征及其在干旱胁迫应答过程中的功能［J］. 植物学报，2019，54（6）：711-722.

［22］国家标准局 . 中华人民共和国国家标准：文摘编写规则（GB/T 6447—1986）［S］. 北京：中国标准出版社，1986.

［23］国家技术监督局 . 中华人民共和国国家标准：学技术报告、学位论文和学术论文的编写格式（GB/T 7713—1987）［S］. 北京：中国标准出版社，1987.

［24］中华人民共和国国家质量监督检验检疫总局，中国国家标准化管理委员会 . 中华人民共和国国家标准：数值修约规则与极限数值的表示和判定（GB/T 8170—2008）［S］. 北京：中国标准出版社，2008.

［25］中华人民共和国国家质量监督检验检疫总局，中国国家标准化管理委员会 . 中华人民共和国国家标准：信息与文献 - 参考文献著录规则（GB/T 7714—2015）［S］. 北京：中国标准出版社，2015.

［26］(美)R.K. 默顿 (Robert K. Merton) 著 , 鲁旭东 , 林聚任译 . 科学社会学 [M]. 北京 : 商务印书馆 , 2003.

［27］BROOKS B P. Research Guidelines - Methods, Writing and Assessment, Institute of Health Care [M]. Msida: University of Malta, 1997.

［28］BUSSEL C, AUGUST E. How to Write and Publish a Research Paper for a Peer-Reviewed Journal [J]. Journal of Cancer Education. 2021, 36: 909–913.

［29］BOERSMA S, RABOUW H H, BRUURS L J M, et al. Translation and replication dynamics of single RNA viruses［J］. Cell, 2020, 183: 1930-1945.

［30］CUSCHIERI S, GRECH V, SAVONA-VENTURA C. WASP (Write a Scientific Paper): How to write a scientific thesis [J]. 2018, 127: 101-105.

［31］CZERKIES M, KORWEK Z, PRUS W, et al. Cell fate in antiviral response arises in the crosstalk of IRF, NF-κB and JAK/STAT pathways［J］. Nature

Communications, 2018, 9: 493.

［32］DAY R A. How to write and publish a scientific paper?［M］. 56 Ed. Phoenix: Oryx Press, 1998: 1-14.

［33］GIANSANTI P, STRATING J R, DEFOURNY K A, et al. Dynamic remodelling of the human host cell proteome and phosphoproteome upon enterovirus infection［J］. Nature Communications, 2020, 11:4332.

［34］JIANG Z, ZHOU X, TAO M, et al. Plant cell-surface GIPC sphingolipids sense salt to trigger Ca^{2+} influx［J］. Nature, 2019, 572（7769）: 341-346.

［35］JUMPER J, EVANS R, PRITZEL A, et al. Highly accurate protein structure prediction with AlphaFold［EB/OL］. Nature, https://doi.org/10.1038/s41586-021-03819-2（2021）.

［36］LUND J M, HSING L, PHAM T T, et al. Coordination of early protective immunity to viral infection by regulatory T cells［J］. Science, 2008, 320（5880）: 1220-1224.

［37］SHI Y S, ZENG Z Y, WANG J, et al. Three new species of *Macrostomum*（Platyhelminthes, Macrostomorpha）from China and Australia, with notes on taxonomy and phylogenetics［J］. ZooKeys, 2022, 1099: 1-28.

［38］WEIS S, VELTHUIS A J. Influenza virus RNA synthesis and the innate immune response［J］. Viruses, 2021, 13:780.

［39］ZHAO R, WANG X. Evaluation and comparison of influence in international open access journals between China and USA［J］. Scientometrics, 2019, 120（3）: 1091-1110.